西南政法大学胡绵娓工作室、西南政法大学2021年

U0593649

法科学生
职业化能力培养研究

胡绵娓　编著

厦门大学出版社 国家一级出版社
XIAMEN UNIVERSITY PRESS 全国百佳图书出版单位

图书在版编目（CIP）数据

法科学生职业化能力培养研究 / 胡绵娓编著. -- 厦门：
厦门大学出版社，2022.6
ISBN 978-7-5615-8559-7

Ⅰ．①法… Ⅱ．①胡… Ⅲ．①法学教育－人才培养－
研究－中国 Ⅳ．①D92－4

中国版本图书馆CIP数据核字(2022)第052784号

出 版 人	郑文礼
责任编辑	甘世恒
美术编辑	李嘉彬
技术编辑	许克华

出版发行	厦门大学出版社
社　　址	厦门市软件园二期望海路 39 号
邮政编码	361008
总　　机	0592-2181111　0592-2181406(传真)
营销中心	0592-2184458　0592-2181365
网　　址	http://www.xmupress.com
邮　　箱	xmup@xmupress.com
印　　刷	厦门金凯龙包装科技有限公司

开本	720 mm×1 020 mm　1/16
印张	17.5
插页	1
字数	306 千字
版次	2022 年 6 月第 1 版
印次	2022 年 6 月第 1 次印刷
定价	65.00 元

厦门大学出版社
微信二维码

厦门大学出版社
微博二维码

序

　　在高等教育领域有一个著名的"大哉问",即"培养什么样的人"。纵观中国法学学科建设的历史,社会的现实情况决定了法学学科对这个问题的回答。自 19 世纪中叶西方列强以其船坚炮利强行叩开中国国门以来,受西方思潮之影响,中国的法学教育走上了所谓"同世界接轨"的历程。清末修律以"务期中外通行","模范列强为宗旨"而踏上条文移植之路,作为配套的制度建设措施,法政学堂开始崭露头角。然因为清朝的封建性质,当时的法政教育局限于针对在职文官进行的培训。而辛亥革命之后,法学一跃成为高等教育中绝对的显学,这是由法律在宪政中所具有的核心地位所决定的。要推翻旧王朝的统治,建立一个民主、宪政的政治制度,就不得不仰仗完备的法律、充足的法科人才,辛亥革命之后的法政学校热潮也就此兴起。1949 年之后,我们在全面批判国民党政府法律体系的基础上建立一种与社会主义法律相适应的法学教育体系,于 1952—1953 年对法律院校开展了影响深远的院系调整。1954—1958年,我国政法教育走上正轨,形成"政法学院以培训政法干部为主,综合性大学以培养法学人才为主"的法科人才培养模式。随后在"文化大革命"期间,我国法学教育又遭受重大挫折。[①] 1978 年 11 月党的十一届三中全会的召开,将我党和国家工作重点从"以阶级斗争为纲"转移到社会主义现代化建设上来,成为中国历史上的里程碑,我国法学教育开始迎来春天。[②] 之后,我国法学教育先后经历了恢复发展、改革发展、法治化发展、全面发展四个阶段。

　　时至今日,改革开放已逾 40 年,也是中国厉行法治的 40 年,中国昂首迈进了中国特色社会主义新时代。2014 年 10 月,党的十八届中央委员会第四次全体会议通过了《中共中央关于全面推进依法治国若干重大问题的决定》(以下简称《决定》)。《决定》指出:"全面推进依法治国,总目标是建设中国特

---

① 王健:《略论 20 世纪中国的法律教育》,载《比较法研究》1997 年第 4 期。
② 易继明:《中国法学教育的三次转型》,载《环球法律评论》2011 年第 3 期。

色社会主义法治体系,建设社会主义法治国家。"①《决定》不仅描绘了法治国家、法治政府、法治社会的宏伟图景,同时亦明确加强法治工作队伍建设是全面依法治国的题中应有之义。加强法治建设,人才是基础。必须建设高素质法治专门队伍,推进法治专门队伍正规化、专业化、职业化;提高职业素养和专业水平;创新法治人才培养机制。2017 年 5 月 3 日,习近平总书记在中国政法大学座谈会上强调,"全面推进依法治国是一项长期而重大的历史任务,要坚持中国特色社会主义法治道路,坚持以马克思主义法学思想和中国特色社会主义法治理论为指导,立德树人、德法兼修,培养大批高素质法治人才。"②2020 年 11 月召开的中央全面依法治国工作会议上正式提出的"习近平法治思想",具有十分重大的理论和实践意义,其政治和法治价值深刻,是我国法学教育和法治人才培养的根本遵循。建设德才兼备的高素质法治工作队伍,是全面推进依法治国的组织保障。全面推进依法治国,必须着力建设一支忠于党、忠于国家、忠于人民、忠于法律的社会主义法治工作队伍,推进法治专门队伍正规化、专业化、职业化,提高职业素养和专业水平;坚持立德树人,德法兼修,努力培养造就一大批高素质法治人才及后备力量。③

"奉法者强则国强,奉法者弱则国弱",法律职业者不仅掌握着法律机器,而且保证法律的有效运行,决定了社会的法治状态。法治国家的建设需要法律职业化,即法律职业的专业化、制度化、分工化,它要求法律职业者是有共同法律思维、法律知识与专业技能,以"铁肩扛道义"为己任的社会共同体。④ 建设职业化的法治工作队伍需要国家司法考试制度改革和完善的不断推进。2002 年,作为中国法律职业化进程重要举措之三考合一的司法考试制度,使其由一种单一的律师资格考试变为法官检察官和律师从业资格的准入考试制度,2008 年 6 月,司法部发布关于司法考试报名条件的第 75 号公告,规定普通高等学校 2009 年应届本科毕业生可以报考国家司法考试,这是司法考试试行以来对报名条件所做的一次最大的改革,大三学生获准参考直接深化了司法考试对大学本科法学教育的导向作用,甚至形成对法律院校现行教学体制

---

① 《中共中央关于全面推进依法治国若干重大问题的决定》,载《中国法学》2014 年第 6 期。

② 新华社:《习近平在中国政法大学考察》,http://www.xinhuanet.com/politics/2017-05/03/c_1120913310.htm,访问日期:2021 年 7 月 30 日。

③ 卓泽渊:《习近平法治思想的理论体系》,载《行政管理改革》2021 年第 7 期。

④ 王正飞:《从司法考试的完善谈法律职业化》,载《学理论》2015 年第 15 期。

的重大冲击,最终使得我国的法学教育体制往更符合法律职业人才培养现实要求的方向发展。从 2018 年开始,国家司法考试改为国家统一法律职业资格考试,对全面提高法律职业者的专业素质和标准具有重大意义。"不只是律师、法官、检察官、公证员需要通过该考试,从事行政处罚决定审核、行政复议、行政裁决的工作人员,以及法律顾问、法律类仲裁员也需要参加并通过考试。"[①]法律职业资格考试是法治人才的"入门关",法律职业资格考试所指引的法律从业人员准入机制,极大地推进了法律职业化的进程。

高等学校是法治人才培养的第一阵地,是贯彻习近平法治思想的重要阵地。2011 年年底,教育部、中央政法委联合出台的《关于实施卓越法律人才教育培养计划的若干意见》中指出:"我国高等法学教育还不能完全适应社会主义法治国家建设的需要,社会主义法治理念教育还不够深入,培养模式相对单一,学生实践能力不强,应用型复合型法律职业人才培养不足。"[②]可见,建设法治国家需要的法治人才应当是针对法治国家建设、实践能力强的高素质法律职业化人才,但目前我国法学教育与法律职业脱节,难以满足建设法治国家的需要。因此,法学教育改革举措必须明确法律职业化教育的理念方向,探索行之有效的职业化教育模式,实现法学教育与法律职业的对接。新中国法学教育恢复以来,法学教育界一直徘徊于通识教育、职业教育与精英教育的目标定位的争论中,而当前推进法治队伍正规化、专业化、职业化,提高法治队伍职业素养的现实需求,也就是法律职业化的切实需求摆在面前时,法科学生职业教育的目标定位就越来越受到提倡。在这个大背景下,我们的法律院校要培养什么样的人,法科学生职业化能力如何培养是我们现在亟待探索的问题。

法学是一门事关公共利益的学科,法学教育所培养的更是事关社会运作、法治社会建设的人才。习近平总书记指出:"全面依法治国是一个系统工程,法治人才培养是其重要组成部分。"[③]且当下历史语境里"市场经济就是法治经济",故伴随着改革开放而来的,正是全社会对法律人才、法律产品的强烈需

---

① 韩锦霞:《法律职业资格考试背景下本科刑法学教学改革的设想——以河南检察职业学院为例》,载《河南司法警官职业学院学报》2020 年第 2 期。

② 教育部、中央政法委员会:《关于实施卓越法律人才教育培养计划的若干意见》,教高〔2011〕10 号。

③ 杜焕芳:《涉外法治专业人才培养的顶层设计及实现路径》,载《中国大学教学》2020 年第 6 期。

求,法学教育也同法律职业资格更加紧密地联系在一起,政法院校成为输送法律人才的主要阵地。作为法科教育工作者,我们承担着为中国特色社会主义道路输送法治人才的重任,必须坚持立德树人、德育为先导向,培养造就熟悉和坚持中国特色社会主义法治体系的法治人才及后备力量,这是时代赋予我们的任务,更是我们必须坚持的方向。

与此同时,法学还是一门实践性极强的学科。法科学子毕业后往往走上检察官、法官、律师、公司法务、公务员等与公共利益密切相关的岗位。因此,法科学生的职业化能力将成为未来法治专门队伍正规化、专业化、职业化的必然要求。作为历经 4 年,甚至是 7 年、10 年法学专门教育所培养出来的"产品",他们能否切合法治社会的需要,满足法律职业化对法科毕业生的需求,是考验法学教育工作者的重要指标。然现实严峻,从大学生就业数据来看,法学常年被称为"红牌专业",刚毕业的法科学生进入实务单位往往还需要接受再培训、再教育才能适应岗位的要求。法学在当今国内的高等教育领域显然是"显学",国内之法律院校更是数不胜数,但倘若培养出来的毕业生连就业都面临着重大困难,那我们每一所法律院校,每一位法学教育工作者都必须诘问自己:我们在培养过程中需以什么为导向?需重视学生哪些能力的培养?

因此,在我国法治人才培养的总目标——坚持立德树人、德法兼修,培养高素质法治人才的前提下,如何培养法科学生的职业化能力以适应法律职业化的要求,从而回应新时代对政法院校的期待,为社会输送更多适应经济社会发展、服务国家法治建设需要的职业化人才,是一个重大问题,也正是本书要探索的主题。本书是西南政法大学法学教育工作者在法学教育实践中的一些思考,既有从事法学教育人才培养一线的专职教师队伍的所思,也有直面就业工作现实的资深辅导员群体的所想。这些身处教学、人才培养一线的教育工作者从法科人才培养、就业工作的实践出发,提出探讨:必须针对法治国家建设的实际需要与法治人才培养的总目标,在人才培养过程中强化对法科学生职业化能力的培养。不仅仅着眼于法学专业能力的培养,还要注重学生通用能力的提升,一方面以专业能力的培养为基础,着重培养法科学生的专业基本功,即培养学生法律职业伦理、专业知识的学习能力与应用能力、解决法律问题能力等专业能力;另一方面还要注重对学生通用能力的培养,即培养学生专业辅助能力、沟通能力、自我管理能力、生涯规划及生涯发展能力等通用能力。引导法科学生在确定个人职业生涯目标、做出职业选择时,将个人目标与法治中国的宏伟目标紧密结合起来,努力夯实职业化能力。本书在对于法科学生职业化能力的内涵与外延、主要内容与培养路径方面进行了初步的探索,同时在法学专业人才培养体系的构建与改革方面提出了一些观点,拟为法律院校、法学教育工作者开展法科人才培养教学的改革与实践提供参考。

西南政法大学国际法学院院长　教授、博士生导师

目　录

绪　论

习近平法治思想是实行全面依法治国的根本遵循和理论指引。"坚持建设德才兼备的高素质法治工作队伍"是习近平法治思想的核心要义之一,是全面推进依法治国的组织保障。对于法治人才的培养和法学教育是推进全面依法治国的重要一环,是建设高素质法治工作队伍的基础工作,也是法治事业不断发展的重要保障。[①] 将习近平法治思想这一重大理论成果融入法治人才的培养当中,是在新发展格局和新时代背景下高校的使命担当。

全面推进依法治国对法治人才队伍和后备力量的培养提出了要求。社会主义法治工作队伍的建设,不仅着眼于提高人才队伍的专业水平与职业素养,还需要推进法治专门队伍的正规化、专业化、职业化。法律职业化是依法治国、法治建设的内在要求,是将法律职业专业化、制度化、分工化的表现。我国法律职业化进程发端于 1986 年的律师资格全国统一考试制度,2002 年更名为三考合一的国家司法考试,2014 年更名为法律职业资格考试,从考试制度的改革逐步推进法律职业化进程,这对我国法科人才的培养目标与方向产生了重大影响。法科学生职业化能力的培养和提升是高校法学教育研究与实践的重要内容。

"坚持立德树人、德法兼修"是习近平法治思想中培养高素质法治人才及后备力量的核心要义。2017 年 5 月 3 日,习近平总书记在考察中国政法大学时强调,"全面推进依法治国是一项长期而重大的历史任务,要坚持中国特色社会主义法治道路,坚持以马克思主义法学思想和中国特色社会主义法治理论为指导,立德树人、德法兼修,培养大批高素质法治人才"。[②] 人才既是促进

① 马怀德:《贯彻习近平法治思想　培养高素质法治人才》,https://www.gmw.cn/xueshu/2020-12/17/content_34471295.htm,访问日期:2021 年 2 月 13 日。

② 新华社:《习近平在中国政法大学考察》,http://www.xinhuanet.com/politics/2017-05/03/c_1120913310.htm,访问日期:2021 年 8 月 18 日。

社会经济发展最富有能动性的要素,也是在经济新常态下科学技术发展的主要贡献者。在数字经济时代与经济全球化时代,国际舞台上的国家综合实力的竞争归根结底是人才的竞争。高校作为培养人才的主要阵地,需要结合当前国内外经济发展和高等教育改革的实际需求,在传授专业知识的同时,提升学生的综合能力和素质,主动适应社会建设的新任务新要求,找准人才培养和行业需求的结合点,为社会发展建设提供有力的人才辅助和智力保障。

习近平总书记在考察中国政法大学时的重要讲话中指出:法学教育要适应新时代,这个新时代是党的十九大报告中所提出的中国特色社会主义新时代。[①] 随着我国经济体制改革的不断推进和发展,对于人才的需求也呈现出多元性。而互联网、人工智能的发展也促进着产业结构的变化以及对复合型、应用型、创新型人才的需求。此外,"一带一路"建设的推进,以及我国积极探索参与全球治理的新模式,也对我国人才培养和专业教育提出了更高和更加实际的要求,对于专业人才的需求也在持续增加。但与现实需求相对应的是现有的适应社会经济发展需求、服务国家发展战略、实现社会优化管理、满足涉外及国际化需求的这一类人才数量还不充足。除了专业知识的培养之外,具备综合能力、综合素质以及跨学科知识储备的人才培养面临着与国家需要脱节的困境,尤其是大学生的专业知识能力与职业化能力,而综合能力的共同提升成效也不佳。只注重专业理论知识而忽略学生职业化能力的提升和培养会影响高校为国家输送和培养更多适应市场需求、法治社会需要和全球化的人才。为进一步培养适应社会和经济发展需求、适应国内外实际需求的人才,我们不仅要关注人才培养的数量,更要重视人才培养的质量。不仅要关注法科学生的专业知识与专业技能,更要关注学生与人才市场、与职业发展、与国家发展需求相适应的职业化能力的培养和提升。

对法科学生的培养作为高素质法治人才后备力量培养的重要方面,具有其特有的价值与重要意义。根据《教育部关于加快建设高水平本科教育　全面提高人才培养能力的意见》,教育部与中央政法委在"卓越法律人才教育培养计划"的基础上,于 2018 年发布了《关于坚持德法兼修实施卓越法治人才教育培养计划 2.0 的意见》(以下简称《意见》2.0)。《意见》2.0 的发布是深入贯

[①] 杨宗科:《深入学习贯彻习近平总书记"5·3"讲话精神 推动新时代法学教育升级发展(代序)》,载杨宗科主编:《构建法治人才培养体系的探索与实践》,北京大学出版社 2019 年版,第 3 页。

彻习近平新时代中国特色社会主义思想和党的十九大精神的体现,也是进一步在人才培养方面贯彻落实习近平总书记在中国政法大学考察时重要讲话精神的举措。《意见》2.0指出卓越法治人才教育培养要"主动适应法治国家、法治政府、法治社会建设新任务新要求,找准人才培养和行业需求的结合点,深化高等法学教育教学改革,强化法学实践教育,完善协同育人机制,构建法治人才培养共同体,做强一流法学专业,培育一流法治人才,为全面推进新时代法治中国建设提供有力的人才智力保障"。[①] 这对于法科学生的培养具有重要的实践意义,因为这些人才步入法律职业岗位后,将成为公平正义的捍卫者、法治建设的实践者、法治进程的推动者、法治文明的传承者,而他们也将为全面依法治国奠定坚实基础。

法科学生的培养不仅要着眼于教授专业知识与专业技能,同时也要注意培养法科学生的法律职业伦理、法学知识的学习能力与应用能力、创造性解决法律问题的能力、专业辅助能力、沟通协调能力、自我管理能力与职业规划能力等职业化能力,以主动适应职业岗位需求、市场需求、经济社会发展的时代需求与建设法治国家的需求。"高素质的法律人才,绝不仅仅只是掌握了法律知识体系的人,'他'应当是和必须是法律专业知识、法律职业素养和法律职业技能的统一体。"[②]当前,经济全球化促进了法学教育与国际接轨,我国参与全球治理、在国际舞台上增强话语权也对法科人才培养提出了更高的要求。培养法科学生不能仅局限于人才培养的就业导向,不能完全被"就业率"束缚了法学作为基础学科的人才培养的发展前景。对于学生的培养,不能完全以市场为导向,更要着眼于国家战略需求。因此,法学作为基础学科,要注意专业知识与实践操作相结合、理论学习与实际应用相匹配。法科学生的教育与能力培养,从微观上,要考虑人才市场与职业岗位对法科毕业生的相匹配的实际需求;从宏观上,更要紧密结合新时代、新常态、新发展格局下对于高素质法治人才的需求,以应用型、复合型、创新型法治人才培养为目标,紧跟法治中国建设新进程与新需求。

目前,法科学生的专业知识培养和教育已得到了充分体现,也是高校教育

① 教育部、中央政法委:《关于坚持德法兼修实施卓越法治人才教育培养计划2.0的意见》,教高〔2018〕6号。

② 徐显明:《在"强化专业学科建设,提高法学教育质量"研讨会闭幕式上的讲话》,载《中国法学教育研究》2006年第3辑,第6～8页。

改革的重点。法科学生的实践能力也逐渐被重视,但大多仅仅局限于较为狭窄和局限的实践能力,或是比较传统的领域。而本书则从微观和宏观的角度,从法科学生职业化能力培养的视角,以适应法治国家建设与法律职业化的要求,以培养德法兼修的高素质法治人才为总目标,促进应用型、复合型、创新型法治人才的培养,剖析法科学生职业化能力的内涵与外延,探讨法科学生职业化能力培养的途径与手段。一方面,本书旨在对法科学生特有的职业化能力进行分析,为法科学生的人才培养体系的建立完善提供参考,为教育改革的方式方法设计提供考量因素;另一方面,本书旨在为法学高等教育教学与人才培养实践提供指导,以更好地促进法科学生的专业能力与通用能力提升,培养适应经济社会发展、服务国家战略需要的高素质法治人才。

一、研究法科学生职业化能力的背景与动机

涉及学生能力培养的现有研究大多集中在学生的就业能力培养、职业规划能力、教育教学实践、学生专业知识教育等方面。专业知识教育方面主要多为对于教育教学改革的研究,即任课教师为更好地教授专业知识对于其所教授的学科及方向提出的改革建议、尝试与对策,这既包括对于理论知识学习的探究,也包括对于教学手段、教学方法、教材等方面的研究与建议。对于教学实践、培养学生实践能力的研究主要包括对于第二课程、教学实践、创新创业项目的研究,对于案例教学的研究,以及对于实践实习活动提出的建议。此外,相关的研究还包括对于高校辅导员的角色、职能的研究,以及对于学生的就业能力或职业规划能力的研究。但以大学生职业化能力,尤其是法科学生职业化为主要内容与视角的研究与培养实践并不多见。

高校是贯彻习近平法治思想的重要阵地,也是法治人才培养的第一阵地。然而当前在人才培养方面仍然存在实践与理念脱节、现状与需求不符等情况。教育部、中央政法委于 2011 年联合出台的《关于实施卓越法律人才教育培养计划的若干意见》中指出,在完全适应社会主义法治国家建设的需求方面,高等法学教育还存在一定差距,"学生实践能力不强,应用型、复合型法律职业人才培养不足"也是现存的问题。2018 年的《意见》2.0 中的总体思路中也强调"主动适应法治国家、法治政府、法治社会建设新任务新要求,找准人才培养和

行业需求的结合点"。可见法治国家的建设在法治人才培养方面提出了专业化、职业化和实践能力的需求。因此,对于法科学生的教育教学应重视能力培养,尤其是专业化、职业化能力的培养,以满足法治国家建设的现实需求。在这个大背景下,法律院校要培养什么样的人,法科学生职业化能力如何培养是亟待探索的问题。

当前,我国高校在法科学生职业化能力培养方面仍然存在一些问题,例如:第一,未结合法治人才的总目标及法律职业化的要求,确定明晰的法科学生职业化能力培养目标与衡量体系。第二,未针对法科大学生提升职业胜任力的需要,将专业能力与通用能力的培养有机结合。第三,未形成有机统一的法科学生职业化能力教育培养模式,未贯穿于学生思想政治教育的"育人"全过程。

法学专业本身就具有较强的实践性与社会性。法学人才的培养不能脱离社会与实践,不能仅仅侧重于法学理论知识的培养,而脱离当前法治社会对法科毕业生职业化能力及实践能力的实际需求。当前,一方面,我国日趋完善的法治体系以及法律服务的国际化对法律工作者的专业素质及职业化能力提出了更高的要求;另一方面,随着高等教育的逐渐普及,高校毕业生数量也与日俱增,致使就业人数也呈现出增长趋势。同时,随着经济下行压力增加、结构性改革推进,高校毕业生就业形势日渐严峻,法科毕业生的就业压力更是连续多年在各专业中位居前列。在上述背景下,培养法科学生的职业化能力,有利于促进毕业生的全面发展,提升毕业生的职业胜任力与就业竞争力;有利于完善高校法学本科学生教育实践体系,从而推进专业化、职业化法治人才队伍的建设。

二、培养法科学生职业化能力的重要性与价值

法科学生的职业化能力培养过程是指法律院校通过法学专业与通识教育,结合专业实践对学生的专业能力与通用能力两个方面进行培养,以适应法治国家建设与法律职业化的需要,培养德法兼修的高素质法治人才。法科学生的职业化能力包括法学专业能力和通用能力(基础能力),专业能力包括法律职业伦理、法学专业的学习与应用能力、解决问题能力,通用能力包括专业

辅助能力、沟通能力、自我管理能力、生涯规划与生涯发展能力等。对于人才的教育培养要重视学生的实践能力、创新能力,这既是高等教育的新时代要求,也是社会经济发展的现实要求。培养人才是高校的主要功能,而人才的培养并非局限于教授书本知识,教授专业理论知识,还需要注重培养学生的综合素质和能力。法科学生不仅仅在传统的公、检、法、律师和公司法务的岗位上任职,在其他岗位,例如金融、教育、商务甚至是区域组织、国际组织等更加多元化的岗位上也能看到优秀的法科学生的身影。往往除了过硬的专业知识、特定的专业资格要求之外,一些企业(公司)还会看中毕业生的综合素质与通用能力。为了让学生能够在就业、职业发展的过程中有更加优秀的表现,为了让学生能够更快更好地融入社会适应岗位需求,进一步投身新时代中国特色社会主义建设,为社会主义法治建设添砖加瓦,这就要求既培养法科学生扎实的专业理论知识水平,又关注法科学生职业化能力的培养。法科学生职业化能力的培养,需要通过持续、有序、有效的训练和积累达成,而非一蹴而就。职业化能力是法学专业学生在校期间应积极提高的能力,也是高校教师在课程设计、学生工作者在学生管理工作中应当予以重视和关注的培养方向。

培养法科学生职业化能力主要具有以下重要性与价值:

(一)社会经济发展的需求是培养法科学生职业化能力的客观基础

社会和经济的不断发展对于人才培养提出了新的要求。从法学专业学生的培养角度而言,仅仅掌握专业知识或专业理论并不能充分凸显其竞争力、达成其就业目标、实现其职业价值以及服务于国家需要。对于专业知识与理论的掌握和理解需要通过参与实践来进行检验,而专业实践又离不开专业知识和理论的指引。专业知识不仅包括传统的知识理论,也包括对于新知识、新问题、新理论的学习和探索。然而,就业与职业并不局限于知识运用本身,自身优势的体现也不仅仅只是学生专业成绩的高低,多方面的综合能力与专业知识的融合才能使其脱颖而出,更好地实现自身价值与职业价值,才能真正实现应用型、复合型、创新型人才培养的目标。对于法学这类基础学科来说,服务于国家战略目标是这一专业的必然要求,这也对法科学生提出了高要求、高标准。作为社会主义法治中国建设的接班人,高素质高水平的法治人才需要过硬的知识和出色的综合能力。

当前的中国社会和经济正在稳步发展,新的机遇以及新的领域也不断涌现。科技的发展、国际交流的增加以及"一带一路"倡议的推进与建设对于更加专业、综合素质更高的法科学生提出了新的要求。法科学生的职业化能力是其综合素质的重要表现之一,对于其职业化能力的培养也是实现法科学生能力和素质提升的重要手段。当前,除了传统法学专业就业领域的需求,经济社会的发展也促进了产业结构的变化以及职业岗位的变化,一些新领域的涌现也需要优秀的法学专业人才,尤其是卓越法律人才、涉外法治人才。国际交往、区域交流的不断增加,对于法科学生的沟通能力、协作能力、分析能力等职业化能力都提出了新要求。"一带一路"倡议所提供的广阔机遇与潜在机会,也对法科学生的社会关系处理能力、资源整合能力、创新能力等提出了新的要求。总而言之,社会经济发展对于法科学生职业化能力培养提出了客观的、现实的要求,也是培养法科学生职业化能力的客观基础。

(二)法科学生职业化能力的不足与欠缺是培养的现实基础

当前,对于法科学生职业化能力的培养还处于比较单一的阶段,手段和方式也比较简单和粗略,缺乏专门化、系统化和综合性的培养手段和方式,也未形成较好的联动式、协调式培养。大部分法科学生职业化能力的培养,其专业特性不足,采用的大多是适用其他学科的通用教学手段。职业化能力的培养较为单一、不够多元化,抑或是一些培养模式或者训练模式较为形式化,实质性内容不足,培养流于表面。培养现状的不足与欠缺是对于法科学生加强职业化能力培养、细化对于职业化能力的理解的现实基础。

职业化能力培养的不足还表现在高校对于学生职业化能力培养重视程度不高、对于职业化能力的内涵和外延把握不够准确和全面。对于学生职业化能力的培养并未区分不同学科学生的专业性质与特点,对于法科学生职业化能力的培养仅仅局限在传统的领域、使用传统的方式,例如专业实习、职业规划大赛等。此外,还表现在对于社会经济发展新需求,对于国际化的新需求的反映不足,不具有明确的针对性。这也从一个侧面反映出了需要加强法科学生职业化能力培养的现实需求以及迫切性。

此外,高校扩招以及设置法学专业的高校数量过多导致法科学生的数量远远大于传统职业岗位的需求。当前国内众多高校都设置了法学专业,且教学质量参差不齐,然而在就业困难的专业榜上已连续多年出现了法学专业。但是这不仅仅只是供需关系以及毕业生数量多的缘故,也是法科学生职业化能力、综合素质培养欠缺与社会的实际需求不匹配的表现。专业知识过硬、综合素质高的法科学生的就业状况还是比较稳定的,就业去向也较好。但是并非大多数高校都对学生职业化能力的培养予以足够的关注和重视。这就要求我们对于法科学生职业化能力的培养进行深入分析,以进行相应的培养方案设计与实践。通过深入分析职业化能力的内涵、外延,职业化能力的培养途径等,来解决现实困境。

(三)国际化、全球化是培养法科学生职业化能力的时代背景

经济全球化的发展以及国际化水平的不断提高,对于人才教育培养也提出了新要求。中国参与全球治理与国际规则的制定,为应对全球问题与非传统安全提出中国方案、贡献中国智慧,扩大了对涉外法治人才的需求。在中央全面依法治国工作会议上,习近平总书记强调"要坚持统筹推进国内法治和涉外法治"。作为习近平法治思想的重要内容,这一核心要义对推进涉外法治人才培养具有重要的指导意义和引领作用,也为培养复合型涉外法治人才提出了新的要求。自中国加入世界贸易组织以来,对于国际经贸方面的国际法人才的培养与教育正逐渐与世界接轨,但仍然存在不足,且对于国际公法领域的人才培养和教育与国家战略需求存在脱节的现象。在国际交往、国际经贸事务中,对于法科人才的专业素质与综合素质的要求往往更高,除了外语水平的要求之外,还需要丰富的人文知识、演讲交流能力、理解分析能力等。在许多涉及国家利益的核心问题上,我们需要发出中国声音,提出中国立场,提升我国在国际法律事务和全球治理方面的话语权。这就要求我们需要培养政治立场坚定、专业素质高、具有国际视野、综合能力过硬、善于破解实践难题的一流涉外法治人才队伍。

"一带一路"倡议自提出以来便吸引了许多国家参与。"一带一路"沿线国家也呈现出法律文化、法律传统以及法律规则纷繁复杂以及相异的特点。不仅包括大陆法系和英美法系国家,还有伊斯兰法系国家的参与。"一带一路"沿线国家国情各异、语言文化与法治环境也不尽相同。不同于传统的国内法领域,涉外法律领域也有待储备更多的人才。相较于国际法主要以英语为主,"一带一路"沿线国家更加凸显出语言文化的多样性以及社会经济环境的复杂性,这就要求法科人才具有良好的沟通能力、语言水平、对于新知识的学习能力等。

经济全球化的发展以及中国不断开放国内市场也对传统的法学领域提出了新要求、新挑战。国际诉讼、国际仲裁以及国际司法协助等,都需要有专门化、职业化的法科人才。数字经济、电子商务的发展、人工智能的发展也对传

统的法学领域和社会发展带来了新的机遇和挑战,日益涌现的新问题需要思考和解决,因此仅仅依靠书本理论知识不足以反映和回应这些新的需求,还需要学生的实践能力、创新能力以及创造性的思维能力,自我学习的能力以及将传统的法学知识与社会学、经济学等知识相结合来处理与应对问题的能力等。

由此看来,在新时代背景和新发展格局之下,只注重法科学生的专业知识教育已然无法满足现实需求和国家战略需求。法科学生职业化能力的培养以及其综合素质的提高也同样具有重要的意义。知识需要与实践对接,才能更有效地解决涉外的、国际法层面的问题甚至是跨学科的复杂问题。对于这些领域而言,其就业岗位往往不同于国内的就业岗位,更多的是需要在国际组织的实习和就业机会。对于这一类法科学生而言,其综合能力的培养需要更加具有针对性,不仅只是更有深度的专业知识的学习,还有其他专业知识储备能力、沟通能力、协作能力,以及在多语言环境中的工作能力等,由此才能为我国储备更多专门化、职业化,具备国际视野的法治人才。

(四)自身发展需要是培养法科学生职业化能力的内在动力

在校大学生大多期待能够通过寻找各种机会来获得能力和技能的提升,实现自我成长与自我发展。通常实现的途径包括专业课与非专业课的学习、实习及校内外实践活动。而对于那些专业选择、就业选择、职业规划不明确的学生,则希望能够通过专业老师、辅导员的引导和指导,帮助自身素质的提升和实践能力的强化。要实现法科学生培育专业能力,确定清晰的就业选择、职业规划需要有较为系统的训练以及能力培养,针对不同的职业规划,在职业化能力培养的设计上可能存在一定的差异。但较为综合的职业化能力培养也能为法科学生的就业提供有益的帮助,例如工作过程中更加切合岗位以及社会的需求。

绝大部分学生都有不断提升自身职业化能力的需求,但往往缺乏全观视角,或是对于职业和就业缺乏全面的了解,实践经验严重不足。这就需要法律院校对法科学生的职业化能力培养进行专门的设计,提供多元化、多手段的培养模式,融入人才培养体系中,为学生指引正确的努力方向,提供更多更专业的锻炼机会。

目前大学生综合素质培养中仍存在一些问题,而职业化能力之一的通用能力是综合素质的重要组成部分,例如欠缺社会交往与人际交往的能力、有效沟通的能力、解决实际问题的能力、自我管理能力等。社会的发展对法科人才的培养提出了客观需求,法科人才综合素质的提升与发展是人才培养的核心要素,而其中创新能力、应用能力是适应社会发展需要的必备素质。法科学生职业化能力的培养,要注重普遍性,也要适当注意个性化。就业竞争日益激烈也要求法科学生需要强化自我竞争意识,根据职业需要、社会需要和自身特点,提升自身能力、发掘自身潜力,不断完善包括通用能力在内的综合素质。诚然,对于综合素质的提高并非一朝一夕就能做到,也并非仅靠就业之前进行突击就能养成,这需要在大学教育和培养期间不断完善自己、充实自己,有阶段性目标和总体目标,逐渐提升自身的综合能力和素质水平。

(五)教育改革与一流高校、一流专业建设是培养职业化能力的外在辅助

除了学生自身的自我竞争意识和自我发展需求等内在动力之外,学校对于学生职业化能力的培养具有重要的主导作用,也是学生的外在动力。若仅仅只有学生个人的发展意识,缺乏学校提供的硬件与软件条件,那么对于学生职业化能力的培养也是不全面的、单一的以及缺乏实效性的。学校建设、学科建设与教育教学改革的初衷都是为了更好地培养人才,使学生能学有所用、满足社会需求、实现自身价值。高校作为教书育人的场所,并非单纯为了让学生学分修满,如期毕业,还要考虑培养学生的专业水平、综合能力,为社会发展、国家经济建设、法治建设输送人才,帮助学生更好地实现其个人社会价值。

实现社会主义现代化、建成社会主义现代化强国、实现中华民族伟大复兴需要强大的智力支持与人才支撑,高等教育作为一个国家的发展水平和发展潜力的重要指标,担负着培养高素质专门人才的重任。2018年教育部发布的《关于加快建设高水平本科教育 全面提高人才培养能力的意见》(以下简称《意见》),对高校全面提高人才培养能力提出了要求。《意见》强调了建设高水平本科教育的重要意义,阐释了本科教育的形势要求。培养高素质专门人才,本科生是最大的群体;提高高等教育质量,本科教育是最重要的基础。《意见》指出,"办好我国高校,办出世界一流大学,人才培养是本,本科教育是根。建设高等教育强国必须坚持'以本为本',加快建设高水平本科教育,培养大批有理想、有本领、有担当的高素质专门人才。"[①]这就要求高校必须重视本科教

---

① 教育部:《关于加快建设高水平本科教育 全面提高人才培养能力的意见》,教高〔2018〕2号。

育、重视对于高素质人才的培养。建设高水平本科教育、培养一流人才，离不开一流专业的建设。专业是落实人才培养目标、实现人才培养路径的基本单元。《意见》对高校推进专业建设提出了要求："结合办学特色努力建设一流专业""形成就业与招生计划、人才培养的联动机制""培育特色优势专业集群，打造专业建设新高地"。对于法科学生来说，法学专业优势院校更应当重视对法科人才的培养，为学生的职业化能力培养、专业知识学习提供硬件和软件的支持。

教育教学改革的初衷是为了更好地适应人才培养的需要，更好地让学生获取知识、掌握知识的运用，更好地让学生的综合能力得到锻炼、激发学生的学习兴趣与学习潜能，更加符合教育培养需求。教学教改课题的研究是为了更好地引导学生进行自我管理、主动学习，提升学生的自主学习能力；创新创业教育改革是为了进一步强化学生专业知识的应用能力、实践能力，提升学生的调研能力，发掘学生的创业与创新能力；广泛的素质教育的开展以及社会实践活动的参与，则是为了增强学生的创造能力、团队合作能力、实际操作能力、组织协调能力以及沟通表达能力等。随着社会经济和科技的发展，在教育改革和高校及学科建设过程中，高校应当积极主动地使用新技术、新手段，通过互联网、大数据、人工智能等现代技术与教学、能力培养相结合，塑造多元协调、内容丰富以及应用广泛的教育培养模式与手段。

对于法科学生而言，法律院校应当根据专业优势和特色，打造专业建设新高地，提升法科专业学生服务经济社会发展的能力，以适应新时代对法科人才的需求。学校与学科建设为学生职业化能力培养提供了最为直接和有力的支持。需要高校不断探索和发掘，主动对接社会经济发展需求，提高法科人才培养的社会适应度以及满意度。

三、研究问题与研究范围

为更好地理解法科学生职业化能力、培养法科学生职业化能力，以更有效地实现法科人才培养的目的和价值，本书从一个崭新的视角对法科学生职业化能力的构成要素、培养途径及对策进行研究，旨在就法科学生职业化能力培养提供一个较为全面的分析与探讨。值得注意的是，当前法科毕业生往往与法治社会、用人单位对于学生能力的期望在认知方面存在一定的差异甚至会存在一些错位,那么为了契合培养德法兼修的高素质法治人才的总目标及法律职业化的要求,应如何更好地培养法科学生的职业化能力? 笔者希望本书的研究能为此提供一定的参考。本书主要探讨以下几个关键问题,即法科学生职业化能力的概念是什么? 其内容包括哪些? 应培养法科学生哪些职业化能力? 如何通过高校的教育教学活动培养这些职业化能力? 为回答上述问题,本书除绪论之外,共分为八个章节,全面剖析法科学生职业化能力培养的问题。

第一章主要针对法科学生的职业化能力进行研究,旨在分析和阐释法科学生职业化能力的内涵、培养的意义和主要路径。首先,分析了"职业化"的内容、法科学生职业化能力的概念及特点,厘清了专业能力与通用能力的关系。其次,评析了法科学生职业化能力培养实践的国内外研究的现状,对此提供一个较为全观的理解。再次,强调了法科学生职业化能力培养实践的研究意义。接下来本章分析了法科学生职业化能力培养实践的主要内容以及基本思路,其包括当前法科学生职业化能力培养存在的主要问题、基本思路以及具体内容。

第二章主要针对法科学生的法律职业伦理进行探究。本章旨在解释和阐释法科学生法律职业伦理的内化与养成。首先讨论了法科学生的个性特质,通过对规则意识、抗压能力、自我反思能力、责任感与忠诚度四个方面的分析,解释法科学生通用能力的内在自发因素。其次对法科学生法律职业伦理的养成进行了分析,对于法律职业伦理的内容,例如法治意识、正义感、底线思维等进行了探讨。而法律职业伦理的内化和养成则是法科学生通用能力培养的内核和潜在动力,包括对于法律人自我修养方面的提升,以及法律院校、法律职业培训机构把法律职业伦理教育作为教育的重点内容。最后探讨法科学生专业能力培养的前提,是理解法科学生专业能力培养的重要组成部分。这些内在因素以及外在教育实践将法科学生法律职业伦理进行内化,从而影响法科学生的思维意识、判断能力等。

第三章主要就法科学生专业知识的学习能力与应用能力进行探讨。如前文所述,法科学生专业知识的应用能力与通用能力相互影响、相辅相成。法科学生在专业知识的学习过程中将知识进行理解与内化、积淀,并在此过程中通过运用通用能力进一步学习和运用专业知识。首先探讨了法科学生专业知识学习能力与应用能力的概念及内容。其次阐释了法学专业理论知识体系的构建,包括法学核心课程体系、专业选修课以及跨学科的知识。再次,讨论法律意识、法律表达、法律思维与法律精神的养成,这既是法科学生职业化能力特殊性的内在因素,也是法科学生基于智力因素形成特殊性的专业能力——法律思维与分析能力的体现。法律表达体现了法科学生在专业知识表达上的特殊性,因为涉及专业的概念和术语,而法律思维则是一个十分严谨的推理论证过程,而法律精神则是一种法律、法治内深化的理念、信念与规则的表示。最后,分析法学专业知识的应用,包括法律辩论、模拟法庭、法律诊所、法律援助、法律实习以及法律写作,这些专业知识应用的路径和手段是进一步培养法科学生的职业化能力。

第四章主要就法科学生解决法律问题的能力进行剖析。首先,阐释法科学生解决法律问题能力的概念与内容,这不仅包括独立发现并提出法律问题的能力、分析思考能力、专业实践能力、法律思维能力,还包括解决问题能力以及与专业知识相关的能力。其次,分析当前法科学生解决法律问题能力培养的现状与问题,主要表现在学生独立思考和分析解决问题的能力弱化(包括学生自身因素和缺乏专门的、系统的教学训练)、专业实习缺乏系统化构建和学生专业实践能力训练不足(包括缺乏风险评控机制、缺乏参与激励机制、缺乏系统科学的设计、缺乏对实训效果的跟踪调查与对策研究)、法科毕业生过剩与无法满足社会岗位实际需求的矛盾突出。再次,讨论传统法科教育培养学生解决法律问题能力的弊端,主要包括模式和方法的单一、教学与培养目标脱节、教学与实务需求不完全匹配,这些弊端都导致了无法满足培养学生能力的要求以及市场对于人才的实际需要。本章进一步探讨了通过现代教育技术与法科实践能力教学整合的方式来解决现有问题。主要分析课题案例教学、模拟法庭的上课模式,以及课外实践的模式(包括法庭审判观摩、开展法律咨询活动、专业集中实习、开展社会调研与实地考察、实务培训、法制宣传等)。最后,提出了完善法科学生解决法律问题能力培养机制的路径,主要从四个方面提出培养措施和手段,包括明确定位能力教学平台的性质,强化能力教学的可实践性;明确教师职责,引导学生正确理解法治与法制的内涵与要旨、树立正确的法律观;合理设计能力教学平台案件处理机制,切实提升学生解决法律问题的能力;规范法学实践能力教学,系统性加强风险防控。

第五章主要针对法科学生的专业辅助能力进行阐述。这一专业辅助能力是指具有普遍性的通用能力,是对法学专业学习的一种重要支撑、辅助能力。首先,对法科学生专业辅助能力的概念及内容展开了阐释。其次,就法科学生专业辅助能力培养的意义进行阐释。再次,分析法科学生的基础性技能,例如计算机操作技能、网络与多媒体应用能力、运用人工智能处理法律实务、外语应用能力、理解性阅读能力,这些能力都是具有普遍性的通用能力,是广泛性的通用能力,不仅适用于法科学生,也适用于其他学科的学生。这些基础性的技能,既是普遍性的通用能力,也是学生需要掌握并能有效运用的必备技能。最后,分析了法科学生的发展性能力,即持续学习能力和创新能力,这也是基于智力的具有一定普遍性的通用能力。本章对于创新能力的阐释着重于对培养学生创新意识、创新思维、创新技能的重要性。

第六章主要针对法科学生的沟通能力进行分析,即基于协调沟通的通用能力的分析。首先阐释法科学生沟通能力的概念以及具体内容。这里所探讨的沟通能力主要包括通用的沟通能力,即谈判沟通能力、社交沟通能力,以及专业沟通能力(口头表达能力和文书写作能力)。其次,分析沟通能力对于法科学生的意义。主要体现在两个方面,即对于法科学生成长的重要性以及对于法科学生未来职业的重要性。沟通能力不仅是一项普通的通用能力,对于法科学生来说,其之后的职业岗位对于其沟通能力有更为具体和常态的要求。最后,讨论了法科学生沟通能力的培养路径,主要通过两个方面。其一,完善法科学生沟通教育体制,这里主要是指对于教师和辅导员的要求;其二,自主培养沟通能力,主要是指法科学生增加主动沟通的意识,主动地培养自己的沟通能力。作为实践性、专业性、应用性较强的法学专业和法律实务,沟通能力对于法科学生来说具有十分重要的作用,是其在职业岗位上应用频率较高的主要通用能力之一。本章从主动培养沟通意识、锻炼角色换位沟通能力、双赢沟通能力三个方面进一步探讨了法科学生如何自主地培养沟通能力。

第七章主要针对法科学生的自我管理能力进行探析,这一部分主要是对于普遍性的、基于自我约束和感知方面的能力为基础的通用能力的探讨。首先,对于法科学生自我管理能力的内涵、现状以及成因进行了分析。其次,讨论了法科学生的时间管理能力,主要包括对于时间管理的理解,时间管理的主要方法以及时间管理的技巧。再次,讨论了法科学生的人际管理能力,主要包括对于人际管理的理解、人际管理的构成、人际管理的原则以及人际管理的技巧。最后,讨论了法科学生的情绪管理能力,主要包括对情绪管理的概念、基本形态、构成进行分析以及法科学生如何进行情绪管理的方法的探索。

第八章主要针对法科学生的职业生涯规划与职业生涯发展能力进行挖掘,这是一项以职业发展为重心的能力,也是一项具有普遍性和特殊性的通用能力。首先,分析法科学生职业生涯规划能力的概念及内容,阐释了对于职业生涯规划能力的理解。其次,探讨法科学生的职业目标定位,包括如何了解职业,如何进行自我认知以及如何通过实践来进一步确定方向。再次,对于法科学生的职业生涯规划进行具体分析,包括对于法科学生职业生涯规划的制定,法科学生职业生涯规划的原则,法科学生职业生涯规划应注意的具体问题,以期为法科学生的职业生涯规划提供一定的指导。接下来就法科学生的职业能力展示进行了探讨,此处主要强调三种能力,即撰写简历、获取就业信息以及如何准备面试及面试技巧。这一部分不仅具有普遍性,也具有法科学生的特殊性,因为其就业岗位往往会有一些特殊的专业及能力要求。本章进一步就法科学生职业选择与发展进行了分析,并且强调了三个重要方面,即适合自身、树立正确的法科职业观以及避免法科职业误区。最后,对法科学生职业生涯发展能力中的建立和适用社会关系网络的能力进行探讨,主要包括社交礼仪、人际交往技能、拓展人际关系三个内容。本章节所讨论的能力与法科学生就业和职业规划具有最直接的联系,是实操性较强的通用能力,是法科学生在求职就业阶段运用最多的能力之一。

本书以"坚持立德树人、德法兼修,培养高素质法治人才"的培养总目标为指引,契合法律职业化的需求,以崭新的视角切入,从专业能力、通用能力两个方面对法科学生的职业化能力之培养与路径进行了全面分析。如前文所述,法科学生的职业化能力培养包括法律职业伦理、法学专业的学习能力与应用能力、解决法律问题的能力等专业能力、专业辅助能力、沟通能力、自我管理能力及职业生涯规划与职业生涯发展能力等通用能力,既具有普遍性又包含特殊性的内容,且结合理论和实践阐释了当前的培养现状与困境、如何解决现阶段问题的方法以及进一步培养这些能力的具体路径。本书在对于法科学生职业化能力的内涵外延、主要内容与培养路径方面进行了初步的探索,具有一定的独创性及新颖性,对于我国法治人才培养模式的改革与创新具有一定的借鉴意义。

第一章　法科学生的职业化能力

引　言

当今世界,法律职业化已成为一种趋势,法律职业化是实现法治的重要条件,法学教育是法律职业化的基础工程,法学教育模式之应对法律职业化是切实推进法科人才培养,实现法治的必要条件,因此,将法律职业化教育有机融合于法学教育人才培养体系中已成为当今世界各国法学教育与教学模式改革的一种趋势,也成为各国法学教育实现的重要目标。"习近平总书记强调,'全面推进依法治国,建设一支德才兼备的高素质法治队伍至关重要。'坚持建设德才兼备的高素质法治队伍是习近平法治思想的重要内容。"[①]全面推进依法治国,必须着力建设一支忠于党、忠于国家、忠于人民、忠于法律的社会主义法治工作队伍,推进法治专门队伍正规化、专业化、职业化,提高职业素养和专业水平。坚持立德树人,德法兼修,努力培养造就一大批高素质法治人才及后备力量。[②]这一法治思想具有十分重大的理论和实践意义,其政治和法治价值深刻,也是我国法学教育和法治人才培养的根本遵循。我国要全面推进依法治国方略,坚定推行法律职业化,促进法律职业共同体朝着规范化、专业化、职业化的道路前行。

"法律职业化是社会高度分工的结果,它显示了法律在社会中举足轻重的

---

①　景汉朝:《坚持建设德才兼备的高素质法治工作队伍》,载《人民日报》2021年3月21日11版。

②　景汉朝:《坚持建设德才兼备的高素质法治工作队伍》,载《人民日报》2021年3月21日11版。

作用,其专门化、职业化维护着社会的公平正义。"[1]"法律职业化是指法律职业的专业化、制度化、分工化,它要求法律从业者是有共同法律思维、法律知识与专业技能,以'铁肩扛道义'为己任的社会共同体,法律职业者不仅掌握着法律机器,而且保证法律的有效运行,决定了社会的法治状态。"[2]这充分说明我国在建设法治国家的进程中,亟待法律职业化,要求法律职业共同体,即法官、检察官、律师、法律服务人员等法律职业人,必须是接受过专门的法律教育,拥有共同的法治理念、法律信仰及法律思维,具备法律素养,并通过法律资格专门考试取得从事准入资格的法科毕业生。法学教育是法律职业化的基础工程,这要求从法律职业化与法学教育的整体性出发,优化我国法学教育模式,使之适应法律职业化的要求。在实践中,我国法学教育与法律职业化出现了一定的背离,需要进行法学教育教学模式的改革与创新,以培养法科学生的职业化能力。为什么要培养法科学生的职业化能力?加强法治建设,人才是基础。这既是从宏观上看——中国法治建设与法律职业化对法律人的必然要求,也是从微观上看——每个有志于从事法律行业的学子追求社会公平正义与实现人生价值的前提条件。因此,法律职业化要求法学教育向着培养职业化人才的方向发展,这就需要对法科学生的职业化能力培养的内容及路径进行深入的探索与实践。

一、职业化的概念及内容

(一)职业化的概念

什么是职业化?职业化,英文为 professionalism,它是"一种工作状态的标准化、规范化和制度化"[3],"即要求人们把社会或组织安排的岗位职责与工

---

① 王正飞:《从司法考试的完善谈法律职业化》,载《学理论》2015年第15期。
② 王正飞:《从司法考试的完善谈法律职业化》,载《学理论》2015年第15期。
③ 董业风:《试论高校辅导员职业能力的培养》,载《湖北广播电视大学学报》2010年第6期。

作任务,专业地完成到最佳,准确地扮演好自己的工作角色。"①职业化的内涵包括职业素养和匹配的职业能力(技能)、在工作中应当遵循的职业行为规范(code of conduct)。

(二)职业化的内容

职业化的起点是一种敬业精神,是建立在职业化素养与职业化能力基础之上的、有高度责任感、良好工作态度的敬业精神。职业化的特点是"精"与"专",也就是在特定的职业中训练有素、行为规范;强调用理性的态度对待工作;于细微之处充分体现专业的行为与素养,即:思维要活跃、意识要超前、行为要规范;个性的发展应当适应共性的条件;在合适的时间、合适的地点、做合适的事情;职业能力(技能)凸显标准化、规范化、专业化。可以说职业化能力是某一特定职业"高、精、尖"的职业能力,层次更高,技艺更精湛,水平更尖端,本书认为职业化的内容包括职业化能力、职业化素养、职业化规范。职业化能力包括专业能力及通用能力两个方面,专业能力突出职业伦理、专业的学习与应用能力、利用专业解决问题的能力。通用能力也称基础能力,是指专业辅助、沟通、自我管理、生涯规划与生涯发展等能力。职业化素养是企事业员工在从事某一特定职业时,不断形成的知识素养、个人素质、个人道德修养等,职业道德、职业意识、职业心态是职业化素养的重要内容,也是职业化中最根本的内容。职业道德是职业人应当遵循的职业道德,"美国最著名的《哈佛商业评论》评出 9 条职业人应当恪守的职业道德:诚实、守信、正直、忠诚、公平、关心他人、尊重他人、追求卓越、承担责任"。② 此为最基本的职业化素养。职业化规范是指:职业人士在职场当中应该坚守的具体的标准。职业化规范的三个要点是行为规范、习惯规范、形象规范。笔者认为,职业化素养与职业化能力相较而言,前者更多地表现为一种静态的素质,如专业知识、通用知识、职业道德、职业心态、职业意识等素养,而后者更多表现为一种动态的能力,它是在前者的基础之上养成的专业能力与通用能力相辅相成、有机统一的整体,静态的"职业化素养"只有通过动态的"职业化能力"这一媒介,才能转化为生产力,产生社会效益或经济效益。因此"职业化能力"这一桥梁非常重要,它需要职

---

① 高岭梅、郑颖君:《高校基层教育教学管理人员职业化培养的思考》,载《湖州师范学院学报》2011 年第 5 期。

② 冯欣艳:《数字时代新闻摄影的蜕变和发展》,载《新闻爱好者》2012 年第 13 期。

业人士通过系统的大学教育、专业实践与社会实践逐渐养成,它是较为高端的"技能",也是一种更为核心的胜任力或者优势竞争力。从某种意义上来说,某一专业的职业化能力是个体通过受教育将专业知识、通用知识内化为自身的知识系统及职业化素养,再通过持续的学习与实践训练,将知识系统及职业素养进行交融,内化为职业化能力。

一般来讲,企事业单位对员工的职业化素养具有一定的约束力,通常体现为员工在自律基础之上,单位通过对员工的职业素质进行培训和引导,帮助员工在适宜的工作氛围下开展标准化、专业化、规范化的工作实践,逐步形成良好的职业化素养。而高等院校及单位对职业化素养缺乏约束力,它们应当在人才培养目标指引下,对学生及员工的专业能力和通用能力进行有计划、有步骤的培养与实训,养成扎实的职业化能力,以促进学生提高与职业相匹配的胜任力、核心竞争力,实现特定的人才培养目标,形成人才培养与出口的良性循环,使毕业生及员工形成从事特定职业或岗位的优势竞争力。

"职业化行为规范更多体现在遵守行业和企业(公司)的行为规范,包含着职业化思想、职业化语言、职业化动作三个方面的内容,每个行业、企业都有自身的行为规范,一个职业化程度高的员工,他进入某个行业的某个单位之后,能在较短时间内实现严格按照行为规范来要求自己,使自己的思想、语言、动作符合自己的身份。"[1]做事有章法,有职业胜任力,有职业通用管理能力,这也是一个员工职业化素养的成熟表现。"一个职业化程度高的员工,必将成为一名优秀的员工,一个团体职业化程度高的企业,必将会成为一个被社会尊敬的企业。今天的企业,不仅仅只是强调管理的标准化、制度化、程序化、人性化,且员工的职业化素养与职业化能力的高低已经成为众多企业日益关注的焦点,也成为了许多公司对毕业生的评价标准。"[2]

我国高校近十多年的扩招,大学毕业生人数在以每年50万以上的总量增加[3],2020年、2021年、2022年我国的高校毕业生人数分别达到874万、909万和1076万。毕业生人数的逐年剧增在一定程度上直接导致大学生就业率的降低。当前,大学生就业难已成为我国最重要的社会性问题之一,就业问题亦

①　《怎样理解职业化》,https://baike.baidu.com/item/%E8%81%8C%E4%B8%9A%E5%8C%96/3927? fr=aladdin,访问日期:2021年3月21日。

②　《怎样理解职业化》,https://baike.baidu.com/item/%E8%81%8C%E4%B8%9A%E5%8C%96/3927? fr=aladdin,访问日期:2021年3月21日。

③　胡明辉:《大学生职业化能力培养》,载《人才资源开发》2015年第4期。

成为最大的民生问题。当然,当前的人才市场也存在着一个突出的矛盾:一方面用人单位招不到素质能力与岗位要求适配的毕业生,另一方面毕业生对自身期望值过高而看不上招聘单位。影响大学生职业胜任力和就业竞争力的因素很多,其中,大学生职业化能力的培养,对于大学生职业胜任力、就业竞争力的提升及高校的可持续发展都有着深远的意义。理清在《大学生职业化能力》一书中首次提出并论述了大学生的职业化能力,他认为大学生的职业化能力包括自我管理能力、胜任工作的能力、终身学习能力、职场社交能力、表达沟通能力。① 笔者认为这是对职业化能力比较宽泛的理解,是从通用能力而言来进行论述。而具体到给每个专业、职业而言,还应当包括专业能力。大学生职业化能力的培养主要是使大学生具备社会与未来职场对人才所需的技能和素质,使其快速适应职业与岗位的需求,通过理论联系实践,进行专业能力兼具通用能力的培养,对于大学生职业化能力的培养理应遵循整体性原则、发展性原则、综合素质优先的原则。职业化能力的培养有利于提升大学生的综合素质、职业胜任力与就业竞争力,对于推进各个不同行业的职业化进程,解决就业难的问题有着积极的意义。

二、法律职业化的概念及演变

什么是法律职业?英国《大不列颠百科全书》将法律职业定义为"以通晓法律及应用法律为基础的职业"②,"美国律师协会在1996年发表的法律职业化委员会报告中概括,'法律职业'的内涵为具有渊博的知识,适用法律与事实的技能,充分的职业准备,实践的和谨慎的智慧,恪守职业道德,献身于正义公共利益,可见法律职业的形成与法学知识的积累及司法实践分不开,它是专门化的工作,要求从业人员拥有专门的法律知识和技能。"③综上,法律职业是指特定的法律工作者,主要以法官、检察官、律师和公证员为代表的,受过专门的

---

① 理清:《大学生职业化能力》,中国物资出版社2006年版,第79页。
② 赵长明:《法律职业与法学教育》,载《中国科教创新导刊》2007年第473期。
③ 陈美玲:《法律职业化背景下的法学本科教育——立足于职业教育的思考》,载《职教论坛》2010年第18期。

法律专业训练,具有丰富的法律素养、娴熟的法律技能与法律伦理的法律事务岗位从业人员所构成的共同体。法律职业是一种专门性很强的职业,具有独特的职业特征和专业独立性要求,需要国家实行统一的职业资格准入制度。广义的法律职业不仅包括法官、检察官、律师和公证员,还包括从事法学教育和研究的法学家和法学教师,以及企事业单位中从事法律事务的职业岗位,如法律顾问、法务专员、法务主管、法务部门的其他人员。狭义的法律职业主要指法官、检察官、监察官、律师、公证员、基层法律服务工作者。法律职业之所以区别于一般职业,缘于"它是法律职业家娴熟的专业技术建立于深厚的学理基础之上,一种经由系统的专业理论学习而培育起来的学理素养内化为法律职业家的职业意识和行为模式,进而影响其专业技术行为。"[①]以上人员构成法律职业共同体,他们共享法律价值,共奉法律至上的法律意识,为社会提供专业化、规范化的法律服务,共同推动法治社会与法治文明的进程。

(一)法律职业化的概念及意义

1.法律职业化的概念

所谓法律职业化,指的是从事法律工作、法律事务为主要生活来源的群体,有严格的职业准入机制,在职业上具备共同的要求和特点,它要求法律从业者是有共同法律思维、法律知识与专业技能,能利用深厚学理素养来解决问题的社会共同体,即法律职业的专业化、制度化、分工化。法律职业化与司法现代化两者是紧密联系的。"从实践情况来看,法律职业群体会通过应用特定的法律术语进行判断和推理,同时具有专业化的法律思维方式。此外,法律职业群体是在相应的法律体系和法律观念下开展相应工作的,且其具有非常强的职业精神。"[②]主要包括法官职业化、检察官职业化、律师职业化,法官职业化是指有严格的法官职业资格准入制度,建立职业化的法官队伍,增强法官司法素质,巩固公正司法理念、保障法官中立,增强司法独立和司法监督,为法官自由裁量创造有利的内部和外部条件。法官具有较高的学理知识与素养,有良好的法律职业伦理,坚定的法律信仰及法治理念。检察官职业化是指有严格的检察官职业资格准入制度,建立职业化的检察官队伍,检察官以依法行使

---

① 夏锦文:《法律职业化与司法现代化关系的若干理论问题》,载《法学论坛》2005年第2期。

② 李昕:《我国法律教育职业化导向研究》,载《法制博览》2017年第9期。

检察权(法律监督权)为专门职业,并具有不同于其他国家公务员的独特的职业意识、职业技能、职业道德、职业地位和职业保障,达到国家认可的职业资格标准,[①]有丰富的法律学识和素养,有坚定的执法理念、较强的思辨能力、高尚的道德水准。律师职业化是指有严格的律师职业资格准入制度,建立职业化的律师队伍,是"律师独立于国家司法机关、行政机关之外而形成自成一体的以向社会提供法律服务专业的法律职业群体的过程",[②]要求律师有良好的职业道德,执业规范,规范化、专业化程度高。

2.法律职业化的意义

法律职业化的意义在于三个方面:一是法律职业化要求具有严格准入的门槛或资格——全国法律职业资格考试,有利于整个法律行业的规范和管理;二是法律职业化要求执业专业化,有利于提供专业化、规范化的法律服务;三是法律职业化使得非专业人士无法进入此行业,有利于提高法律职业的地位,树立法治的权威。

法律人要求职业化,这是在法治社会前提下,法律行业自身发展的必然结果,也是司法现代化的必然要求,更是当前新时代法治建设对法律工作者提出的要求。法律是一门专业性、实践性及应用性凸显的学科,我们往往称法律人为"专业人员"而非其他,正是因为我们相信法律人拥有一门特殊的学识,这些学识在日常生活中不一定随时用到,但在特定的法律场景下是我们必须依仗的。我们之所以相信法律人需要秉持公平正义之观念,要能够肩负个案之正义,正是因为在现代法治社会中实现公平正义必须通过严格的法律程序,而要通过法律程序就无法绕开具有法律专业知识的法律人——这就意味着我们认为法律人这样的"专业人员"具有一种超越性的公共承诺,和医生、教师一样,是需要为了整个社会的公共福祉而行动的。由此,在当前的法治国家、法治社会与法治政府的建设中,我们会看到法律人在法治建设中的重要性与不可替代性。我们之所以要把"法律人"作为法治建设的一支单独的、不可或缺的力量,正是因为我们相信法律职业共同体是由这些拥有专业知识与法律素养、拥有对法律的景仰、为了实现社会公平正义奋斗之人组成的,以法官、检察官和律师为主要代表的法律工作者,都是法律秩序的坚定执行者和法律价值的忠实捍卫者,共同拧成了一股推动法治社会不断进步的合力。因此,上述以法

---

① 杨爱琼:《浅析检察队伍的职业化建设》,载《法制与经济(下旬)》2011年第3期。
② 李本森:《我国律师职业化进程和发展策略》,载《中国律师》2000年第5期。

官、检察官、律师为主体的法律职业共同体,经过严格的职业资格准入机制,提供着专业化、规范化的法律服务,不断地推动着法律职业化的发展进程。

(二)法律职业化的演变

"法律职业化制度发端于 13 世纪末的英国,这一时期出现了一个明显的法律职业,它建立在劳动分工社会化和经济市场化发展的基础之上。在理论史上,'组织理论之父'马克斯·韦伯系统提出并阐释了法律职业化学说。"[①]"韦伯指出:职业性的法律教育主要有两种方式:一种是经验性的法律教育,即由实务家来进行的'工匠式'训练,具有代表性的就是英国交由律师来训练的工会式的法教育;一种是理论性的法律教育,它通过在专门的法律学校里进行理论性的教育,以理性和系统化的方式来研习法律,其以近代大学里的法学教育为代表。"[②]对于后一种情形,它蕴涵了法律职业化的基本要义。现代意义上的法律职业是现代理论思潮的产物,其社会实践动力的直接来源是大学里的现代法律教育模式的创新。韦伯所理解的法律职业实质上是现代性意义上的法律职业,这与他将形式法律作为传统法律的现代化转型所蕴含的形式合理性法律精神是一致的。美国法学家、法官理查德·波斯纳同样指出,在美国,现代法律职业发端于 1870 年兰德尔成为哈佛法学院院长之时所进行的大学法律教育改革,这项改革方案"明确建立在这样一个前提之上,即法律是一门科学"。据此,我们可以认为,现代性理论所倡导的理性精神是法律职业化运动的思想源泉,而推进和深化法律职业化进程的直接法律动力则是法制现代化运动。

在中国法制史上从未出现过一个专业化的法律人群体。中国历代封建王朝的法官职能多由地方行政长官履行,自然没有一个独立的法律人群体。而自 1949 年新中国成立之后近 40 年,我们也一直缺乏职业的法律人。但随着中国现代化进程的推进,中国逐渐展开了一系列的法律职业化运动,包括律师的职业化、法检的专业化。我国开始走上法律职业化道路始于 1986 年的律师资格全国统一考试制度,2002 年律师资格考试取消,律师、法官、检察官和公证员之职业证书的资格考试合并为国家司法考试,使其由一种单一的律师资

---

① 夏锦文:《法律职业化与司法现代化关系的若干理论问题》,载《法学论坛》2005 年第2 期。

② 张彩虹:《韦伯语境下的法律现代化与职业化》,载《人民法治》2011 年第 20 期。

格考试转变为法官、检察官和律师从业资格的准入考试制度。统一司法考试制度无疑是我国司法体制改革中影响最为深远的,它确立了法律职业者的从业平台,更为律师、法官、检察官等职业共同体搭建了统一的平台,它对于法律职业共同体的建设发挥了举足轻重的促进作用。2008 年 6 月,司法部发布关于司法考试报名条件的第 75 号公告,规定普通高等学校 2009 年应届本科毕业生可以报考国家司法考试,这是司法考试试行以来对报名条件所做的一次最大的改革,大四本科学生获准参考直接深化了司法考试对大学本科法学教育的导向作用,甚至形成对法律院校现行教学体制的重大冲击,最终使得我国的法学教育体制往更符合法律职业人才培养现实要求的方向发展。自 2018年开始,国家司法考试改为国家统一法律职业资格考试。不仅要求律师、法官、检察官、公证员需要通过该考试,且从事行政处罚决定审核、行政复议、行政裁决的工作人员,以及法律顾问、法律类仲裁员也必须参加并通过考试。上述法律职业资格考试制度的演变,进一步推动了我国法律职业化的发展进程。

综上所述,自 21 世纪以来,随着统一国家司法考试与法律职业资格考试制度的确立,法律职业化的进程可以说有了初步的成效。而在一系列法律职业化运动中,法学教育改革显然被期望起到一个基础性的作用,对于它的讨论也日益增加。对法律职业化的理解无论是在理论上还是在就业实践中都不是截然分开的,也是需要并可以融入当前法科学生人才培养实践中的。由此,如何将职业化的理念融入法科学生的人才培养呢? 笔者怀着强烈的兴趣开始了这个命题的探讨。

三、法科学生职业化能力的概念及特点

自 1977 年部分高校恢复法律专业招生以来,关于法学本科教育的目标定位为"通识教育、精英教育抑或职业教育"的争论逐渐增多。不同于美国之法律职业教育是建立在学生已经完成本科学习基础之上,我国在本科阶段即开设法学专业,本科毕业生可直接参加法律职业资格考试以进入法律职业共同体。同时,进入法律院校本科就读的学生并不一定有明确、清晰的法律职业生涯规划,甚至懵懵懂懂进入了法学院,读了四年发现自己并不适合从事法律行业,转而投身各行各业的学子比比皆是。美国法律职业教育存在一定的合理

性在于,学生通过本科四年已完成素质教育,已被期待形成了健全之人格,而后意图以法律为业者再通过为期三年的职业教育进入法律行业。中国法学本科教育之困惑就在于,一方面它必须回应大学教育之功能——即培养一个健全之人,进行人文方面之通识教育;另一方面,它又必须回应学生的就业之需求,进行职业教育;再一方面,职业教育又必须平衡毕业之后从事与不从事法律职业学生的不同需求。当前,大学生就业难已成为我国重要的社会性、民生问题,法学专业毕业生的就业亦屡亮红牌。在法律职业化与就业的语境下,如何培养法科学生的职业化能力,培养高素质的法治人才,提高法科大学生的职业胜任力及就业竞争力,成为法律院校亟待探讨的重要课题。

(一)法科学生职业化能力的概念

广义的"能力"指学习者对学到的知识和技能进行内化为自身的素养以实现某种利益的产物。它既包含着技能的概念,又包含知识的概念。广义上的知识是人脑对客观事物的表征,广义上的技能是指运用已有的知识经验,通过练习形成的一定的动作方式或智力活动方式,技能是对动作和动作方式的概括。相比较能力的发展,技能和知识的掌握快,且能力也不是永远随知识、技能的增加而成正比发展的。狭义的能力是指一些基础性的生物能力,狭义的技能是指被文化固化的能力,知识指既可能写在纸上的真命题,又包括"内隐知识"。本书中所提及的"职业化能力"中的"能力"即从广义上来进行理解。

职业化能力是从事某种职业活动所表现出来的各种能力的总和。不是单一一种能力,也不是一个个毫不相干的能力的机械相加,而是各种能力相互联系、相互影响的有机整体。它不仅需要技能和知识等功能性、知识性能力,而且还需要其具有适应、应变等行为能力以及内在价值观、个人、工作动机等相关能力的支撑。[1] 事实上,职业化在大学生就业语境下还有另一种解读,也就是不仅包括专业能力,还包括一般就业语境下的通用能力。大学生职业化能力培养体系的构建,是适应职业化进程的需要,以培养和塑造大学生职业化能力为核心,提高大学生的职业胜任力和就业竞争力,实现人才培养总目标的全方位的培养体系。

法科学生职业化能力是指在法科人才培养过程中,大学法学教育与法治

---

① 邢文祥:《基于提升就业竞争力的大学生职业化能力培养体系初探》,载《北京教育(高教)》2010 年第 6 期。

建设及法律职业化的社会需求相适应,培养学生扎实的专业能力与通用能力,以养成法律职业道德、法律素养、法律技能及法律思维,实现德法兼修、高素质法治人才的培养目标。它是法律职业共同体所必需的专业化、规范化的法律职业能力。其中,专业能力指法律职业伦理、法学专业的学习与应用能力、解决法律问题的能力等,通用能力指专业辅助能力、沟通能力、自我管理能力、职业生涯规划与职业生涯发展能力等。法科学生职业化能力培养体系的构建,是以契合建设法治国家、法治社会、法治政府与法律职业化的需要,以培养和塑造法学专业学生职业化能力为核心,提升学生的职业胜任力与就业竞争力,培养德法兼修的高素质的法治人才的培养体系。众所周知,法学专业是一门与经济社会发展、法治建设、公共与个人利益息息相关的专业,因此,与其他大多数专业相比,法科大学生职业化能力培养体系的内涵更深,外延更广,更能凸显其法律价值与社会价值。

(二)法科学生职业化能力的特点

法科学生为什么要培养职业化能力?"建设社会主义法治国家需要的'法治人才'应是实践能力强的'应用型、复合型法律职业人才',但是目前我国的法学教育与法律职业相脱节,很难满足法治中国建设的需要,所以法学教育改革应明确法律职业化教育理念,探索行之有效的职业化教育模式,实现法学教育与法律职业的对接。"[①]

笔者认为,法科学生的职业化能力既包括法学学科内部的职业化能力,也包括职业化教育之外的通用的职业化能力。前者可称为专业能力,是法学专业职业教育的范畴,而后者可谓通用能力或基础能力,是通识教育的范畴。就此而言,职业教育意义上的职业化能力是指法科学生需要的关于法律之知识、技能与职业伦理。知识是理论之维度,技能是实践之维度,伦理是心灵之维度,此三者结合起来就是进入法律行业、胜任法律工作的能力。而通识教育意义上的职业化能力就更具普遍性,主要指其蕴涵的职业化精神和能否胜任工作的基础能力,包括自我管理能力、表达沟通能力、人际交往能力、终身学习能力、高效执行能力。

如前所述,职业化能力的特点是"精""专",即行业、业务的精湛与专业。

---

① 耿巧英、赵琳、燕翔:《"法治人才"职业化教育理念与模式》,载《教育教学论坛》2018年第40期。

无论是一名创业者,还是一名职场精英,"精""专"都是能够成就个人人生价值的一项职业化准则。纵观古今中外,大凡职场上的成功者都是经过长时间的不断积累与磨砺,在特定领域积淀知识经验,方才一鸣惊人。机会总是垂青于有所准备的人,当一名职场人士在职场中真正做到"精""专",相信距离事业的成功定会不远了。而"精""专"的内涵体现在:信念的坚守、行业的坚守、方向的坚守、目标的坚守、行动的坚守。

由此,作为一名未来的法律人,其法科学生职业化能力的特点是法律领域的"精""专",其内涵体现在:法律信仰与法治理念的坚守,法律职业的坚守,法律职业道德的坚守,追求公平与正义的坚守,公正司法执法适用法律的坚守。法科学生的职业化能力体现在两个方面:一是专业能力:以扎实的法学专业知识为基础,有良好的法律职业伦理,有较强的专业知识学习能力与应用能力,有利用法学素养解决法律问题的能力等;二是通用能力:坚实的专业辅助能力、良好的沟通能力、高度的自我管理能力、可持续的职业生涯规划及职业生涯发展能力等。

四、法科学生职业化能力培养实践的国内外研究现状

(一)国外研究与实践

法学是一门实践性、应用性极强的学科,培养法科学生的职业化能力是全世界法学院共同致力实现的目标。关于职业化能力的培养,大陆法系与英美法系国家采用了不同的模式。大陆法系国家以德国为例,德国以成文法教学为主,将"具有全方位工作能力的法律人"作为其培养目标,在职业化能力的培养上不仅广泛开设侧重司法实践、法律实务的选修课,同时设置了限期两年的专业实习要求,加上"双师化"的导师制度,使得德国的法律教育同样具有极强的实践性。英美法系国家以美国为例,因其特殊的法律制度,美国法学院采用法律职业教育模式,以"执业律师"为培养目标。其课程设置、教育方法本身就具有极强的实践性。同时,美国法学教育辅以"法律诊所"与专业实习的实践形式,加上"双师型"教师设置,使得其法学教育对职业化能力的培养极为到位。"20世纪60年代,美国法学院借鉴临床医学的教学方法,将真实案件的

咨询、代理等法律援助活动引入法学教学之中,称为诊所式法学教学。"[1] "诊所式法学教育(Clinical Legal Education)起源于美国,这个项目融合了理论教学与实践教学,将技能训练又带回到法律教育中,让学生在法学院学习理论的同时,进行律师事务与技能训练。"[2] 通过法律诊所的训练,让法科大学生在实践中培养法律职业能力,培养公益精神和职业责任感,夯实法学专业基础,训练法律思维能力,培养律师职业能力。但国外的法学教育大多在研究生阶段开设,加之其高校授课形式、组织形式与国内高校差别很大,对国内法学教育尤其是法学本科教育仅有部分参考价值。

(二)国内研究与实践

国内对于大学生的职业化能力培养的研究起步较晚,其中,较有代表性的著作是理清编写的《大学生职业化能力》《塑造职业化人才》,对大学生职业化能力的内容、养成进行了阐释,为之后的研究打下了基础;论文类具有代表性的是邢文祥 2009 年的《基于提升就业竞争力的大学生职业化能力培养体系初探》,在实践调研基础上提出了大学生职业化能力构成要素,同时对高校如何构建大学生职业化能力培养体系进行了探讨;王雅楠、张成风 2018 年的《探究高校大学生核心职业化素养的提升路径》,从多个方面分析了核心职业化素养的内涵及提升路径。

当前,"随着社会的发展,我国法学教育从主张培养法律人才的'精英教育',到培养法律人的'职业教育'演变。高校法学教育与司法考试的内容体系日渐融合,法学专业的大学生积极参与公检法司的社会实践,法学教育同法律职业紧密地联系在一起。"[3] "法律职业化已成为当代中国法学教育改革的方向。"[4] "法学教育作为一种职业化教育越来越得到专家学者的认可。2011 年

———————

① 杨宗科:《构建法治人才培养体系的探索与实践》,北京大学出版社 2019 年版,第 44 页。

② 许身健:《法律诊所》,中国人民大学出版社 2017 年版,第 2 页。

③ 王敬川:《论法学教育职业化背景下的大学生职业道德观培养问题》,载《中国法学教育研究》2017 年第 2 辑。

④ 陈伟、王昌利:《职业能力提升与法律诊所教育》,载《中国法学教育研究》2015 年第 2 辑。

提出的卓越法律人才培养计划,重点是培养应用型和复合型的法律职业人才。"①"随之加强法律职业能力培养的呼声日益高涨,诸多高校的法科培养目标开始转向职业人才的培养。"②具体到国内对于法科学生职业化能力培养的研究大多仅仅把职业化能力缩小解释为法学专业能力,而忽视了专业辅助能力、自我管理能力、沟通能力与生涯规划能力等通用职业化能力,如2015年陈伟的论文《论职业化能力提升目标下的法学实习基地改革——基于实证调研的现实考察》虽以职业化能力为题,但研究仅限于法学专业能力。从这个角度来看,我国对法科学生职业化能力培养的研究还远远不够。

截至2022年1月21日,"中国知网资源总库"数据库之"文献"子库中,以"职业化能力"为主题检索词,有相关文章335篇,其中大多是对法学之外的其他学科学生职业化能力建设的探讨。而分别以"法学专业　职业化能力"及"法学　职业化能力"为主题检索词,仅有相关论文2篇,由此可见,我国对于法科学生职业化能力培养的研究还处于空白,因此,厘清法科学生职业化能力的内涵、外延、培养目标与路径,尤其针对"立德树人、德法兼修,培养高素质法治人才"的法学专业人才培养目标,适应法治建设与法律职业化的需求,培养法科学生的职业化能力,建立职业化能力的培养体系亟待研究。

针对中国传统法学重学科理论知识传授、轻知识能力应用,对法科学生职业化能力培养欠缺的现状,一些法律院校已经作了重要的探索,即以职业需求为目标,通过确立与深化实践教学体系来提升法科学生的职业化能力。"具体来说,也就是尝试以职业需求为导向,确定实践教学的教学目标,优化学生的知识和能力结构,弥补学科教学的不足,通过法律诊所的课程化建设提升实践教学的品质;将课堂教学实务操作教师指导,作为诊所式法学教学不可分割的整体,形成三位一体的教学体系,实现实践教学内容的体系化,保证实践教学效果的有效性;在教学活动中强调计划实施和反馈三个环节的教学过程,实现

---

① 参见2011年,教育部和中央政法委出台的《关于实行卓越法律人才教育培养计划的若干意见》。

② 如唐波、黄超英结合华东政法大学的做法探讨,加强法律执业能力训练问题,参见其文章《加强法律职业能力培养应用型法律人才》,《中国法学教育研究2013年夏季论文集》,第35页,四川理工学院法学人才培养定位在"法律人"上,即适合社会需求的具有法律职业知识技能和职业伦理的应用型法律职业人才,参见吴斌、缪锌:《服务性学习纲领下基层应用型法律职业化人才培养机制研究——以四川理工学院为例》,《中国法学教育研究2013年夏季论文集》,第59页。

法学实践教学环境的完整性,遵循从行动中反思的教学原理,养成学生批判性的法律职业思维模式;搭建校内外结合的教学实践平台,保障充足的案源,赋予学生担任真实案件的代理人身份,凝聚专兼职结合的育人团队及时处理真实案件办理遇到的学科知识交叉、综合、复杂等问题;总结出多元综合评价学生的指标体系,明确、细化实践教学评价学生的标准,体现实践教学课程评价学生的独特性。"①各法律院校也通过探索构建"课堂教学、实务操作、教师指导、校内外结合的教学实践平台"四位一体的教学实践体系,全面提升法科学生的职业素养与职业能力。

五、法科学生职业化能力培养实践的研究意义

职业化是社会发展、社会分工精细化背景下就业市场对劳动者提出的必然要求,更是我国"依法治国"这一基本方略对法律职业共同体提出的必然要求。而职业化能力正是职业化的核心要求,它包括专业知识应用能力、专业辅助能力、个性特质、个人素养等方面,是劳动者高效率、高质量完成劳动的重要能力要求。

"法学专业具有很强的社会性和实践性。法学人才的培养应当注重而不能脱离社会和实践"②,不能脱离当前法治社会对法科毕业生职业化能力及实践能力的培养。当前,一方面,我国日趋完善的法治体系以及法律服务的国际化对法律工作者的职业能力、专业素质提出了更高的要求;另一方面,我国高等教育逐渐普及,就业人数随着高校毕业生数量的倍增与日俱增。同时,随着经济下行压力增加、结构性改革推进,高校毕业生就业形势日渐严峻,法科毕业生的就业压力更是连续多年在各专业中排在前列。在上述背景下,培养法科学生的职业化能力,有利于促进毕业生的全面发展,提升毕业生就业竞争力;有利于完善高校法学本科学生教育实践体系,从而培养专业化、职业化的

---

①　杨宗科:《构建法治人才培养体系的探索与实践》,北京大学出版社 2019 年版,第 44～45 页。

②　段贞锋:《论法学本科生专业"听、说、读、写"能力的培养——以平顶山学院为例》,载《厦门广播电视大学学报》2017 年第 1 期。

高素质法治人才。因此,培养法科学生职业化能力的意义在于以下四个方面:

(一)实现法律职业化的必然要求

培养法科学生职业化能力,是实现我国法律职业化的必然要求。法律职业化包括法官职业化、检察官职业化、律师职业化,培养法科学生职业化能力,是"司法职业化"背景下培养正规化、专业化、职业化法治工作队伍的重要一环。《中共中央关于全面推进依法治国若干重大问题的决定》明确指出,全面推进依法治国,必须大力提高法治工作队伍的思想政治素质、业务工作能力、职业道德水准,着力建设一支忠于党、忠于国家、忠于人民、忠于法律的社会主义法治工作队伍,为加快建设社会主义法治国家提供强有力的组织和人才保障。[①] 法科学生作为未来中国法治化建设道路上的生力军,应当由法律院校将职业化能力融入教育教学实践培养体系,有步骤、有计划地培养法科学生的职业化能力,使之有机会在未来的职业发展中成长为具有过硬思想政治素质、精湛业务能力及职业道德水准的法律职业群体,从而有力推进法律职业化的发展。

(二)提升职业胜任力与就业竞争力的必要环节

培养法科学生职业化能力,是提升其职业胜任力与就业竞争力的必要环节。法科学生职业化能力,是学生更好地适应职业环境、完成专业化工作的能力,是就业市场与职场上亟须的胜任力。QS World University Rankings 每年都会推出全球大学雇主满意度的排名,而雇主满意度的核心即大学所培养的学生是否具备与职业相关的职业化能力。

当前法科学生就业形势严峻,要提升毕业生的职业胜任力与就业竞争力,就应当着力培养学生与法律职业相关的职业化能力与素养,即:法律职业伦理、专业知识的学习与应用能力、解决问题能力等专业能力;专业辅助能力、沟通能力、自我管理能力、职业生涯规划与职业生涯发展能力等通用职业能力。

---

① 《中共中央关于全面推进依法治国若干重大问题的决定》,https://baike.baidu.com/item/%E4%B8%AD%E5%85%B1%E4%B8%AD%E5%A4%AE%E5%85%B3%E4%BA%8E%E5%85%A8%E9%9D%A2%E6%8E%A8%E8%BF%9B%E4%BE%9D%E6%B3%95%E6%B2%BB%E5%9B%BD%E8%8B%A5%E5%B9%B2%E9%87%8D%E5%A4%A7%E9%97%AE%E9%A2%98%E7%9A%84%E5%86%B3%E5%AE%9A/15855555?fr=aladdin#2,访问日期:2021 年 11 月 28 日。

专业能力和通用能力要两手抓,前者是上层建筑,后者是基石,打好基础是应变之法,但二者不能混为一谈。由此引导法科学生养成忠诚、进取、自信、自立、理性、自律、严谨的个性特质,全面提升法律素养、人文素养与政治素养,从而促进法科学生全面发展,创造优势竞争力,增强毕业生就业竞争力,使学生在就业市场中脱颖而出。同时,有助于促进学生由"学校人"向"社会人"的成功转型,推进学生的社会化进程。

(三)完善高校法学教育实践体系的重要举措之一

培养法科学生职业化能力,是完善高校法学教育实践体系的重要举措之一。法学是一门实践性极强的学科,高校法学专业实践教育是法科学生人才培养的重要环节。将法科学生职业化能力培养纳入实践教育体系中,在专业实习与社会实践中,使法学专业的知识与技能得到充分应用与检验,利用法律解决问题的能力在法院、检察院及律所等法律职业的实习中得到亲身体验,口头与书面表达能力、沟通能力亦获得实际训练,在实习实践中逐渐清晰自身的职业生涯目标与规划,而上述成果也从另一角度进一步完善法学教育实践体系的构建。

(四)推进高校思想政治教育工作实践的重要内容

培养法科学生职业化能力,是推进高校思想政治教育工作实践的重要内容。职业化能力不仅包括专业素质,还包括职业素养与职业行为规范。职业化能力的教育目的,即提高大学生的专业素养与综合素质,培养其健全人格。具体到法律职业中,就是对政治素养、正义感、道德感,以及相关法律职业伦理的培养。法律院校在学生日常思想政治教育中,应主动适应学生实际与未来职业的需要,不断开拓思想政治教育的新渠道,突破传统思想政治教育方法单一、知识单调、过程枯燥的瓶颈。将思想政治教育与法律职业道德、法律职业伦理培养有机融合,注重提高学生思想政治素养与职业伦理。法律院校必须提高对法律职业伦理教育的重视程度,将法律职业伦理教育纳入法学教育体系中,在传授法学理论知识与技能的同时须向学生灌输义务意识,把法科生培养成为法律职业伦理意识强、拥有法治理念与法律信仰的法律人,努力使法律职业伦理教育起到塑造法律职业精神的作用。

六、法科学生职业化能力培养实践的主要内容

（一）当前法科学生职业化能力培养存在的主要问题

近年来，法科学生职业化能力开始受到高校的关注。各高校纷纷开展职业生涯规划、职业能力培养的相关比赛、讲座、课程。但其职业化能力培养欠缺，并存在以下问题：

1.未结合法治人才的培养总目标及法律职业化的要求，确定明晰的法科学生职业化能力培养目标与衡量体系

我国法治人才培养的总目标——坚持立德树人、德法兼修，培养高素质法治人才的前提语境下，如何培养法科学生的职业化能力以适应法律职业化的要求，从而回应新时代对法律院校的期待，为社会输送更多适应经济社会发展、服务国家法治建设需要的职业化人才，是一个值得探索的重大问题。确立培养目标、建立清晰合理可执行的法科学生职业化能力培养目标与衡量体系，其必要性体现在三个方面：一是能更直观地看到学生职业化能力培养效果；二是对于学生本身自我职业能力提升方向更明确具体，根据具体情况发挥个人主观能动性，弥补自身短板；三是有利于高校根据评价结果的反馈，及时改进课程设置，优化精进培养效果。但现实情况不容乐观，一部分高校未建立明晰具体的职业化能力培养目标和职业化能力衡量体系；一部分高校虽然设置了培养目标，但多为宣誓性、缺乏可执行性的目标，与之配套的衡量体系也是空泛的、模糊的，沦为"面子工程"。

2.未针对法科学生提升职业胜任力的需要，将专业能力与通用能力的培养有机结合

必须认识到的一点是，提升学生就业竞争力的本质是提升其职业胜任力的过程，也就是通过学习专业知识、参与相关实践活动以加深其对素质能力的认知、掌握、强化、运用的过程，是形成各种能力相互联系、相互影响之有机整体的过程。这就意味着，在培养大学生的职业化能力的过程中，除了要不断夯实学生扎实的专业能力，还需培养学生良好的通用能力。对于法科学生，专业能力的培养是关键，其法律职业伦理、法学专业知识的学习能力与应用能力、

利用法学知识解决问题的能力,需要在法学课程教学、模拟法庭、法学论坛讲座、法律职业之实习实践的相辅相成中着力进行培养;通用能力是基础,具体指专业辅助能力、沟通能力、自我管理能力、职业生涯规划与职业生涯发展能力,需要在高校系统的通识课程教学、通识讲座、实习实践中进行培养。总之,专业能力与通用能力双管齐下、有机融合、共同培养是提升大学生就业竞争力的本质所在。但目前高校在制定法科学生培养方案时,往往过于偏重学生专业能力的培养,给足了各种专业课学习课时,与此相对更基础、人才市场需要引导、培养的通用能力被轻视,安排的课程课时少、教学内容浮于表面、考核松散、实训环节匮乏。这样的课程设置传达出高校对于通识教育的态度,这也被学生感知了,很多学生抱着混学分、易通过的想法选择通识课程,选到课程后旷课、迟到、不认真等俨然成为一种常态。因此,端正对通识课程的态度,如何实现专业能力与通用能力培养"两手都要抓、两手都要硬",是目前高校法科学生职业能力培养过程中亟待解决的问题。

3.未形成有机统一的法科学生职业化能力教育培养模式,未贯穿于学生思想政治教育的"育人"全过程

"立德树人"是大学的立身之本。思想政治教育是法科学生德育的重要组成部分,也是提高大学生思想道德修养和基本素质的主要内容之一。其中,"思想政治教育理论课是立德树人的最直接途径,在培养法学专业学生'德法兼修'的路径中是第一位的。"[①]虽然在当今网络与信息空前发达的时代,信息接受渠道丰富、大学生个性化发展,如何设置让学生会听、爱听、入耳、入心的思想政治课实属不易,但绝不能就此放松对大学生的思想政治教育。要创新思想政治课的教学模式,敢于尝试新的教学模式与方法,制定法律院校课程育人工作方案,优化课程设置。我国法治人才培养的总目标是:坚持立德树人、德法兼修,培养高素质法治人才,可见,"德"为先,"真正的职业化能力,不在于干什么,而在于怎么干。职业化既是一种内在的精神动力、信仰信念,同时也表现为对职业的孜孜以求、精益求精,直至成为行家里手。"[②]但是,当前我国法科学生的职业化能力教育与培养,与思想政治教育课程的开设、日常思想政

① 张建文、章晓明:《立德树人 课程育人 培养具有政法特色的高素质法治人才》,载杨宗科主编:《法学教育研究》第25卷,法律出版社2019年版,第168~181页。

② 邢文祥:《基于提升就业竞争力的大学生职业化能力培养体系初探》,载《北京教育(高教)》2010年第6期。

治工作是脱节的,主要表现在:思想政治教育课程教学只有普遍性,没有特殊性,教师在教学过程中未能与法科学生的职业特性相关联,法律职业伦理课程未普遍设置,在培养中未能充分体现德法兼修、德法交融的过程;在职业化能力的培养,尤其是通用能力的培养中,高校辅导员的参与性不高,重视度不够,没有将立德树人的根本任务有机贯穿于法科学生日常思想政治教育工作中。

(二)法科学生职业化能力培养的基本思路

无论是从我国坚持立德树人、德法兼修,培养高素质法治人才总目标的前提,适应法律职业化实现法律人职业化之目标的需求,还是提升学生职业胜任力及就业竞争力、提升学校就业质量的需要,如何提升法科学生的职业化能力都是重要的命题。但提高职业化能力尚需要对现行法律院校人才培养的思路、培养目标与体系进行改革。改变思路是第一位的,也是指导性的。要提高职业化能力——究竟要提高哪些能力? 如何平衡各种能力的培养? 这都是首先需要厘清的问题。笔者提出以下法科学生职业化能力培养的基本思路:

1.以我国法治人才培养的总目标为前提,适应法律职业化的需要建立法科学生职业化人才培养体系

要构建完善法科学生职业化能力的培养与衡量体系,从多个方面入手进行培养。确定培养与衡量体系的前提是确定专业能力与通用能力之关系,故必须厘清各个能力之内涵。再结合各个能力之特点,探索切实可行的培养路径。梳理我国法治人才培养的总目标,围绕三个核心进行教学课程模块的设计,一是"德",其对应设置的模块应为思想政治教育课程,以及"在法学专业核心课程中增设'法律职业伦理'课程以突出法律职业教育在法科人才培养中的地位,实现法律职业教育贯穿法治人才培养的全过程,让法治国家未来的建设者心中有道德律令、眼里有职业准则,在踏入职业生涯之前扣好人生第一颗扣子。"[①]同时,设置新时代特色社会主义法治思想课程,培养法科学生良好的思想品德与法律职业道德。二是"法",其对应的模块应为法学理论、实体法、程序法等法学专业基础课程、法学新兴课程、法学交叉课程及法学拓展课程等模块,并开展专业讲座,结合专业实习、辩论比赛、模拟庭审、法律诊所、法律行业顶岗实习等实习实践进行系统化的教学与实训,培养法科学生的法律素养及

① 张建文、章晓明:《立德树人　课程育人　培养具有政法特色的高素质法治人才》,载杨宗科主编:《法学教育研究》第25卷,法律出版社2019年版,第168~181页。

法律应用能力。同时,将法学专业教育与创新创业教育相融合,在专业教育中通过教学理念、教学方法、教学内容的改革创新,培育学生的创新精神与创新意识,训练学生发现问题和解决问题的创新思维,提升学生的创新能力,以能够让法科大学生以创新带动创业,以创业带动就业。三是"高素质",除了在上述"二'法'"中培养的法律素养外,还应当开展通识教育对学生综合素养进行训练、提升,后者所对应的模块为通识选修课,即设置社会科学类、人文艺术类、自然科学类与技术类、就业创业与健康教育类课程供学生选修,例如《法律论辩》《计算机技术与网络应用》《人工智能应用》《人际交往与有效沟通》《法律文献检索》《应用文写作》《职业生涯规划》《就业指导》等通识课程,开设双语课程、专业交叉融合类课程、与实务部门联合开发的实务课程等。同时举办《口头表达能力》《简历制作技巧》《政务礼仪》《商务礼仪》等通识讲座,并通过辩论赛、职业生涯规划及职业生涯规划与生涯人物大赛、简历大赛等比赛,结合担任学生干部的锻炼以及参与校内外实践等路径来提升法科学生通用能力。这里需要强调的是,实践能力是法学专业学生核心竞争力的重要内容,法律院校在设置人才培养体系时应当将相应课程的实训、专业实习、实践活动放在重要的位置。

2.以提升职业胜任力为导向,分年级、分阶段有针对性地培养法科学生的职业化能力

法学专业是一门经世致用的学科,法律院校的人才培养应重点将法律职业作为主要的职业方向开展,同时,也会有相当一部分毕业生会从事其他行业,例如除法检、律师、法务外,还会有机关公务员、企事业单位工作人员等。这样,通用能力的培养无疑为这些毕业生提供了宽口径就业的可能性。也就是说在职业化能力的培养中,专业能力和通用能力两者相辅相成,以平衡毕业后从事法律职业和其他行业工作的不同学生之职业能力培养需求。前文述及,培养职业化能力可以从两个方面理解,即作为法科学生的专业能力、作为法律职业以及其他职业重大能力支持的通用能力。既然法科学生有从事法律职业与非法律职业的可能性,那我们就需要兼顾两者能力的培养。必须强调的是,对这两种能力的养成并非是非此即彼、相互排斥的,而显然是可以相互支撑、相互交融的。在梳理培养思路时,既要看到两者的区别点,又要看到其共同之处。因此,要结合法科学生的学习特点与培养方案,分年级、分阶段有计划、有针对性地开展培养工作,以达到良好的效果。

3.开设法律职业伦理类课程,重视高校辅导员在法科学生职业化能力培

养中的引导作用

　　笔者认为,一方面,思政课教师应当结合法科学生的职业特性因材施教,进行"课程思政""课程育人";另一方面,如前所述,法律院校应当增设"法律职业伦理"课程作为必修课,高校法学专业的教师要在教学实践中充分重视法律职业伦理教育的作用和意义,将法律职业伦理教育融入日常法学专业教学中来,将公正廉洁、忠诚严明、遵纪守法、自我修养的德性教育贯穿于整个法学教育始终,强化对未来的法律人进行职业道德培养,塑造法科学生法律职业伦理,树立法治精神,树立责任意识、底线意识,培养其建设社会主义法治国家、服务社会主义法治文明的责任感和使命感。

　　引导法科学生加强自我修养,从个性特质方面培养规则意识、抗压能力、自我反思意识、责任感与忠诚度;培养法律职业伦理、法治意识、正义感、底线思维,从而坚定对法律的景仰,以法律的方式分析、思考、解决问题,这也是法律职业工作的本质。在教学模式上,把传统的说教型讲授转化为参与型讲授,重视情感共鸣,建立亦师亦友的良好师生关系,把不适应教育的"约束型"方法转换为"引导型"方法,深化学生对法学专业的价值认同。同时,要重视高校辅导员在法科学生职业化能力培养方面的引导作用,辅导员是高校学生思想政治教育、就业指导、心理健康辅导、日常管理的主力军,法律院校应对辅导员进行专门的职业化能力培训和学习,提升其对法科职业化能力的认知与指导水平,有助于他们在开展育人工作、开展学生素质与能力提升的活动中,有意识地将培养学生职业化能力的意识渗透于其中,与专业教师形成育人共同体,全程育人、全方位育人,有效推进法科学生职业化能力人才培养体系的构建。

(三)法科学生职业化能力培养的主要内容

　　在我国法治人才培养的总目标"坚持立德树人、德法兼修,培养高素质法治人才"的前提语境下,如何培养法科学生的职业化能力以适应法律职业化的要求,从而回应新时代对法律院校的期待,为社会输送更多适应经济社会发展、服务国家法治建设需要的职业化人才,是一个值得研究的重大问题。而职业化能力的培养路径从三个方面入手,其一,从"课程思政"与法律职业伦理教育入手,培养学生的政治素养及职业道德。其二,适应新时代法治人才对多样化法律职业的要求,坚持厚基础、宽口径,强化学生法律技能培养,提高学生运用法学与其他学科知识方法解决实际法律问题的能力,促进法学教育与法律职业的深度衔接。其三,创新人才培养模式与途径,从学生通用能力的教学体系建立与实践入手,培养法科学生的通用能力,以适应多元化社会对毕业生的实际需求。

1.横向认识:职业化能力的主要内容

综合国内外研究及法学教育人才培养实践,笔者认为法科学生的职业化能力主要内容包括:专业能力与通用能力两个方面。

(1)专业能力

第一,思想政治素质与法律职业伦理。职业化精神是现代职业人最基本的素质要求,在职业化的表现中首先最重要的就是良好的伦理观念。伦理一词古已有之,据陈嘉映教授在《何为良好生活》一书中考证,现代语境下的伦理和道德一词类似,但伦理更涉及社会人伦关系,而道德更多与个人有关;伦理学是在一般社会生活背景下来探究道德善恶。[①] 这一点不无道理,尤其是当伦理与法律相连接起来时,法律职业伦理所强调的便是一个法律工作者的社会分工所赋予其的伦理框架,亦即必须遵循的道德标准,其实质是一个健全的法治社会对法律工作者的工作规范,而这种规范也是法治建设中极为重要的一环。作为未来的法律职业人士,其思想政治素质与法律职业伦理是法律职业素养以及职业行为规范,具体就法官、检察官等职业而言,应具有正确的政治理念、公平正义的理想追求,有共同的价值取向,成为忠实于法律的社会群体之典范,公正司法、严格执法。就律师、公司法务人员、公证员等而言,应具有职业道德操守,娴熟的法律职业技能,为严格恪守国家法律法规的代表性群体之一。

第二,法学专业知识的学习能力及应用能力。这是职业化能力的核心,要求学生以扎实的法学专业理论知识系统为支撑,培养应用法学知识的能力、法律逻辑思维能力、法律文书的写作能力、终身学习能力以及快速学习新的专业知识以应对新情况、解决新问题的能力。专业知识在这一点上是首要的。我们之所以承认法律人是一个职业共同体,很大程度上正是因为人们相信法律人分享了一种共同的知识。这种知识甚至被认为是具有"垄断性"的,正是因为外行人无法简单地进入法律领域进行法律实践,所以法律人才会成为一个独立的职业共同体而获得相对于"非法律人"的"优势地位"。诸多学者还归纳过法律人思维之内涵,即:"第一,运用法律术语进行观察、思考和判断,对术语概念采取法律方法进行解释和推理;第二,通过程序进行思考;第三,以权利为

① 陈嘉映:《何为良好生活》,上海文艺出版社2015年版,第4页。

中心进行思考;第四,遵循向过去看的习惯,表现得较为稳妥,甚至保守;第五,注重缜密的逻辑,谨慎对待情感因素;第六,法律思维追求程序中的真,而不是科学意义上的真;判断结论总是非此即彼。"①这一切话语都指向了法学专业知识培养之目的——传输专门知识是重要的,但养成专门的思维是更为关键的。而知识、氛围正是大学培养思维的关键手段。但知识本身是不稳定的、容易遭受批判的,所以要培养所谓的法律人思维,或者说培养法律人共同体更需要的实践的经历。这也是我们常说法律是一门实践的科学的原因之一。由此,培养学生的专业能力,更需要的是加强实践课程、应用课程。

第三,解决法律问题的能力。在职业化语境下,本书所述之解决法律问题的能力,是指法律人对未知的法律问题和社会问题,在具备一定的法律素养的基础之上,通过查找法律相关资料追根溯源,找到解决法律问题的办法,也就是"创新精神与实践能力"在法学教育领域的具体体现,它是一种重要的法学实践能力。换言之,就是法科学生运用所学的法学专业知识,在社会实践及法律实践中去发现问题、分析问题和解决问题的应用能力。法科学生解决法律问题的能力主要包括:独立发现问题的能力、分析思考能力、专业实践能力、法律思维能力、提出解决方案的能力以及与解决问题相关联的能力。此能力还可以扩展为学习发现问题的方法,开掘创造性思维潜力,培养主动参与、团结协作精神,增进师生、同伴之间的情感交流,形成自觉运用法学基础知识、基本技能和法学思想方法分析问题、解决问题的能力和意识。一般而言,法律人进行团队协作能更有效地解决法律问题。

（2）通用能力

第一,专业辅助能力。法科学生的专业辅助能力指辅助法律工作的辅助技能。如计算机操作技能、网络与多媒体操作技能、人工智能应用能力、外语应用能力、信息检索能力等。它是辅助学生进行专业学习的重要技能,也是法科学生拓展专业思维、扎实专业功底的有力支撑。之所以将专业辅助能力放到通用能力的范畴,是因为它事实上具有普遍适用性。同时,还衍生出持续学习能力与创新能力两个发展性能力成为法科学生在未来职场上可持续发展的重要支撑。在法律职业以及法科学生就业去向的诸多岗位中,上述能力都是泛用性较高的。在平衡专业能力与通用能力培养的背景下,笔者将它定位为通用能力的范畴。

---

①　孙笑侠:《法律家的技能与伦理》,载《法学研究》2001 年第 4 期。

第二，沟通能力。较之于其他专业，法科学生的沟通能力更强调包括语言表达能力、文字表达能力、沟通协调能力、谈判能力、解决矛盾冲突的能力等方面。沟通能力是人际交往、为人处世的重要内容，也是职场上非常重视的能力。法律职业是强调与人打交道的职业，更需要学生重视沟通能力的培养。法科学生在进行职业化能力培养的过程之中，完全可以把沟通能力作为专业能力与通用能力交叉的一个重要部分来进行培养。以西南政法大学开展的"一流调解法治人才"训赛为例，在训赛培养机制下让法科学生走出校园，深入社会实践亲历调解，通过谈判、沟通，调解纠纷，既是对法学专业能力的培养，也融入了对通用能力的培育，两者相互促进，相辅相成，深入促进了人才培养的交叉融合，迈出了一条跨界思维培养、专业技能实训与以赛促学有机融合的创新创业人才培养道路。

第三，自我管理能力。学会自我管理是成功的基础，只有进行抗压能力、情绪管理、自我反思、价值观管理、习惯管理等综合性能力的修炼，才能养成法科学生的个性特质，如忠诚、进取、自信、自立、理性、自律、严谨。所谓的自我管理能力是和法律人的思想政治素养与法律职业伦理道德的培养紧密联系的。现代化带来的一个后果就是价值的虚无主义，这一点在当前大学生的身上也日渐凸显，一些大学生普遍对人生与未来感到迷茫。要培养主动的、积极的、有自我管理能力的人，不能仅仅靠说教，而应当以创新的方式加强思想道德培养，以大学生喜闻乐见的方式引导其确立正确的人生观、价值观，让其在与社会、他人的联系中找到自身价值，将个人梦与中国梦紧密结合而消除迷茫，使前行更有力量。而法律职业在这一方面有天然之优越性。法律者，天下之公器。许多学生入学之初就胸怀正义感、道德感、荣誉感，在培养的过程之中要结合法律职业伦理和学生自身的职业实践来加强自我管理能力的培养。

第四，职业生涯规划与职业生涯发展能力。法科学生职业化能力培养应当与其职业生涯规划有机结合。法科学生的职业生涯规划能力更强调对其法律职业方向、目标的掌控能力，只有具备了生涯规划的意识与能力，才能更有目标性地进行职业化能力的培养。事实上，对生涯规划能力的培养更是一个学生探索自身、发现自身的过程。对于进入法律院校就读的本科生来说，通过高考录取入读的专业并不一定真正符合自己的个性与兴趣。而对职业生涯规划能力的培养是一个让学生找到自身最佳目标、职业选择与发展方向的过程。对有志于从事法律职业的大学生来说，培养职业生涯规划能力更能服务于他们的专业能力培养。对职业生涯规划能力的培养可结合法学专业能力培养的要求,将它与专业课程教学、专业实习、庭审进校园等人才培养方案中的实践课程联系起来,充分运用生涯规划比赛、一对一生涯辅导等方式帮助学生认识自我、探索自我、发现自己真实的想法和与兴趣特质相匹配的职业与个人发展方向,从而逐步确立愈加清晰的职业生涯目标。

2.纵向延伸:不同阶段法科学生的培养重点

法科学生职业化能力培养除贯穿大学始终的法学专业知识的学习与应用能力外,还针对大学的不同阶段,进行内容侧重点不同的职业化能力培养,并结合校内外实习实践活动的训练,以增强就业竞争力。因此,大学本科每个阶段的培养内容应在侧重点上有所不同。

大一至大四全阶段。贯穿于本科教育大一到大四全阶段的法学专业知识的课程教学及法学论坛(讲座)的学习,着力于对法科学生专业知识与能力的培养,养成过硬的思想政治素质与法律职业伦理,培养学生扎实的法学专业功底、法律思维与理论素养,提升专业学习与应用能力、解决问题能力。

大一阶段。针对大一法科学生开设相关课程、讲座、校内学习训练,培养外语听说读写能力、计算机与网络操作、人工智能、信息检索等专业辅助性能力、口头表达与沟通、自我管理以及职业生涯规划能力等通用能力。

大二阶段。针对大二法科学生开展相关课程教学、专业技能及实训讲座,同时结合模拟庭审、法庭审判进校园、赴法律职业场所或公司企业见习、专业实习等进行职业化能力的实训实践,开展法律文书写作技能的教学与实训,使学生专业能力的培养与法律实践有机结合。

大三阶段。针对大三法科学生除专业课程教学外,开展简历制作、法律职场高端人才进校园开讲座或交流会等实训活动,培养学生的法律职业素养与生涯发展等综合能力,使专业能力与通用能力的培养相互交融,以提高职业胜任力。

大四阶段。针对大四毕业生开展由法律行业人士、招聘单位 HR 参加的求职面试一对一或小团体辅导、模拟面试的实训活动,使毕业生的就业竞争力在求职中得到充分检验。同时,引导学生在大四上学期参加全国法律职业资格考试,通过全面备考,整合自身的专业知识碎片,形成构建在系统法学知识体系之上的法律思维与专业素养,最终通过考试获得从事法律职业的准入资格证。

综上,在进行法科学生职业化能力培养时,首先应当将法学本科学生的职业化能力培养目标分为专业能力与通用能力两大方面,内容应当涵盖思想政治素质与法律职业伦理、法学专业知识的学习与应用能力、解决问题的能力、专业辅助能力、沟通能力、自我管理能力、职业生涯规划与职业生涯发展能力等着力点。其次,应当以增强就业竞争力为前提,平衡毕业后从事或不从事法律相关工作学生的职业能力培养需求,将法科学生职业化能力培养分为专业能力及通用能力,法科学生应以专业能力培养为主,兼顾有针对性地开展通用职业化能力培养,两者相辅相成,相互促进。同时,必须针对提升职业胜任力与就业竞争力的需要,在大学的不同阶段,辅导员结合大学生的个人职业生涯规划,有针对性、有计划地引导法科学生进行职业化能力的培养,将职业化教育有机融入法科学生育人全过程,引导学生自觉培养职业化能力,促进其全面发展,增强优势竞争力。

除此之外,对于法科学生未来的职业化能力的培养,必须回答那个高等教育之永恒的问题——培养什么样的人?在依法治国全面推进、全面深化改革的背景下,到底要培养什么样的法科学生也是所有培养目标必须回应的诘问。当前的法学教育培养方案中,一方面,职业性不够,有相当一部分学生进入工作岗位后胜任力远远不够,往往要再经过数年的实践学习才能胜任诸如律师、法官、检察官之职;另一方面,缺乏通识教育,职业能力不能胜任职业需求。正是在这样的背景下,未来的法科生职业化能力培养还应当注意以下两个培养方向。

第一,要以应用为导向,优化人才培养方案。法学专业人才培养与实务工作要求脱节被诟病已久,多数毕业生毕业后无法直接适应工作岗位,而是需要再培训、再教育。国外的许多国家采取的诊所式教学在国内并未铺开,且难以成为普及性的大学教育环节。国内法学院的实践课程以专业集中实习为主,但存在时间短、形式化、深入性不够等问题。因此在今后法科学生的培养过程中,应当在专业教育中突出强调开展实践性教学与实训活动,举办各类人才训赛,使专业能力与通用能力有机统一,教学与实务相衔接。

第二,要培养具有人文情怀和国际视野的法学人才。人文情怀是育人之法宝。当前法律院校强调职业教育,这是应对市场需要的重要措施,但也要注重相对应的人文教育,唯有如此才是育人而非"制器"。所谓人文情怀,要注重人的价值、彰显人的尊严,这和法律所倡导的权利意识是相符合的,也是和法治之目的相符合的。每一个法律人都应当关怀自己、关怀他人、关怀社会,推动法治进程,推动社会文明进步。同时,在国际化进程风起云涌的当下,还应当培养法科学子的国际视野。当前面临着世界百年未遇之变局,世界由一极向多极变化,中国也正在愈发广泛地参与到国际化进程中,乃至在国际舞台上承担起大国的责任,更多地为世界政治经济发展与世界多极化贡献着中国之力量。中国倡导的"一带一路"建设是当今世界区域跨度最大的经济合作倡议,其顺利实施离不开法治的支持和保障。法学教育如何主动服务"一带一路"建设的大格局,及时调整人才培养定位,加速培养职业化能力突出的法科人才,既精通相关外语、具有国际视野、熟悉沿线国家法律制度的高素质法律人才,是法律院校和法学教育工作者面临的重要而紧迫的课题。[①] 在这个国际大背景下,法律院校更应当有所作为,在人才培养过程中着力拓展法科学生的国际化视野,法科学子也更应当有个人之担当,将个人梦与中国梦结合起来,为中华复兴大业、为中国的国际化之路贡献自己的力量。

----

① 郑高键:《西部政法院校卓越法治人才培养模式的探索和实践》,载杨宗科主编:《法学教育研究》第28卷,法律出版社2020年版,第47~60页。

第二章　法科学生的法律职业伦理

引　言

　　什么是合格的法治人才？如何培养合格的法治人才？这是法学教育的根本问题。什么样的标准才是合格法治人才的衡量指标和培养目标？2017 年 5 月，习近平总书记在考察中国政法大学的讲话中明确给出了答案。法学教育尤其法学本科教育肩负着重要使命，既需要不断提升学生的法学理论知识，同时也应当注重对学生思想道德素养的加强和培养，注重德法兼修。[①] 2018 年，教育部、中央政法委颁布了《关于坚持德法兼修实施卓越法治人才教育培养计划 2.0 的意见》，进一步指出，要"加大学生法律职业伦理培养力度，面向全体法学专业学生开设'法律职业伦理'课，实现法律职业伦理教育贯穿于法治人才的培养全过程。"[②]"Defending liberty, pushing justice. 捍卫自由，追求公正——人生而自由：这是一个法律人必需的职业信念，不论社会现实如何，对于法律的信仰是绝对不能动摇的。"[③]对于一名法科学生，坚定对法律的景仰，以法律的方式学习、分析、思考、培养法律职业伦理，这是法律职业工作的本质，也是法律职业化的必然要求，因此，培养法律职业伦理也是法科学生职业化能力培养的重要内容之一。本章从分析法科学生的个性特质入手，全面阐述法律职业伦理的内涵、意义与养成的途径。

---

　　① 　胡晓晖：《中国特色社会主义法治人才培养中的职业道德教育——法学专业教育反思》，载杨宗科主编《法学教育研究》第 29 卷，法律出版社 2020 年版，第 125～137 页。

　　② 　马勇：《法律职业伦理教育在课堂教学中的展开》，载杨宗科主编《法学教育研究》2020 年第 29 卷，法律出版社 2020 年版，第 138～152 页。

　　③ 　许身健：《法律诊所》，中国人民大学出版社 2017 年第 2 版，第 1 页。

一、法科学生的个性特质

（一）规则意识

春秋时期的管子曾说："尺寸也,绳墨也,规矩也,衡石也,斗斛也,角量也,谓之法"。[①] "规矩"和"尺寸""绳墨""衡石"一样,是一种丈量工具。在西方,"rule"一词既有"尺子"之意,也能表示"规定、统治、裁决",还具有"规则"之意。《辞海》对于规则的阐释如下:①规范;②规章制度:如交通规则,借书规则等;③法则,规律;④符合一定的标准,整齐;⑤某一或某些事项所指定的书面文件。

综上,规则是关于人们各种言行的规范,既包括成文的制度和章程,也包括不成文的习惯、习俗、传统等。规则不是私人约定的,它是公民的共同意志的体现,是社会成员在长期的社会生活中所达成的关于人们社会交往规范的共识。规则的规范和要求对于全体社会群体是公开的,是社会成员应该共同遵守的制度和章程。其最终目标是要实现公民言行的规范化、社会交往有序化、社会管理的秩序化。

规则意识则是指人们在长期的社会生活中形成的一种社会意识,具有主观能动性、自觉性和社会制约性等特点。规则意识不仅指对于规则知识和内容的认知,更为重要的是指人们对于遵守规则的意志和行为。规则意识决定了人们在认知和掌握规则的基础上,到底多大程度地遵守规则,根据规则规范自己的言行。

1.法科学生养成规则意识的意义

（1）有利于法科学生养成法治意识

规则是法治的重要依据。在早期的人类社会中并没有法律这个说法,只有规则。由于规则本身就包括法律法规和规章制度,故从一定意义上说,法科学生遵守法律法规和规章制度,本身就是一种遵守社会规则的表现,

---

① 李山译注:《管子·七法》,中华书局 2009 年版,第 46 页。

因此对于法科学生规则意识的教育和引导有利于法科学生法治意识的养成。

法治社会发展的过程中少不了法科学生的参与,法科学生在社会交往、社会活动中会受到自身意识的驱使,只有当法科学生的行为意识合乎法律的规定时,其所表现出来的行为才能符合法律法规的要求。法科学生具有良好的规则意识,有助于其表现出更符合法律的言行,这样才能保证法治社会稳步有序地发展。法科学生具有规则意识,才会主动接受法律的约束,才会主动地在法律认可的范围内工作生活,保证社会更加有序发展。因此法科学生的规则意识、规则思维养成具有十分重要的意义,法科学生规则意识养成,有利于推动其法治意识的养成,唯此法治才会深入人心,法治社会才有可能实现。

(2)有利于引导法科学生价值观和言行

规则能够引导法科学生树立正确的价值观,规范自身的言行。规则是在社会长期的发展中形成的一种社会成员共同认可的规范,是公民共同意志的体现。为了能更好地利用这种被绝大多数人所认可的行为规范,统治阶级要求公民都按照这种行为规范来约束自己的言行。规则在长期的社会历史进程中逐渐被越来越多的人认可,当人们能够自觉遵守社会规则时,人们的潜意识中已经将某种规则发展成了其价值观的一部分。就是说,通过规则来管理社会,即通过规则来引导公民的价值观和言行。因此,对于法科学生职业伦理道德的培养要将规则意识作为其中的重要内容,将对法科学生规则意识的培养渗透到专业教育、法律职业伦理教育、思政课教育、实践教育以及学生日常行为管理中去。法科学生作为未来法治社会建设的生力军,也要更加自觉地、身体力行地遵守社会规则,通过规则引导自身的言行,形成正确的价值观。

(3)有利于建构社会守法环境

规则和法律相互联系、相互促进。法科学生养成良好的规则意识有助于构建社会守法环境。规则和法律一直有着密切的关系,在早期很多法律都是以不成文的规则的形式存在着的,规则引导人们在各自的领域内工作、学习和生活,不侵犯他人的合法权益,从而维持社会的和谐与稳定发展,促进法治社会的建设和完善。因此,法科学生养成规则意识是为了更好地建设法治国家。法治国家要求法律必须为人们的内心所信仰,人们对法律的尊敬和信仰,就是建立在对规则的遵守之上。具有规则意识的人,能更好地、自觉自愿地遵守社会的规范,维护社会的秩序。只有将规则和法律转变为人们内心的信仰,人们才能长期地、持续地将遵守规则和法律作为自己的行为习惯。从法科学生的职业角度看,今后无论是立法活动、司法活动还是执法行动都离不开规则的制约。因此,法科学生需养成规则意识且内化为信念,这将有利于构建一个人人守法的法治环境。

2.法科学生规则意识的现状

(1)对于规则有较为清晰的认知和了解

大部分法科学生对规则具体内容有较为清晰的认知和了解,能够分辨哪些行为是合乎规则的,哪些行为是与规则相背离的。通过非概率抽样中的方便抽样,笔者抽取西南政法大学 300 名法科学生作为样本进行调查,有效样本295,对问题"我对学校管理制度、公民基本道德规范、法律法规等规则有清晰的认知"的调查结果如图 2-1 所示,有 47.1% 的同学选择符合,21% 的同学选择完全符合,这表明大部分法科学生对于社会规则的具体内容有较为清晰的认知和了解,这是法科学生规则意识养成的前提。

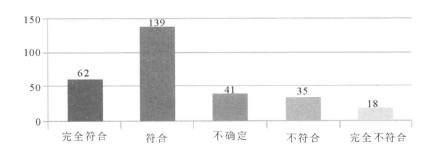

图 2-1　对"学校管理制度、公民基本道德规范、法律法规等规则有清晰的认知"的调查结果

(2)对于规则遵守的意识较强

大部分法科学生的规则遵守意识较强,不会受到环境、利益和他人的影响。如表 2-1 所示,对于问题"我认为在无人察觉的情况下,可以不遵守规则",有 30.8% 的人选择完全不符合,50.5% 的人选择不符合,这说明大部分法科学生不仅对规则有比较清晰的了解,而且具有较强的规则遵守的意识,这是法科学生规则意识养成的重要一环。

表 2-1 我认为在无人察觉的情况下,可以不遵守规则

	完全符合	符合	不确定	不符合	完全不符合	合计
频率	13	17	25	149	91	295
占比/%	4.4	5.8	8.5	50.5	30.8	100.0

（3）不遵守规则的现象时有发生

虽然大部分法科学生对规则有比较清晰的了解,也具有较强的法律遵守意识,但是法科学生不遵守规则的现象时有发生。如表 2-2 所示,对问题"我从未在宿舍使用过大功率电器",选择完全符合的人仅占 9.5%,选择符合的人占18.3%。这说明法科学生存在规则认知和规则行为上的脱节现象,法科学生虽然在认知上、意识上明白哪些行为符合规范、哪些行为不符合规范,但是在实际生活中以及与他人交往过程中却又不能完全地用规则约束自身言行。

表 2-2 我从未在宿舍使用过大功率电器

	完全符合	符合	不确定	不符合	完全不符合	合计
频率	28	54	91	84	38	295
占比/%	9.5	18.3	30.8	28.5	12.9	100.0

这说明从认知到意识再到行为,不是一次就能完结的,规则意识的养成是一个从"知"到"行"的复杂过程。而规则意识养成的最终落脚点应当是在规则认知和意识的指导下自觉遵守规则的行为。因此,对于法科学生规则意识的培养,关键在于引导他们的言行,使他们在认识规则和认同规则的基础之上,养成自觉遵守规则、按规则办事的行为习惯。

3.法科学生规则意识的养成过程

无规不成圆,无矩不成方。规则是人类社会文明的基石,规范着人们的言行,是社会和谐与稳定发展的重要保障。但是,规则并不是自动地发生作用。规则要发生作用,不仅要求人们对规则有清晰的认识和理解,而且需要人们有遵守和维护规则的意识和意志,最为重要的是要积极地践行社会规则,落实到自身的日常行为,按照规则的要求开展日常活动,即"知""信""行",这三个环节环环相扣,缺一不可,只有这样规则才对人的言行产生规范和约束。因此,法科学生规则意识的养成过程中,应当遵守意识的形成规律,按照"知、情、信、意、行"的顺序来培养法科学生的规则意识,从认知规则、相信规则开始,进而

产生遵守规则的信念和意志,并最终外化为遵守规则的实际行动。

（1）规则认知

规则认知即对于社会规则的方方面面有一个较为全面深刻的认识,这是规则意识形成的基础,也是法科学生规则意识养成的第一个阶段。对于社会规则的认知,不仅要认识和理解规则本身的内容,也应该要了解遵守规则的意义和价值,以及违反社会规则会接受的惩治和处罚。只有具备基本的规则认知,才能够形成规则意识,这是规则意识形成的前提。

（2）规则信念

规则信念是法科学生养成规则意识的第二个阶段,是法科学生规则意识养成的重要一环,也是法科学生将自己对规则的认知转化为遵守规则的行为之间的桥梁。即要使法科学生认同社会规则,使法科学生将社会成员共同认可的、合理的社会规则内化为自己的内心信念。这就要求法科学生要真正地理解和认同规则的存在价值,在基本规则认知的基础之上,融入自身对规则的思考,发自内心地接受和认同社会规则,形成遵守和维护规则的意志。

（3）规则遵守

规则遵守是法科学生养成规则意识的第三阶段,是法科学生规则意识养成的最终环节和终极目标。规则遵守要求法科学生要处理好个人利益与规则意识的关系,不能因私人利益而逃避规则的制约或者不服从规则。对于规则的认识以及认同,最终都是为了让法科学生在实际的社会交往、学习、工作和生活中遵守规则,将自己的内心信念转化为自己的行为准则,转化为自觉遵守规则的习惯,从而外化为自己的自觉行动。

（二）抗压能力

抗压能力指个体在压力面前积极抵抗的本能反应,经得起挫折的打击,能够通过采取各种措施来抵抗压力的一种能力,能够以良好的心态来应对压力,避免失常行为发生的一种能力。

1.法科学生的压力来源

（1）学习压力

法科学生的学习压力主要来源于以下几大方面:首先是来自专业课程学习压力。法学专业一向以专业课内容枯燥、法律知识体系繁杂而著名,法理学、宪法学、民法学、刑法学、民事诉讼法、刑事诉讼法等各种理论法、实体法、程序法等数十门法学专业课程种类繁多,法科学生要熟练掌握如此博大精深的法律知识,背后必定需要付出大量的精力与成倍的努力。其次是来自通过法律职业资格考试的压力。"法考"被称为"天下第一大考",考试内容多、难,通过率低。最后来自法学专业高考研率、高"考公"率以及高就业压力。由于高校扩招以及就业准入门槛的提高,目前法学专业是考研报考率最高的专业之一,加之目前就业压力较大,法科学生考公务员比例高,但因考公的通过难度大等原因,法学专业的学生想要在众多学子中脱颖而出,必须付出大量的时间和精力学习,因此法科学生学业负担较重,压力较大。

(2)就业压力

随着法学专业毕业生人数的递增以及公检法单位人员的饱和,法学就业的瓶颈期已到来。根据麦可思发布的《2020年中国大学生就业报告》,法学专业再度成为"红牌专业",就业率低、失业率高。法科学生就业难的现象不仅存在于一般院校本科毕业生中,也存在于一些知名法学院校的毕业生中。法学成了人们心中专业好、就业难的专业。法学专业就业压力主要来自两个方面:一是就业市场达到饱和,竞争压力大。随着前期公检法单位人员的编制逐渐配齐,在高校普遍扩招的情况下,我国法科学生人数规模大幅度增加,而相应的法学专业学习辅助体系、实习、就业指导、心理干预机制等却没有跟上高校扩招的步伐。二是就业准入门槛提高。法律职业岗位专业化要求高,这主要体现在对学生的专业知识储备能力、学历、法律职业资格考试等要求上。

2.法科学生抗压能力培养的必要性

(1)帮助学生认清形势,提高学生接受挑战的能力

当今社会人才竞争日益激烈,压力与挫折无处不在。学生在学习、生活、就业等方面会不可避免地遇到一些困难与压力。因此,必须引导学生对所处职业环境拥有清醒的认识,才能使学生在未来的学习、工作、生活中不惧困境,直面挫折,积累实力,提升个人竞争力及心理承受能力。

培养法科学生的抗压能力,必须符合其心理发展过程,帮助他们认清当今社会的现实性、复杂性以及专业发展、法律职业的形势,引导他们认清在成长过程中不可避免的挫折与压力。法科学生个体生活经验的进一步丰富和发展,使得他们可以通过各种途径,即身边的人和事、更广阔的信息获取途径了解他们所处的环境,帮助他们获取更多的信息,增加他们对社会复杂形势的深刻认识,使得他们可以更加冷静地面对压力和接受挑战。

(2)帮助学生培养积极的心态,正确地认识和应对压力

对法科学生进行抗压能力的培养有助于帮助他们保持健康的心态,正确

认识外部环境当中的各种事物,提高其对信息的分辨能力。这里所说的提高法科学生信息分辨的能力,主要是指在抗压能力培养过程中,提高他们对压力来源的鉴别力,提高对于压力及相关信息的区分和鉴别能力,在正确认识和鉴别压力的基础之上提高他们的抗压能力。抗压能力的培养可以很好地阻止心理压力变成心理疾病,维护身心健康,养成良好的生活习惯,进而具备正确认识外部环境的良好素质。

3.法科学生抗压能力培养的路径

(1)正确看待压力,培养积极健康的心态

压力具有普遍性,法科学生要学会正确地对待压力,要学会一分为二、辩证地看待压力。适当的压力会提高学生的积极性和创造性,但是压力过重又会给学生的学习和生活带来不良的影响。因此,一方面法科学生应避免给自己不必要的、过重的心理压力,学会给自己减负。另一方面也要学会主动地释放压力,正视自己的优点与缺点,学会正确地对待压力,培养积极健康的心理状态。同时学校和教师也要发挥作用,学校专业的心理咨询教师可以通过举办以"对抗压力"为主题的讲座和心理团辅活动来教会学生正确看待压力,辅导员在学生的日常思想教育和管理中也要注重对于学生抗压能力的培养,引导学生养成积极向上的生活态度。学生自身也要主动积极地参与进去,通过参加校园内外的文体活动或社交活动,培养积极向上的兴趣爱好,陶冶道德情操,锻炼人际交往的能力,养成健康阳光的生活态度。学会正确看待自己,积极学习科学文化知识,多阅读、多学习,加强自身的文化修养,树立多元化的就业观,积极消除内心的负面情绪。有问题要主动、及时和同学、教师、家长进行沟通,从而培养积极健康的心理状态。

(2)学习专业知识,积极参与实践,提高专业能力

专业知识是法科学生成为未来合格法律人的职业基础,学习和应用法律专业知识对法科学生来讲意义重大,其重要性体现在未来工作、生活、学习的方方面面,充实自身专业知识、提升自己专业能力是法科学生对抗压力最为有力的武器。面对学业就业双重压力,法科学生只有端正学习态度,充实自身专业知识的储备,以扎实的理论基础和过硬的专业技能做铺垫,才能提高自身的社会适应能力,才能真正地缓解自己的压力。

同时,教师和学校也要发挥作用,专业教师在课堂教学中,尽量将繁杂、枯燥的法学原理和法律条文讲生动、讲清楚。在教学内容上不仅要讲授法学理论,也要注重训练学生解决案例中的实际问题的能力。学校和教师要能为学

生提供一种真实的法律环境,提供进行法律分析的素材和机会,为学生提供良好的学习氛围,从而提高学生的学习兴趣,缓解学生的学习压力。学生要积极主动地思考、学习与分析法学理论,利用好教师和学校所提供的专题讨论、实案旁听、模拟审判、模拟仲裁、法律咨询、社会调查、法律援助、见习实习等各种实践机会来提高自己进行案件分析、法律条文解读以及法律文书起草等实践操作的技能,提高自身的专业能力和业务能力,从而提高个人就业竞争力,减少就业压力。

(3)加强挫折教育,提高适应能力

抗挫折能力决定了法科学生面对挫折时的反应。法科学生除了要面临普遍存在的成长、学习的压力,还要正视未来将从事的法律职业(法官、检察官、律师等)所面临的社会及工作环境客观存在的压力。由于挫折的客观性和必然性,挫折教育并不是仅仅教会法科学生如何解决某些具体的挫折,更为重要的是要教会法科学生如何处理面对挫折所产生的不良情绪,要致力于培养法科学生良好的心理素质,提高法科学生对挫折的承受力;对法科学生进行合理的引导,教导他们正确、客观地看待挫折,培养积极向上的人生态度,激发自身潜能,并在遇到挫折时能够妥善地自我调节、直面压力,培养他们用科学的方法解决挫折的能力,最终提高法科学生对环境的适应能力。

(三)自我反思

反躬自省精神是我国传统道德的重要内容之一,其思想源远流长,自儒家提出"内自省"以来,一直为历代社会所倡导,是体现我国民族特色和优良传统的道德修养方式。法科学生可以将"自我反思"作为认识自我、提升自我的自我修养方式。

1.自我反思的意义

(1)认识自我

苏格拉底说:"认识你自己","未经审察的人生不值得过"。[1] 通过反思,个体可以对自我进行洞察和评价,进一步明确自己的三观、欲望、先天条件、能力边界、性格特征、行为倾向等,进一步加深对自己的了解,形成对自身优点和缺点的正确认识,对自我的行为和心理状态形成正确的自我认知、理解、评价。

---

[1]　高蕊:《人文主义精神的开启——试论苏格拉底的"认识你自己"》,载《赤子》2018 年第 1 期。

法科学生在反思的过程中,可以不断地更新对自己性格、知识、能力、兴趣、观点、品行的认识,发现自身的优点与缺点,通过反思可以进一步明确自己在专业能力和道德品行的水平,对自己形成正确的评估,提高自我认知能力。

(2)完善自我

通过反思可以完善自我。个体自身隐藏着巨大的潜能和力量,个体本身包含着主动发展的意识和自我完善、自我革新、自我提高的能力。个体的自我反思将会进一步激发和促进这些潜能和力量的发展,使个体的生命更加丰富多彩。法科学生通过反思自己的专业知识、业务能力、道德品行,发扬自身的优势,修正自己的不足,可以使自身不断完善、成长与进步。

(3)实现价值

通过对自我的反思,在认识和完善自己的基础之上,将个人更好地融入集体与社会,更好地实现自我价值。法科学生在融入集体、融入社会的过程中,在个体与他人的交往与合作的过程中,经过反思,认识到自己在集体和社会中的地位及作用,更能懂得在自己现有水平的基础之上,如何更好地服务社会、服务他人,为他人和社会多做贡献,从而使个体在实现自我价值的同时促进其社会价值的实现,即成就自我,做一名对社会有用的人。

(4)社会和谐

在全面依法治国、建设和谐社会的要求下,作为推动法治建设的生力军,法科学生要自觉反思自己的言行举止是否有损他人、集体和国家的利益,是否成为国家法律法规坚定的遵循者与执行者,是否符合和谐社会的发展要求,从而使人与人之间的交流与合作更加地密切,促进人与人之间关系和谐地发展,促进法治社会的建设,促进和谐社会的发展。

2.自我反思的内容

(1)专业技能素养的反思

对专业知识掌握情况的反思。法科学生的自我反思首先要反思自己对专业知识的掌握情况。法学专业知识的学习对法科学生来讲意义重大。知识是基础,法科学生是我国社会主义法治事业的建设者和接班人,法科学生今后从事工作的基石,都是以其专业知识与专业能力为前提的,社会主义法治事业需要专业化的法律人才,对专业知识全面、深刻、系统地掌握,是其在今后的职业中遵纪守法、合乎法律程序的基础;是其有能力保护当事人合法权利和利益的基础;是其作为一名法律工作者更好地维护宪法和法律权威的基础。因此法科学生必须学好法学专业知识,提升专业能力,时刻反思自己在专业知识与专业能力上存在的不足,并加以补充和改进。

对实践业务能力的反思。实践业务能力是指将理论上的知识转化为实务上的能力,对于实践业务能力的反思即反思自己用法学专业知识解决实际法律问题的能力。对于实践业务能力的反思有以下几点,一是反思自己对法律条文的阐释和理解能力。即培养良好的法律思维,对法律条款作出正确的解读。二是反思自己对案件的分析能力。对案件的正确分析和判断,是案件得到合法合理处理的基础和前提。三是反思自己的语言表达能力以及文书写作能力。能说、会写是一名法律工作者业务能力水平的重要体现,这也是法科学生法律论证能力的重要体现,具体包括谈判沟通、口头表达、通用和法律文书写作等方面能力。高水平的表达能力、沟通能力和文书写作能力能够清晰阐释、说明在法条背后的基本法理。要反思自己是否具有这种表达能力,思考该如何提高自己的表达能力。四是反思自己的专业辅助能力。具体而言,其包括对计算机的操作技能水平、外语应用能力、文献检索和资料运用能力、网络与多媒体应用能力等方面,在反思中提高自己的能力,锤炼自己的品格,弥补自己在实践业务中的不足,提高自己理论联系实践的能力。

(2)职业道德水平的反思

法律职业伦理是法律工作者在工作、生活中必须遵循的道德规范和行为规范。作为法科学生,在今后的工作中要反思自己是否忠于执行宪法和法律,维护法律的尊严;反思自己是否以事实为依据,以法律为准绳;反思自己是否做到严明纪律,保守秘密;反思自己是否与其他法律工作人员互相配合,互相尊重;反思自己在工作中是否做到恪尽职守,勤勉负责;反思自己是否做到清正廉洁,遵纪守法。这是法科学生在法律工作中需要反思的内容。同时在日常的社会生活中也要时刻反省自己的行为举止,应当发挥示范作用,养成良好的行为习惯,谨言慎行,勿自毁法律人的形象与威信。

(四)责任感与忠诚度

1.责任感

(1)维护司法公正

公正是法治的生命线,司法公正是社会公正的重要基础。我国法律明确了法律工作者在司法活动中处理案件的步骤、顺序,明确了司法活动的方式方法,明确了如何按照法律的规定和要求来处理法律案件。维护司法公正是法律职业群体应当遵循的基本准则和基本规范。法官要客观、公正地处理案件,在审理案件时独立、自主判断,不受任何机关、团体和个人的干涉和影响。检察官要坚持忠于事实,秉公办案,使所办理的案件经得起监督和检验。公证机构办理公证要坚持客观、公正的原则。

法律工作者遵守法律程序,维护司法公正能够有效地防止权力的滥用,增强法律的权威,提高法律实施的正确性;有利于维护当事人的合法权益;有利于司法活动公开、透明,接受社会和人民的监督,使每一个司法案件的办理真实可信,保证司法公正,维护社会公正。

因此,法律院校要注重培养和引导法科学生维护司法公正的意识,引导法科学生学会按法律办事。按程序办事,引导法科学生在未来从业中推进公正司法,坚持依据事实和法律,严格按照法律程序参与司法活动,做到不徇私枉法、公平公正,努力让人民在司法案件中感受到公平正义。要引导法科学生认识到作为司法机关工作人员必须严格遵循法律程序,不受任何机关、个人的影响和干涉;与案件有利益关系的工作人员,必须回避;整个司法过程与结果要公开,平等对待各方当事人,接受社会和人民监督,绝不允许办关系案、人情案。法科学生自身也要注重在平常的学习、生活、实践中保持公正的处事原则,实事求是,不偏不倚,养成公正处事的行为习惯。

(2)保障当事人合法权益

维护当事人的合法权益是司法活动的主要目的,是法律职业人员工作的基本原则,是建设法治社会的本质要求。这里主要阐述法官和律师该如何维护当事人的合法权益,对当事人负责。

法官要以平等的态度对待双方当事人,维护当事人的合法权益。为了确保司法公正,保障当事人合法权益,我国制定了一系列法官道德准则和行为规范。《中华人民共和国法官法》《法官职业道德基本准则》及《法官行为规范》等文件对法官保障当事人合法权益作出了相应的规定。首先,要以平等的态度对待当事人,对一切个人和组织在适用法律上一律平等,尊重其人格尊严。其次,要树立司法为民的理念,努力做到一心为民,关注群众感受和诉求,深入群众听民声、察民情、会民意,认真按照司法便民原则,尽最大努力为当事人提供诉讼便利,尽最大努力降低其诉讼成本,树立服务意识,避免盛气凌人的不良作风。最后,为了确保司法公正,法官不能与案件的审理结果存在利害关系,不能觊觎当事人的权益,更不应为了谋取私利而枉法裁判,对待双方当事人要一致、公平、不偏不倚。

维护当事人的合法权益是律师的根本职责,可以从两个方面对其进行概括:一是对当事人忠诚,二是对当事人尽责。对当事人忠诚是指律师应专一地、诚信地忠实于客户,做有利于实现客户目标和维护客户利益的事情,这是律师特殊的职业道德。忠诚是律师与委托人关系的基石,律师应当忠诚地维护委托人的合法权益。此外,律师要处理好对客户忠诚与对法律忠诚的关系,一方面律师不能做不利于维护当事人合法权益的事,另一方面更为重要的是不能破坏法律的权威,必须在法律的框架和要求之内为当事人进行辩护,不得超越法律,要做到对法律负责,对客户忠诚负责。

律师对当事人的忠诚表现在以下几个方面:一是要称职尽责,这是作为律师应当达到的最基本的要求。一方面是指律师要在态度上积极履职,认真负责地处理工作;另一方面是指律师要有能力胜任代理事务,要以专业的知识和职业技能为当事人提供有效的、优质的法律服务。因此,律师要通过统一的法律职业资格考试取得从业资格,熟练掌握专业的知识和执业的技能。二是要勇于接受案件。律师的天职是为当事人争取权益,即使是犯罪嫌疑人也有争取合法权益的权利。在律师的帮助下被告人或委托人可以缩小与司法工作人员之间在专业方面的差距,有利于维持诉讼程序的合理性和正当性。但同时也要注意在接案时,律师应该从自身专业能力的角度判断是否接案,不能出于牟利的需要而接受自己驾驭不了的案件,这在一定程度上会对当事人合法权益的保护产生不良影响。三是不得非法谋取委托当事人的利益,不得利用职务之便牟取除代理费和应得报酬之外的私利。

勤勉尽责地为当事人提供优质的法律服务是律师对委托人的首要义务。我国《律师执业行为规范》《律师职业道德和执业纪律规范》等文件对律师勤勉尽责的内容作出了详细的规定。律师应当做到诚实守信、勤勉尽责,具体而言就是要求律师在办理案件时无论案件大小、难易程度和复杂程度如何,都要做到尽职尽责、一丝不苟,不能敷衍懈怠,要尽自己最大的努力为当事人提供服务和援助,以维护委托人合法权益。

律师对委托人尽责表现在以下方面:一是要合理地安排时间。律师应当严格按照法定的时效以及与当事人约定的时限,按时办理委托事项,不能耽误委托人案件的办理。二是要及时与委托人交流沟通。律师应站在当事人的角度考虑问题,设身处地为当事人着想,及时将案件的进展告知当事人,如实将已出现或可能出现的风险、困难通知当事人。三是要妥善保管委托人的财产,要谨慎保管委托人提供的证物、文件原件、音像资料以及其他材料,不得因过失造成委托人财产损失。四是不能因转委托而给当事人造成不利的后果,律师接受委托代理后无特殊情况不得拒绝为委托人代理,未经委托人同意,不得擅自委托他人代理,确有出现正当理由需要更换律师的,应当及时告知委托人,但不能因转委托而增加委托人的经济负担。

2.忠诚度

(1)忠于党、国家和人民

忠于党、国家、人民是我国法律工作者的政治本色。法律从业人员必须做到忠诚坚定,热爱祖国,坚持党的事业至上,坚持人民利益至上,坚持维护宪法法律的权威,始终在思想上和行动上与党中央保持高度一致,维护国家安全、荣誉和利益,永葆政治本色。因此,培养高素质的中国特色社会主义法治体系的法治人才和法律队伍,要把思想政治建设和教育摆在首位,增强广大法科学生走中国特色社会主义法治道路的自觉性和坚定性,完善具有中国特色的法学理论体系、学科体系、课程体系,建设一支忠于党、国家、人民和法律的法治人才队伍。

一方面,学校要加强对法科学生的思想政治引领,通过课程思政、专题讲座、科研育人、实践实训、网络育人、主题活动、文化育人等方式和途径将爱国主义教育、党史教育、理想信念教育、社会主义核心价值观教育、传统文化教育等思想政治教育的内容充分地融入法学专业课程体系中去,融入对法科学生的日常管理和教育中去,培养法科学生的理想信念,形成社会主义法律职业道德,增强法律的意识形态功能。另一方面,法科学生作为未来法治队伍的后备力量,必须牢固树立忠于党、国家、人民的政治意识,提高自己的思想政治素养,严格遵守党的政治纪律、组织纪律、政治规矩,坚决维护党中央权威,在重大原则问题上立场坚定、旗帜鲜明。始终坚定地为人民服务,维护人民的合法权益。

(2)忠于宪法和法律

忠于宪法和法律是我国一切法律工作者的首要行为原则。从相关法律条文来看,我国《法官法》《检察官法》《律师法》等相关法律都对法律从业人员忠于宪法和法律作出了明确的规定。从实践来看,宪法和法律是法律工作者从事法律工作、处理法律案件的依据,学思悟透宪法和法律,忠于宪法和法律是法科学生成为一名合格法律工作者的前提和基础。

因此,无论从法律的规定还是实践的要求来看,各法律院校都必须把培养法科学生忠于宪法和法律的意识作为重要的法学教育内容,通过课程学习、实践锻炼、活动教育等方式引导法科学生把忠实执行宪法和法律、维护宪法和法律的尊严作为自己未来从事法律职业的首要原则。法律工作和法治建设是国家各项工作中的一项重要内容,因此,法律职业不能超越宪法和法律所规定的根本任务。

二、法律职业伦理的内涵与意义

(一)法律职业伦理的内涵

与一般的社会伦理不同,法律职业伦理除了规范法律职业行为外,更肩负着确保法律正确实施、维护社会公平正义的特定使命。法律职业伦理简言之就是指法律的道德。它包括客观与主观两个层面,从客观的层面,是指法律执业者从事法律活动时所应当遵循的行为规范和道德准则[1],包括规范法律执业活动的法律以及行业性自律规范。前者如《法官法》、《检察官法》与《律师法》等,后者如《检察工作纪律和检察官职业道德规范》《律师职业道德和执业纪律规范》等。从主观的层面来说,法律职业伦理还指法律职业者的内心态度,包括正确的法律价值观念、社会正义感和对法治的信仰。法律职业伦理依靠外在的惩戒和内心的价值信念,通过以“立德树人”为内核的陶冶式教育,为法科学生学习法律知识提供精神动力,为指导法律技能及法律职业者适用法律以符合社会正义提供依据。

(二)法律职业伦理的意义

法学教育具有鲜明的职业性,“法学教育”的基本目的,在使法律人能够认识法律,具有法律思维和解决争议的能力。[2] 然而,法学教育又不同于法律职业培训,既负有专业知识、技能和能力的传授与训练功能,也承担着价值引导的社会责任,肩负着捍卫社会公平的道义担当。正如研究法学教育的“开路先锋”孙晓楼先生所言,法律人才必须具备三种素质:“一定要有法律学问,才可以认识并且改善法律;一定要有社会的常识,才可以合于时宜地运用法律;一

---

① 张文显:《司法改革报告:法律职业共同体研究》,法律出版社 2003 年版,第 139 页。
② 王泽鉴:《民法思维:请求权基础理论体系》,北京大学出版社 2009 年版,第 2 页。

定要有法律的道德,才有资格来执行法律。"①因此,法律职业伦理教育的意义,是培养和造就宪法法律的信仰者、公平正义的捍卫者、法治建设的实践者,树立法科学生法律职业的荣誉感,增强服务社会主义法治国家建设的责任感和使命感。法科学生应通过个人的自我学习与学校的法律职业伦理课堂教学与实践教学齐头并进,方能内化养成法律职业伦理,并根植于内心,固化为特定的职业道德与职业责任。同时,这种特定的内心信念又外化为行为模式,在运用和执行法律的过程中成为行为的约束,充分体现法律人的人格塑造与行为的约束。

三、法科学生法律职业伦理的养成

(一)法律职业伦理的内容

1.法治意识

(1)法治意识的内涵

法治,即根据法律治理国家,与"人治"相对。《淮南子·氾论训》:"知法治所由生,则应时而变;不知法治之源,虽循古,终乱。"法治是指一种治国方略和社会调控方式;一种依法办事的原则;良好的法律秩序;代表着某种具有价值规定的社会生活方式。② 法治要求按照法定的规则和原则来运行整个社会体系,并且这种法定的规则和原则必须是符合社会和时代的价值诉求的,要求社会成员按照法定的原则、规定、权利、义务和责任来参与社会活动。

法治意识是一种特殊形式的社会意识,是作为社会成员在实践中所形成的关于法治的观念、意识、知识体系的总称;是人们对法律法规、法律现象看法的最高的一种意识。③ 法治意识是人们关于法治现象的认知、态度和行为倾向的统一,是人们发自内心地对法律的认同和遵守。对于法科学生法治意识的培养是其成长成才的重要环节。

---

①　孙晓楼:《法律教育》,商务印书馆 2015 年版,第 11 页。
②　张文显:《法理学》,高等教育出版社 2003 年版,第 332 页。
③　沈宗灵:《法理学》,北京大学出版社 1996 年版,第 230 页。

（2）法治意识的内容

第一，树立党的领导意识。党的十九大报告指出"党政军民学，东西南北中，党是领导一切的"。党的领导意识是指法科学生对"党的领导"及其现象的认知、情感态度及行为的总和。法科学生要对"党的领导"的实质、意义、党与法的关系及现状有清晰的认知，自觉维护党的领导，自觉在思想上、政治上和行动上同党保持高度一致，对党的领导保持信心；要主动加强理论学习，提高理论修养，贯彻落实党的路线方针政策；主动关心国家大事，认真领会重要会议及领导人讲话精神，与时俱进了解党的大政方针。

第二，树立法律至上意识。从认知层面讲，要树立法律至上意识，首先要引导法科学生充分意识到法的权威高于人的权威，任何人的行为都要符合宪法和法律的规定。其次，要正确理解"建设社会主义法治国家的最关键的问题，是执政党与国家和法的关系问题"。[1] 最后，要避免陷入法律工具主义倾向。从情感态度和理论认知上讲，法律至上意识是指法科学生对宪法和法律的发自内心的认可和崇敬，对宪法和法律的服从，对法高于人理念的崇尚，以及对于法律建设和发展的重视。从行为上讲，树立法律至上意识表现在法科学生知法、尊法、护法、用法的具体行为过程中。

第三，树立权利意识。权利意识是法治意识的核心要素，要达到让公民需要法律、理解法律、认同法律、遵守法律的目标就要提高公民的权利意识。人们权利意识的强化，会促进人们对法律认知的加深，从而提高人们对于法律的认同度，最终促使法律信仰在人们心中的萌芽，这也是对于法科学生权利意识培养的意义所在。如果一个社会的人普遍缺乏权利意识，那么法律规定的权利只能是虚拟的，这将对法律效用的发挥产生严重的阻碍。因此，权利意识是法治意识培养必不可少的重要一环。权利意识是指人们对权利认知、情感态度以及行为选择的总称。权利认知是指人们对于权利的理论、内容、意义、制定、运行等方面的认识。人们对权利的认知是人们权利意识养成的基础。权利的情感态度是指人们关于权利及具体权利现象的价值判断和心理状态。权利行为选择是人们为了维护自己的权利而作出的具体的行为选择。

第四，民主参与意识。民主的核心是参与，民主参与意识是法治意识的重要组成部分。随着人们民主参与意识的不断提高和觉醒，人们的法治意识也会不断地觉醒，因为法治意识的提高体现在人们对法的认同并切实参与到法

---

① 张国安：《列宁法治思想研究》，知识产权出版社 2010 年版，第 150 页。

律的实践当中去。因此对于法科学生民主参与意识的培养具有重要的作用。民主参与意识包括认知、态度和行为三个层面。民主认知是人们对我国民主理论、制度、运行现状等方面的了解和认知。民主态度是人们关于民主及民主参与的心理状态。民主参与行为是人们参与民主实践程度的反映，是人们依据民主认知和民主情感而做出的行为总和。

第五，权力制约意识。这是人们对权力和权力制约理论及现象的认知、态度及行为选择的统一。权力制约认知指人们对于国家公权力与公民私权利之间的关系的认识，是指人们对国家公权力受到制约的原因和受到限制的具体途径和方法的认识。权力制约态度是人们对国家公权力受到制约的心理状态和情感态度。权力制约行为一是指人们对于国家公权力是否超越权限的判断能力；二是监督国家公权力正常运行的能力；三是用合法途径制止国家公权力不合法、不合理行使的能力。

第六，公正意识。公正意识即追求公平正义的意识，包括了对公平正义的认知、对公平正义的态度以及践行公平正义的行为。公正是法治的生命线，公正意识是法治意识的重要内容。公正是法治的价值追求，法治必然要求公正。没有公正就没有法治，违背公正就不是法治。要实现公正的价值目标，就必须要树立公正的意识。法科学生是未来法律工作队伍的生力军，引导法科学生树立公正意识，是建设法治社会的重要举措，也是未来法律得到公平公正实施的重要保证。对此要将公正意识的引导和教育贯穿到法律人才培养的课程中、实践中去。

（3）法治意识的养成过程

首先，知法。知法是法治意识养成的前提和基础。知法即全面、深入、系统地了解我国法律体系。知法是全体法科学生都必须具备的基本素养，这要求法科学生要深入地学习系统的法律知识，掌握法学理论，熟悉我国法律和党的相关政策，这是法科学生法治意识培养的前提。一个对法律知识一窍不通、一无所知的人，不可能形成法治意识。法律认知通常包括对法律条文的认知和对法律原理知识的认知，因此在人才的培养当中既要引导法科学生了解法律法规在某个问题上的具体规定，又要引导他们了解法律的原理。这要求法科学生要学好基础的法学课程，包括法理学、各类部门法、实体法和程序法，如此才能引导法科学生真正领会法律精神，才能筑牢法科学生法治意识养成的基础。

其次，信法。信法即信仰法律。信法是法科学生法治意识养成的核心环节。卢梭曾说过："一切法律之中最重要的法律,既不是刻在大理石上,也不是刻在铜表上,而是刻在公民的内心里。"法律的权威源自人民的内心拥护和信仰。因此,法治国家的建立还依赖于人民的法律信仰。法学专业的学生是未来法治社会建设的后备力量,应当相信法律、信奉法律,树立崇尚法律、信仰法律的牢固观念,增强对法律的信任感、认同感。法律如果不被信仰将沦为虚设。法律信仰是人们在对法的认知的基础上产生的对法的心悦诚服的认同感和信任感,是人们对法的情感、态度、意识等各种心理因素的有机统一。确保法律的信任度、公正度、可靠度,远比法律威慑力更有力量。因此,对于法科学生法律信仰的引导和教育十分重要。法科学生自身也必须自觉地信仰法律,让法律成为自己内心的信念,要对法律常怀敬畏之心,常思敬重之情。

最后,用法。用法是法科学生法治意识养成的关键一步和最终环节。用法包括遵守、服从、维护法律以及用法律武器维护自己的合法权益,养成守法习惯。一是遵守法律法规。守法是底线,要求法科学生在今后参与社会活动、处理事务、作出决定、采取行动时,要先考虑是否合法可行,不得知法犯法违反法律规范,要求法科学生在处理守法和违法的关系时,要做到防微杜渐,谨防因小失大,在面临重要选择时,要依法进行权衡,防止铸成大错。二是服从法律法规。是指法科学生的言行举止要符合法定的规则,履行法定的义务,服从依法进行的管理,对依据法律和事实作出的决定和规定,要真心地接受、认可并予以执行。三是维护法律法规。这要求法科学生要用实际行动捍卫法律的尊严,努力成为法律权威的守护者,克服事不关己的心态,敢于揭露和抵制违法犯罪行为。四是学会用法律武器保护自己和他人的合法权益。当自己的合法权益受到不当侵害时,应当拿起法律武器,依法维护自己的正当权益。

2.正义感

(1)公正平等

公正指的是:"从一定原则和准则出发对人们行为和作用所作的相应评价,也指一种平等的社会状况,即按同一原则和标准对待相同情况的人和事。"[①]公正意识是人们对社会公正及其现象的认知、态度和行为的统一体。人们对于实现社会公正的努力伴随着社会发展的全过程。亚里士多德认为,

---

① 辞海编辑委员会:《辞海(上)》,上海辞书出版社1999年版,第793页。

"公正是一切德性的总括。"①公正即公平和正义,是调节人们利益关系的衡量尺度。从法律角度来看,公正是法律的最高形态,在司法活动中体现为公平、平等、正义等精神,公正与法律是相互促进的,公正是法律发展进步的驱动力,法律是公正得以实现的重要途径。

对法官而言,公正即坚持依法独立行使审判权的原则,根据事实,依照法律,客观地、公正地办案,不受任何机关、团体和个人的影响和干涉,平等地对待每一个案件参与人,平等地保护各方主体的合法权益,做到客观、中立地处理案件。只有认真践行公正原则,才能做出令人信服的判决。

对于检察官而言,公正即要求其在执法过程中,秉公办案,依据事实和法律,做到不偏不倚,不受其他机关、团体、个人的干涉,不为利所动,不为权势所屈服,正确行使检察裁量权,坚持程序公正与实体公正,公正对待案件的当事人,维护当事人的合法权益。尊重法官和律师等其他法律工作者的工作,共同为案件的公正处理而努力。

对于律师而言,也必须坚持公正的原则。律师要公正对待其当事人和其他律师,不能因为身份、地位的差别,区别对待当事人,不能对委托人表现出不公和歧视,也不能妨碍其他律师的职业行为。

总而言之,无论法科学生未来将从事哪一项法律工作,都应当按照公正的要求。在法律职业伦理层面,公正是法律工作者最基本的行为要求之一,维护法律公正是法律工作者的使命。因此,法科学生作为中国未来法治建设的中坚力量,必须坚持公正规范,法律院校要注重培养法科学生公正处事的意识,通过职业伦理课程、案例讲授、模拟法庭、实习实践等途径引导养成法科学生公正处事的习惯。

(2)清正廉洁

清正廉洁是法律工作者保持职业形象,维护司法威信的重要前提。它要求法律职业人员不贪图享乐,不以权谋私,做到洁身自好,不受贿行贿,公正地履行职责,作风正派,带头遵纪守法。否则,滥用国家法律,以权谋私,必将造成损害国家及他人利益的后果。这一原则是对法律职业人员的内在要求。每一名法律工作者都要时刻意识到自己的言行举止必须要展现出良好的法律职业者形象,努力把清正廉洁刻画进自己的意识,落实到自己的行为。法律工作

---

① [古希腊]亚里士多德:《尼各马可伦理学》,廖申白译,商务印书馆2003年版,第130页。

者只有保持清廉的形象才能更好地使用权力、履行义务,才能保持法律在人们心中的权威性。在社会主义市场经济背景之下,经济状况得到全面改善,物质财富极大丰富,法律职业人员在享受市场经济带来好处的同时,也面临着新的挑战,每一个法律职业人员要继续付出努力、保持初心、牢记使命、砥砺前行。作为法科学生也要注意在自己的日常学习、生活中做到讲原则、守纪律,保持良好形象,不给未来的职业生涯留下不良记录。

法官要保持清正廉洁,是指法官应遵守廉政要求,在物质利益和精神生活中保持清廉,合理地处理"公"与"私"的关系,不得利用职务谋取不当利益。这一准则主要包括以下内容:第一,不得接受当事人的贿赂。包括不接受相关人员请客或送礼,不得与相关当事人进行不正当交往,不以权力谋私利,不得在执法中徇私舞弊。第二,不得经商。法官参与工商业活动,不符合勤勉尽责的基本规范要求,加之经商会与其他工商业者产生直接或间接的经济利益关系,会影响法官公正司法,分散法官的精力,从而使法官在公众心中的廉洁形象受损。这一要求具体包括,法官不得参与营利性的经营活动,不得在营利性组织中兼任职务,不向案件相关人员就未判决的案件提供咨询。第三,不得以权力谋私利,不得以其权力、身份、地位、声誉谋利。不得为当事人介绍代理辩护人和中介机构,不得私自介绍案源给律师。法官是国家公职人员,必须要坚守廉洁底线,正确行使权力,树立正确的权力观,做到自重、谨慎。第四,保持正常的生活方式和水准,切忌奢靡享乐,并且对法官的家庭成员也要严格要求。具体而言,法官要加强自身修养,做到守公德、严私德,培育健康生活习惯和情趣,维护好个人的声誉和职业形象。

为政者,"其身正,不令自行;其身不正,虽令不从。"(《论语·子路篇》)清廉是其职业道德建设的基本保障,是检察官重要的行为规范,只有做到自身清廉,检察官才有资格去监督其他有关机关及其工作人员执法是否清廉、公正。这一准则的要求具体包括:第一,模范遵守法纪。这是检察官有效监督和保障法律正确实施的客观要求,检察官不仅要在职业中且也应在生活中,模范地遵纪守法,并教育和引导其身边与之关系密切的人员模范遵守纪律和规定。第二,洁身自好,不受贿,不议案谋利。检察官要做到不收受案件相关人以任何名义赠予的礼物礼金,不参加宴请、旅游等活动,严格遵守办案纪律,不取不义之财,不谋非分之利,不行违规之举,杜绝违规办案,保持清廉形象。第三,不得兼任他职。检察官不得兼任法律顾问等其他职务,不得以牟利为目的、以职位之便利私自介绍案源给律师或为当事人介绍代理辩护人和中介机构。第四,保持良好的生活作风。检察官要做到严私德,要坚持艰苦奋斗,勤俭节约,甘于奉献,保持健康的生活情趣,保持良好的生活习惯和作风,妥善处理个人事务,保持良好形象。第五,接受监督。检察官在监督他人的同时,也要接受各种形式的监督,一方面是提高执法透明度,接受来自外部的监督,接受其他政法机关的工作制约,另一方面又要接受机关内部的制约监督。

《公证员职业道德基本准则》第四部分对公证员廉洁自律作了专门规定。主要包括公证员不得参与营利性活动,不参与与身份不符的活动,不得利用身份和权力谋求私利,不得接受相关当事人款待、馈赠。

只有保持清正廉洁,维护良好的职业形象,才能取信于民,才能维护法律的权威。法律院校要注重引导学生树立良好的生活作风和习惯,通过实例讲解、思想教育、活动教育、规则约束、榜样引导、朋辈影响等方式和途径把廉洁教育融入学生的日常学习、教育和管理中去,培养其秉公办案、清正廉洁、克己奉公的精神。法科学生在日常学习和工作中也要注意保持良好个人形象,坚持合规、合理、合情处事,保持清廉、勤俭、奉献的生活作风,保持健康的生活情趣,不做非分之事,不求非分之利,不谋非分之财。

(3)诚实守信

诚信是公民的基本道德规范,是社会主义核心价值观的重要价值追求之一,也是社会道德建设的重点内容。诚信即诚实信用,以真诚之心,行信义之事。诚,真实,诚恳;信,信任,证据。诚信是诚实无欺、信守诺言、言行相符。诚信是每个人立身处世的根本,他要求人们一诺千金,讲信用,言出必行,并承担自己的行为后果。诚信是法律从业者应该坚守的重要的道德品质。在法律职业道德领域,诚信是需要所有法律从业人员坚持和发扬的,诚信要求每一位法律职业人员在办事过程中,忠于法律,诚信办案,公平公正地维护好各方当事人的合法权益。

对于法官而言,只有法官自身对法律诚信,从法律的真正精神出发,忠于法律,依法裁决,才能做出令人信服的判决。如果法官不按照诚信的原则,滥用法律,滥用职权,就会导致法律失去权威性,增加人们对法律的不信任感,使人们丧失对法律的信心。对于检察官而言,诚信意味着忠于事实和法律,严格以事实为依据,诚信执法,明礼诚信,讲诚实,守信用,树立良好的社会形象。

对于律师而言,诚信规范的要求更为严格,这是由律师工作的性质和特点决定的。律师行业本身具有商业性,不论是对律师本人而言还是对律师事务所而言,诚信是保证其生存发展的必备原则,消除现存的律师信任危机还需要通过发挥律师行业的诚信来实现。所以诚信规范对于律师而言至关重要。换句话说,诚信规范是律师职业伦理的最核心规范。[①] 因此,律师应当牢固树立诚信意识,在执业中诚实守信,不得故意对案件作出不当的表述,要客观地告知当事人所托案件的风险,不得作出虚假承诺。要依据事实和法律,维护当事人合法权益。此外,律师在推广业务时,也要做到不歪曲事实,公平竞争。

因此,引导法科学生树立诚信意识,培养诚信的品质具有十分重要的意义。学校要把对法科学生诚信品质的培养纳入相关制度中去,通过思想道德教育、校园文化塑造、榜样人物引导等方式,将诚信教育融入课程中、实践日常管理中去,营造讲诚信的校园氛围。教师要发挥课堂主渠道的作用,引导学生树立诚信意识,同时也要以身作则,做到时时事事讲诚信,在学生中起到模范榜样作用。法科学生自身要自觉信守诺言,在日常生活中做到言谈真诚,言必行,不欺人,做到对事负责,承担责任。

(4)勤勉尽责

勤勉尽责有三层含义:一是要求法律工作者认真履职,做到尽职尽责、勤奋工作,认真对待每一个案件;二是要求法律工作者充分运用自己的专业知识和技能做好自己的本职工作,严格按照法定程序,保质保量地完成工作;三是要求法律工作者尽可能在法定的时限内完成自己的工作,提高办事效率,节约司法资源。这一原则是对法律人职业素质的基本要求。

对于法官而言,勤勉尽责就要做到恪尽职守,珍惜法官荣誉,坚持职业操守,任劳任怨,不断学习司法技能,提高专业能力和业务水平,保持严谨的工作作风,坚持热爱司法事业,以此来保证司法审判活动正常、有序地进行。

对于检察官而言,勤勉尽责要求检察官爱岗敬业,认真、及时、合理、准确地处理案件,注重提高办案的质量和效率。一是要认真地对待工作的每一个环节,不敷衍、不拖沓、不懈怠,不因个人私事影响正常履职。二是要努力提高办案水平,不断提高自己业务水平,保质保量结案。三是要严守法定时限,提高办案效率,节约司法资源。

对于律师而言,勤勉尽责要求律师充分运用法律专业知识和辩护技能,发挥自己的专长,认真尽责地处理好当事人所委托的事务,为当事人提供高质量的法律服务,尽最大可能去维护当事人的正当权益,尽责地处理好当事人所委托的事项,此外,律师应当努力钻研业务,不断提高执业水平。

---

① 冷罗生:《法律职业伦理》,北京师范大学出版社 2014 年版,第 56 页。

勤勉尽责是法律职业人员必须遵守的执业准则。勤勉尽责要求法律职业人员应当以负责的态度、积极的行为去完成相应的工作任务,提供高质量的法律服务。勤勉尽责是法律职业伦理中必不可少的行为规范,它是司法活动顺利开展的重要保障,所有法律工作者都应该在自己的本职工作中认真负责地履行自己的职责。因此,这要求法律院校在培养法科学生的过程当中,要加强对法科学生"工匠精神""奋斗精神""敬业精神""责任意识"的培养,将他们培养成为讲担当、负责任、加勤勉的法治人才。法科学生自身也要树立积极认真的工作态度,在学业生涯中认真对待每一次学习任务、工作任务,养成勤勉务实、认真尽责的良好习惯。

3.底线思维

(1)不可违背社会主流价值

社会价值反映的是事物的属性、关系以及它们的变化过程与人的需要、利益和目的之间的关系,揭示事物对于人和人类生活的意义。[①] 从哲学价值论角度看,社会价值是一种意识形态,追求法治、平等、公序良俗、自由等都是比较典型的社会价值。价值判断是指人们在价值认知的基础之上,对某一特定事物有无价值、有多大价值、有什么价值的判断,是人们在对于某一事物或现象有一定认知和了解的基础之上作出的是或否、好或坏的判断。

社会主流价值观是社会意识形态的重要组成部分,是指社会上多数人持有的观念或大多数人价值取向大体一致的价值观。矛盾具有普遍性,任何事物都具有两面性,人们对同一现象可能会作出不同的判断,但社会大众对同类事物的价值判断会有倾向性选择,即多数人的判断会达成一致,当一种价值判断成为多数人的选择时,就形成了社会的主流价值观。社会主流价值是一个社会上大多数人对善、恶、好、坏的倾向性判断,本质上是一种价值标准。

法律是最低限度的道德,道德本身在一定程度上就反映了社会的主流价值,包含了一定的价值选择和价值判断。法律与一个社会主流价值——该社会中最起码的道德——基本统一,法律是实现这种主流价值要求的必不可少的倡导、弘扬和强制的手段和途径。[②] 作为法律的执行者,法律工作者理应成为社会主流价值的守护者,司法活动也应反映社会的主流价值。为了坚持做

---

① [日]西田几多郎:《善的研究》,何倩译,商务印书馆1989年版,第123页。

② [英]哈特:《法律的概念(第2版)》,许家馨、李冠宜译,法律出版社2011年版,第73页。

到不违背社会主流价值这个底线,法科学生应当从以下几个方面做出努力:

第一,以事实为根据,以法律为准绳。这是我国整个法律制度的一项基本原则,这是使司法的法律效果和社会效果达到有机统一的基础和前提。在《法官法》第 6 条、《检察官法》第 5 条、《律师法》第 3 条等文件中都规定了法律工作者执业必须以事实为根据,以法律为准绳。这是法律职业人员职业道德的基本要求。因此在课堂教育和实践教育中,不仅要培养法科学生分析案件、解读法律条文的能力,更要培养法科学生依法办案、实事求是的精神。

第二,法科学生应该多接触社会,增进自己的社会阅历。对于法律工作者来说,只有深入社会,多经历一些事情并进行思考,从而丰富自己的社会阅历,才能更好地把握社会主流价值观,更有效地预测办案结果的社会效应,让案件办理结果合法、合情、合理。社会阅历对法律工作者尤其重要。于法官而言,如果缺乏社会阅历,就难以在各种矛盾冲突中找准平衡点,作出正确的判断,就难以保证审判结果达到良好的社会效果、引起良好的社会反响,甚至有可能导致简单的案件变复杂。因此,法官应当深入社会,增进自身的社会阅历,强化自身的群众观念,重视群众的诉求,关注群众的感受,真正地协调好"法"与"情"的关系,使司法切合实际。对于律师而言,缺乏社会阅历,就难以对当事人的需求感同身受,从而影响律师对于案件处理的积极性,最终会影响案件的结果。据此,在法治人才培养中,学校应该多开展实践活动,可以通过"三下乡"实践、"法律援助""志愿者活动""调查研究"等实践活动,使法科学生深入社会中去。法科学生自身也应该有意识地、主动地、积极地深入接触社会,通过社会实践活动、调查研究活动真正地走进社会、深入社会、了解社会,把握社会的主流价值,使司法切合实际,使案件处理结果达到法律效果和社会效果的统一。

第三,法律工作者在司法活动中要发挥自己的能动性,不能机械使用法律,不能生搬硬套条文。一方面是由于社会在不断发展,而法律条款的更新具有一定的滞后性;另一方面是因为社会事件包罗万象,法律法规难以穷尽一切社会问题。因此,为了保证司法的公正,更好地维护当事人的合法权益,法律工作者就必须发挥其主观能动性,在法学理论的指导下,结合社会主流价值观,结合自己处理案件的经验,结合自己的社会阅历,结合对某类案件处理的历史经验,对案件的实际情况进行分析和比较,充分发挥自己的主观能动性,提出符合法律规定,符合社会主流价值的解决方案,努力实现法律效果和社会效果的统一。

（2）不可泄露秘密

不可泄露秘密,具体而言就是要求法律职业人员对工作中知悉的所有秘密,包括国家秘密、商业秘密、审判秘密、个人隐私等一切工作中所涉及秘密,在一定期限和范围内依法严格保守,不泄露,不公之于众。在具体的法律工作中,法律职业人员不可避免会知悉一些秘密,接触和知道这些秘密的法律职业人员,应依照法律规范严格地保守秘密,不得泄露,以此来维持法律秩序和维护司法公正。如果法律职业人员泄露了本应保守的秘密,就会损害国家、社会集体、公民的利益,同时,也会损害法律职业严肃公正的良好形象。因此,保守职业秘密是法律职业伦理的一项重要内容。

对于法官而言,不泄露秘密要求法官保守日常审判工作中接触到的所有秘密,具体包括法官因特殊的职责而知悉的国家秘密,案件审理中接触到的商业秘密,案件中当事人的个人隐私等。除此之外,案件审理中的笔录、案件统计信息等视具体情况而定,也有可能成为法官应该保守的秘密。保守审判工作中的秘密对于法官而言是重要的职业伦理规范。《法官法》第 10 条、《法官职业道德基本准则》第 7 条、《法官行为规范》第 6 条都对法官保守秘密做出了具体的规定。

不泄露秘密对于检察官而言就是不得泄露检察工作中的各种秘密,《检察官法》第 10 条第 5 款规定:"保守国家秘密和检察工作秘密,对履行职责中知悉的商业秘密和个人隐私予以保密。"《检察官职业行为基本规范》第 31 条规定:"严守保密纪律,保守在工作中掌握的国家秘密、商业秘密和个人隐私,加强网络安全防范,妥善保管涉密文件或其他涉密载体,坚决防止失密泄密。"

对于律师而言,不泄露秘密既要求律师保守工作中所涉及的秘密,如商业秘密、当事人个人隐私等,又要求律师不得以保密为由故意隐瞒委托人和其他人员的犯罪事实,不能故意隐瞒和销毁证据,不得隐瞒他人危害国家安全、公共安全和危害他人人身、财产安全的犯罪情况和信息。《律师法》第 38 条规定:"律师应当保守在执业活动中知悉的国家秘密、商业秘密,不得泄露当事人的隐私。"律师不泄密是为了保护国家和当事人的利益,因此,保密是相对的。律师在执业过程中不得故意隐瞒委托人或其他人的犯罪事实,不得故意隐瞒毁灭证据,不得隐瞒他人危害国家安全、公共安全和危害他人人身、财产安全的犯罪情况和信息,否则将会放纵罪犯和不法分子,从而损害国家和社会的利益。这种损害国家和社会集体利益的保密行为违背了保密的真正目的和意图。

（3）不可违反宪法和法律

法科学生作为未来法治社会建设的生力军，作为具有法律专业学识性的学生，是我国未来法律秩序的维护者和建设者，受过专门的法律知识和技能训练，拥有系统的法律知识，具有娴熟的法律技能与法律伦理，不能知法犯法，在日常的学习、生活、工作中必须要遵守法律法规，不可违背宪法和法律，这是法科学生乃至全体公民的底线。宪法是国家的根本大法，遵守宪法和法律是我们每个公民应尽的义务。《法官法》第3条规定："法官必须忠实执行宪法和法律。"《检察官法》第3条规定："检察官必须忠实执行宪法和法律。"《律师法》第3条规定："律师执业必须遵守宪法和法律，恪守律师职业道德和执业纪律。"《公证法》第22条第1款规定："公证员应当遵纪守法、恪守职业道德，依法履行公证职责，保守执业秘密。"

（4）不可违背程序公正性

严格司法程序，是维护司法公正的内在要求。司法公正包括实体公正和程序公正。程序公正是指司法工作人员处理案件时，要依法严格按照程序的规定办事，以保证有效地维护当事人的各项权利。

司法程序公正是司法公正的生命线，维护司法公正，严格司法程序，强化程序意识是前提。一直以来，在司法实践中存在重实体轻程序的现象，一部分司法工作人员把案件办理结果上的公正当作司法公正的全部内容，在他们看来，只要案件最后裁判的结果是公正的，即使在程序上有所疏忽也无所谓，这种重实体轻程序的现象，不按法定程序办案，不利于保护当事人的合法权益，因而常常出现侵犯当事人权利的情况。

司法公正既要保证实体公正，也要保证程序公正，严格遵照正当法律程序办案，尊重和保障当事人的合法权益。法制的健全离不开程序的公正。程序不公会影响实体公正的实现，当事人的合法权益被损害，从而导致司法不公现象的产生，司法不公会影响宪法和法律在人们心中的权威性，降低人们对法律的信任感。因此，我们必须重视司法程序问题，严格依照程序办事。

保证司法程序的公正性，具有十分重要的意义：第一，公正的司法程序对案件的裁决结果有很大的影响，坚持司法程序公正，有利于维护实体的公正，从而保证司法公正的实现。第二，司法程序公正有助于维护社会成员的合法权益，对于社会成员的合法权益的保证必须通过公正的程序来实现，程序的不公会损害诉讼当事人的合法利益。第三，司法程序公正有利于社会成员形成对法官、法院及其审判程序的信任，从而增加社会成员对国家法律制度以及法律地位和作用的信服,有利于维护宪法和法律的权威,有利于社会成员对法律形成普遍认同和信任,从而使社会形成一种普遍尊重法律程序、法律制度的良好法治秩序。第四,可以在很大程度上限制权力对于司法公正的不当干扰,有助于协调复杂的社会利益结构。第五,公正的程序有助于减少司法活动过程中的技术性失误,从而最大限度地实现结果的公正。司法程序公正在我国主要体现在以下几个方面:

第一,审判公开。它既是一项宪法原则,也是一项审判原则。审判公开是审判程序公正的保证,也是尊重人民群众知情权、监督权的保证,通过审判公开,司法部门也可以自觉接受法律和社会的监督,从而更好地保障司法活动的公正。依据我国宪法第130条规定:"人民法院审理案件,除法律规定的特别情况外,一律公开进行。"第二,所有诉讼参与人在法律面前一律平等。这是一条写入我国宪法的法治原则,在民事诉讼法和刑事诉讼法中都对"当事人的平等原则"做出了具体规定。在法律面前不允许任何特权,不得因为当事人的身份和地位给予特殊对待,人人平等地拥有法定的权利,平等地履行法定的义务。第三,及时、按时审理和判决。正义不能缺席也不能迟到,法院必须在法定的期限内审结案件,及时作出判决。要提高办案效率,遵守办案时限,及时地化解矛盾和纠纷。第四,确保被告人的辩护权。我国宪法规定"被告人有权获得辩护"。保障被告人的辩护权是司法程序公正的基本要求也是维护被告人合法权益的重要途径。第五,确保法官的中立性。程序公正的实现离不开法官对于中立性的恪守,保持中立是对法官的最基本的要求之一。这要求法官在审理案件的时候要做到不偏不倚,不得私下约见相关当事人,不偏向任何一方当事人,也不对任何当事人存有偏见,确保双方当事人的平等地位。

三大诉讼法对于司法程序作出了清晰的规定,这将为实现司法公正与效率,促进司法程序公正起到非常重要的作用。程序公正的完善和维持需要诉讼参与人、法律职业人员、特别是人民法院认真贯彻落实。法官、检察官以及相关法律职业人员必须牢固树立程序意识,严格按照法定程序办案,杜绝在办案中的随意行为,以程序公正来保障和维护实体公正。因此,作为未来的法律的践行者、传播者、执业者,法科学生必须树立程序公正的意识,坚持程序公正的底线,教师在日常教学和指导学生实践的过程当中,也要注意有意地去塑造学生程序公正的意识。

(5)不可损害当事人合法权益

维护当事人的合法权益是司法活动的主要目的之一,是法律职业人员的工作原则,不损害当事人的合法权益是法律职业人员的底线,所有法律职业人员都要坚决地维护当事人的合法权益,这是建设法治社会的本质要求。

对于律师而言,维护当事人的合法权益是律师的根本职责所在。律师要充分利用自己的专业知识和技能,按照法律的规定尽心尽力地完成委托事项,竭尽全力地维护委托人的合法利益。维护当事人的合法权益要做到对当事人忠诚;要做到对当事人负责,做到勤勉尽责,维护客户利益;要做到保守当事人的秘密信息;要做到不乱收费,不随意承诺等。律师在为犯罪嫌疑人、被告人辩护时,除对人身或国家安全存在重大而迫切危险等情况外,应当优先维护当事人的合法权益。

对于法官而言,法官要平等对待双方当事人,做到公平公正,维护当事人的合法权益。法官不应与案件的审理结果存在利害关系,不应觊觎和谋取当事人的权益,更不应为了谋取私利而枉法裁判,违法执行,对待双方当事人要一致、公平、平等、不偏不倚。法官要牢固树立司法为民的理念,重视群众的诉求,关注群众的感受,做到司法便民、利民、为民。《法官职业道德基本准则》第21条规定:"认真执行司法便民规定,努力为当事人和其他诉讼参与人提供必要的诉讼便利,尽可能降低其诉讼成本。"

检察官要坚持立检为公、执法为民的宗旨,尊重诉讼当事人的人格,保障和维护其合法权益。在司法活动中应当多从当事人的角度考虑,做到客观取证、中立审查、公正判决,按时、保质、保量完成案件办理,尽量减少当事人不必要的诉累,坚持秉公执法,不偏不倚,做到清正廉明,恪守职业道德,自觉接受法律、群众、社会的监督,做到便民、利民、为民、亲民,维护最广大人民的根本利益,服务群众。在此基础上,检察官才能履行好自己的义务,才能做到不损害当事人的合法权益。

(二)法律职业伦理内化和养成的途径

1.加强自我修养

法科学生要加强自我修养,这不仅是为了提高法科学生的专业知识、专业技能,也是其未来从业的基本道德准则。在《法官行为规范》《法官职业道德基本准则》《检察官职业行为基本规范》《公证员职业道德基本准则》等法律条文中都提出了加强修养,坚持学习的具体要求,如《检察官职业行为基本规范》第25条规定:"精研法律政策,充实办案所需知识,保持专业水准,秉持专业操守,维护职业信誉和职业尊严。"法科学生作为未来法律职业的生力军,要加强自我修养就需坚持主动学习,对于法律政策的学习要做到系统全面、与时俱进、深入钻研、联系实际。精研法律法规,坚持掌握基本的法律知识;精研业务,提升自身的专业技能和业务水平;学习法律职业伦理相关内容,提升自身道德修养和职业操守;学习基本的司法礼仪,做到言语文明,举止得体;学习计算机技术、外语应用、网络操作、人工智能文书写作等专业辅助能力,提高自己的综合素质和能力,满足时代和市场的需要。在日常学习中要做到勇于实践、经常反省、做到慎独,不断提升自身的业务水平和职业操守,保证自己的能力能够满足履职的需要。

(1)主动学习

学习的主动性会直接影响学习的效果。法学是一门兼具理论性和实践性的专业,要学好法学需要熟悉大量的法条、案例、论文等,因此学习法学需要学生有强烈的学习兴趣和动机,从而进行能动的学习。主动学习是指学生积极地通过自主分析、实践探索、创造等方法来完成学习目标。法科学生主动地通过课堂听讲、阅读、研究、实践等手段使自己在知识技能、业务水平、道德情操等方面得到改善和升华。法科学生只有主动学习,充分发挥自己的主观能动性才能够在学习中不断地发展自我、完善自我。主动学习不仅体现在学习专业知识上,也要体现在对职业道德的提高上。

如何化被动学习为主动学习,法科学生可以从以下几个方面着手。首先,要培养自己的学习兴趣,转变自身的学习态度。法学是大学专业中体系最为庞杂的专业之一,枯燥的法律条文,各类复杂的法律案件,学生想要真正提高自己的专业能力,必须要培养起自己对于法学专业的兴趣,转变自己的学习态度,这是变被动学习为主动学习的第一步,是前提和基础,这需要法科学生深入体会并发现法律知识的志趣、法律知识的逻辑美,感受法律艺术的乐趣。其次,要明确自己的学习目标,增强自己的学习动力。明确自己的学习目标,更进一步说是根据自己未来的职业定位来确定的,法律职业人员有法官、检察官、律师、公证员等,法科学生要明确自己的学习目标,得先明确自己的职业目标,因为不同的法律职业的职业要求存在一定的差异,在明确职业目标的基础之上,进一步地明确自己在学习过程中具体的目标,增强自己的学习动力。最后,要改变学习方法、提高学习效率。法学专业是最难学的专业之一,法科学生想要提高自己的学习效率必须要转变自己的学习方法,切忌死记硬背,要通过理解学习、实践学习、独立地分析、探索、实践、质疑、创造等方法来实现学习目标,从而提高自己的学习效率。

（2）勇于实践

法律职业道德涉及法官、律师、当事人等法律活动中不同角色的伦理关系，法科学生只有通过实践才能够真正地体会到面对不同角色关系该如何处理，通过亲身经历和实践的方式才能够潜移默化地形成正确的职业道德规范。法科学生在校期间主要的实践性环节包括见习、实习、法律援助、法律咨询、社会调查、专题辩论、模拟审判等。学校要为学生的实践活动提供平台和支持，教师要为法科学生的实践活动提供指导，法科学生自身也应该主动地参与到实践中去，从而树立法律职业道德。

首先，法科学生要利用好学校在法学教育教学中开展的"模拟法庭"活动。模拟法庭是法科学生进行法律实践性学习的重要方式，通过角色划分、案件分析、文书准备、开庭等环节模拟审判和仲裁的过程，让法科学生在模拟庭审当中感悟并学习法律实务和法治精神，有助于学生法律思维方式的培养，提高法科学生分析案例的能力，为培养综合型法律人才提供学习平台，有助于提高法科学生实践能力，同时也利于学生在模拟审判和仲裁的过程中养成良好的法律职业道德品格。

其次，法科学生要积极争取机会，到法院、律师事务所、检察院、仲裁机构、公证机构等部门参与实习实践。通过参加实践开阔眼界，处理好学校教育与社会实践的关系，力求将实践与理论相结合，避免理论与实践两张皮的现象。要以理论为基础，在实践中运用所学法律知识处理具体案件，通过实践加深对法学理论的理解，在实践中提高自己的业务能力，同时在实践中锻炼自己的品格，以期达到提高法律素养和实务水平的目的。

再次，法科学生要积极地为有需要的民众提供法律援助和咨询服务。在为他人提供援助和服务的过程中，法科学生通过亲自撰写法律文书，提供法律咨询，甚至代理一些援助案件，从中积累实践经验，大大地激发学生学习法律的兴趣与伸张正义的自豪感，培养学生的社会道德品质、责任感和使命感。且法律援助和法律咨询服务的对象，通常是无力聘请法律专业律师但又急需法律援助的社会弱势群体，所以通过法律援助和咨询的方式，既可以提高法科学生的业务能力，又可以通过为他人提供援助让法科学生感受到法律从业者的职业道德责任。

最后，法科学生要积极参与法律诊所式教学。法律诊所式教学又称为诊所式法律教学或法律诊所，最早起源于美国。其特点是仿效医学院利用诊所培养医务人员的方式，由专业教师指导法科学生亲身参与法律案件，并实际感受法律争议的处理过程。其目的包括"培养学生的职业道德、职业责任和职业技能,鼓励和支持学生在法律实践中学习法律,在法律实践中获得法律的创造性思维,最终造就既具备法律理论素养、社会责任感,又具备法律实践能力的复合型法律人才"。[①] 法律诊所式教学的教学目标是通过办理真实案件为弱势群体提供法律援助服务,培养学生职业伦理与社会责任感。[②] 法律诊所式教学将指导法科学生参与到实际的法律应用中去,让学生在办理真实的案件中去理解职业的责任感,提升自己的法律职业道德,有利于让学生从职业发展和工作实际运作的角度去思考有关职业道德的问题,从社会的角度去思考法律的价值,从法律的角度去追求社会的公正,从而使法学教育与职业责任、职业道德有机结合起来,培养学生的工作能力、职业道德以及社会责任感,培养学生从实践中学习知识、总结经验和处理难题的技能,这是培养学生良好职业道德的重要手段。例如通过让学生体验律师角色,将学生置于与律师、当事人和法官之间复杂的利益关系之中,让他们在处理实际的法律问题和利益关系时,去领悟法律职业伦理道德的重要性。

(3)经常自省

法科学生要提高自己的职业伦理道德水平,必须经常自省。自省即自我反省,法科学生的自我反省即反思自身的言行是否符合法律职业人员的基本职业道德规范,是衡量自身法律职业伦理道德水平的一种自我检查的方式,能否进行自我反省一定程度上是衡量主体道德修养水平高低的标准。反省不仅仅是反思自己的失误和过错,不仅仅是盲目地追悔和自责,同时也包括对自我的肯定。一方面,通过反省自己的过错、失误,能够帮助主体纠正错误、转变认识、形成正确的观念和言行;另一方面,通过反省,法科学生可知悉自身的优势与长处,对自己有清晰、正确的认识,明确自己在日常学习、工作、生活中的优良品质,更好地去发扬自己的优势和长处,从而进一步突破自己,完善自身。因此,想要成为优秀的法律工作者,法科学生必须要学会自我反省,了解自己的优势与不足,扬长补短,为未来的工作和发展奠定基础。

法科学生进行自我反省时,既可以自身为参照物,也可以他人为参照物。

---

① 陈岚、赵慧:《诊所式法律教育论纲》,载《武汉大学学报(人文社会科学版)》2000 年第 6 期。

② 杨宗科:《构建法治人才培养体系的探索与实践》,北京大学出版社 2019 年版,第 46 页。

以自己为参照物即纵向比较,通过对自身过去和现在的思想、观念、行为等方面的反省,反观自己的思想与行为,知悉自己的优势和不足,保持自己的优点,改正自己的缺点,不断提升自身修养,从而提高自身的思想道德品质,规范自己的言行。以他人为参照物即横向比较,也就是以他人的言行为参照物,发现他人的优点和长处加以借鉴和学习;发现他人的不足,要引以为戒,并反思自己是否也存在这样的不足,有则改之无则加勉,督促主体自觉、主动地注意自己的言行,规范自己的生活,时刻做一个正面、向上的人,保持自己的良好形象。法科学生要通过自我反省不断提升自身的道德修养,成为一个具有高尚道德品质的人,这是法科学生应有的精神面貌。

(4)做到慎独

"慎独"一词出于《礼记·中庸》:"天命之谓性,率性之谓道,修道之谓教。道也者,不可须臾离也,可离非道也。是故君子戒慎乎其所不睹,恐惧乎其所不闻。莫见乎隐,莫显乎微。故君子慎其独也。""慎"本义是小心,即《说文解字》所谓的"谨也",就是小心、谨慎、保持戒备;"独"就是独处,独自行事。"慎独"就是指人们在没有人看管的、独处的情况下也要谨慎,做到自律,不做违反道德的事情,严格控制自己的欲望,自觉按道德规范行事,不会因为无人知晓而肆意妄行。"慎独"是儒家的重要思想理念之一,着重考察个人的道德修养和品行操守,是个人道德品行的最高境界。

法科学生提高自己职业伦理道德水平时,要注重自身的道德修养,一定要做到"慎独"。在一定意义上可以说,如果做不到"慎独",也就无所谓道德修养。一般说来,在群众的注视和监督之下,人们一般会规范自己的言行,但在无人监督时,尤其是在做了坏事也不会有人知道的情况下,部分人对自己的要求会有所放松,甚至任意妄为。然而,真正品行高尚的人,无论在人前还是在人后,总是非常谨慎的,不会由于无人监督就肆意妄行。因此,法科学生要提高自己的道德修养,即使独自一人,无人监督时也要小心谨慎,不做任何有违道德的事,始终不渝地自觉按道德要求行事,不做违法乱纪的事。

法科学生要做到"慎独"就要从"微"处和"隐"处着手。最隐蔽、最微小的东西最能反映出人的道德品行。慎独要从"隐"和"微"处下功夫,也要注重因小见大、因微见著。法科学生作为未来法律事业的栋梁之材,一方面,要防微杜渐。从自己身边的小事做起,恪尽职守,遵守规范,"不因小善而不为,不因小过而为之",避免出现"千里之堤,溃于蚁穴"的情况。另一方面,要做到自觉、自律。不依赖于法律和规范来约束自己的言行,而是通过自己心中的道德来约束自己的言行,无论是否有人监督,无论是在人前还是人后,都要始终规范自己的言行。除此之外,要做到"慎独"必须要严格要求自己,即使在人们不注意或注意不到的地方也严格要求自己,鞭策自己,抵御各种诱惑,按道德行事。

"诚于中",才能"形于外",法科学生作为法治社会建设的生力军,必须做到"慎独",因为慎独的修养方法,诉诸人们高度的道德自律和自觉精神。"慎独"是一种有难度的道德修养方法,能够做到并坚持"慎独"的法科学生,是真正具有高度觉悟精神、品德高尚的有德之人,表明其品德修养达到了至高的境界。

2.把法律职业伦理教育作为法学教育的灵魂

(1)法律院校的法律职业伦理教育应当起到塑造法律职业精神的作用

习近平指出,坚持以马克思主义法学思想和中国特色社会主义法治理论为指导,立德树人,德法兼修,培养大批高素质法治人才。[①] 德法兼修是每所法律院校在培养法治人才中所追求的目标,学生的道德品质提升应当和学生的理论水平提高并重。法律职业伦理教育对于法科学生的职业道德培养具有重要的作用,要着力于培养具有职业道德、有责任感、有自律精神的人。但是,长期以来,法律院校即使是师资条件较好的法律院校,对于法律职业伦理教育的重视程度都远远不够,职业伦理教育不足,这表明法学教育存在一定缺失。笔者针对"我认为学校职业伦理教育成效显著"这一问题进行问卷调查,结果如表 2-3 所示,仅有 26.4% 的法科学生选择"符合",有 9.2% 选择"完全符合",选择"不符合"者占 27.1%,"完全不符合"者 7.1%。可见法律院校的法律职业伦理教育还需在教学方法、教学设计方面不断完善,才能取得良好的效果。

表 2-3 我认为学校职业伦理教育成效显著

	完全符合	符合	不确定	不符合	完全不符合	合计(人)
人数	27	78	89	80	21	295
百分比	9.2%	26.4%	30.2%	27.1%	7.1%	100.0%

法律职业伦理教育与法律职业行为紧密相连,法律职业伦理教育有助于法科学生职业伦理意识的养成,为了提高法科学生的职业道德水平,促进法科

① 《立德树人德法兼修抓好法治人才培养励志勤学刻苦磨炼促进青年成长进步》,载《人民日报》2017 年 5 月 4 日第 1 版。

学生职业素养的全面提升,加强法律职业伦理教育势在必行。"2018 年 1 月底,教育部发布了《法学类专业教学质量国家标准》,法律职业伦理成为各个法学院学生都必须修习的 10 门专业核心课程之一,各大政法院校也陆续开设了专门课程。"①因此,法律院校务必在人才培养体系中开设《法律职业伦理》课程为必修课,必须提升法律职业伦理教育的地位,从各个方面着手发力,完善法律职业伦理教育,并丰富教育教学形式,将法科学生培养成职业伦理意识很强、具有法律信仰的人,努力使法律院系的法律职业伦理教育起到塑造法律职业精神的作用。

首先,完善法律职业伦理课程教育。虽然仅凭法律职业伦理一门课程还不足以将法科学生培养成职业伦理意识很强的、具有法律信仰和法律职业精神的人。但是,这一课程能够让学生分辨某一职业行为是否可行,帮助学生树立正确的、积极的价值取向,帮助学生系统学习和掌握法律职业伦理规范,树立底线意识,从而有助于法科学生做出正确的行为选择。法律职业伦理应着力于三个方面的培养目标:"一是培养学生的问题意识;二是培养学生的伦理推理能力;三是培养学生的伦理选择能力。"②法律职业伦理教师在教学中应以学生为中心,灵活运用教学法,积极引导法科学生勇于自由表达对问题的理解,由此看清学生真实的认知过程,从中发现其存在的认知冲突与价值困境,从而有效地提供智力支持来帮助学生突破认知困难,最终通过真实、切身的学习体验过程,达到深化思维、拓展认知,理解并形成正确的价值取向、法律职业道德。

其次,将法律职业伦理教育渗透到法科学生培养的全过程中去。从教育范围来看,要有意识、有计划、有步骤地对法科学生进行职业道德培养,将职业道德培养渗透到法科学生的课程、实习实践、社团活动等方方面面的活动中去。从教育的时间轴来看,要将法律职业伦理教育贯穿到法科学生从入学到就业的整个学习生涯中去。从教育力量来看,要发挥学校领导、专业教师、辅导员等全校教职工的教育引领作用,专业教师在教学实践中要更加重视对学生进行价值引领和道德培养,将对学生的道德教育融入日常的教学中去;辅导

————————

① 胡晓晖:《中国特色社会主义法治人才培养中的职业道德教育——法学专业教育反思》,载杨宗科主编《法学教育研究》2020 年第 29 卷,法律出版社,第 125～137 页。

② 齐延平:《论现代法学教育中的法律伦理教育》,载《法律科学(西北政法学院学报)》2002 年第 5 期。

员要更加重视法律职业伦理教育的作用和意义,将对学生的道德引领融入入学教育、主题班会、团组织活动等活动中去。从教育方式方法来看,可以通过课堂、讲座、网络宣传、实践活动、社团主题活动等方式对法科学生进行潜移默化的引导,增强学生法律职业道德意识,培养法科学生服务社会的责任感和使命感。

最后,法律职业资格考试对法学教育和法科学生学习侧重点具有十分重要的导向作用,但目前来看,法律职业伦理相关内容在法考中所占比例过少,对于法律职业伦理学习的引导作用甚微。据此,可以增加法律职业伦理知识在法律职业资格考试中所占的比例,在法考命题中增加法律职业伦理相关内容,把司法实践中出现的不当行为、违规行为、违法行为以及犯罪行为作为典型案例来进行考核,强化法考的实践性,以此来引导学校、教育机构、学生个人增加对法律职业伦理学习和教育的重视程度。

具体而言,可从以下思路着手:第一,根据新时代全面依法治国对于培养法科人才的新要求,要全面修订课程大纲,调整课程内容设置,将法律职业伦理内容融入在理论课程、实训课程、实习课程等课程活动中去,全方位、全过程渗透职业伦理教育,促进德法兼修的课程不断完善。第二,将法律职业伦理课程设立为必修课,以此增加学生对该课程的重视程度。第三,法律职业伦理教育须指向学习者(法科学生)对自我行为的评价,实施以"立德树人"为内核的陶冶式教育,有机融合知识技能的专业教育与法律伦理的养成教育,引导法科学生形成正确的价值取向、理想信念、道德选择和行为准则,以期最终实现知行合一。第四,在教学方法上加以改进,增加案例教学的比重,克服灌输式教学的弊端。第五,在教学模式上进行改进,可将法律诊所、模拟庭审等体验式的教学模式纳入教学中。第六,鼓励学生多参与实践,在实践中领悟言行的正误,提升自己的法律职业伦理水准。第七,需要注意的是,法律职业伦理课程授课内容要考虑到法律职业人员的特殊性,要涵盖法科学生的主要就业方向,即法官、检察官、律师、仲裁员、公证员及行政机关的执法人员等。

总之,要多管齐下提升学生的法律职业伦理水准,实现以下目标:第一,通过法律职业伦理教育,法科学生应当了解职业伦理的相关内容,了解法律职业中哪些行为可取,哪些行为不可取,从而作出正确的价值判断和行为选择。第二,能够准确评估并预防伦理风险,面对职业行为中的特定情况,能够分析并判断出其是否会导致自身陷入违背职业伦理的风险,并做好规避风险的计划,对风险进行有效的防控。第三,使学生具有建设社会主义法治国家、服务社会主义法治文明的责任感和使命感,能够投身于法律事业、公益事业,避免成为只关注营销、博取利益的精致的利己主义者。第四,通过法律职业伦理教育能够培养法科学生的职业道德意识,引导法科学生坚定法律信仰,使法律职业伦理教育起到塑造法科学生法律职业精神的作用。

(2)法律职业培训机构应当把法律职业伦理教育作为岗前和继续教育培训的重要内容

目前的法律职业培训机构的主要培训任务和目标是帮助学员通过法考,具有特别突出的应试性,往往比较容易忽视对于学员的职业伦理道德的培养。多数法律职业培训机构属于继续教育的一种,所面向的对象是已经完成学校系统教育,开始从业且负有成人责任的所有社会成员。继续教育是法治人才终身学习的重要途径,是法治人才进行知识拓展、更新、改进、补充以及技能提高的追加教育活动。继续教育是教育现代化的重要组成部分,但是继续教育通常是重理论知识轻道德修养、重考试培训轻实践训练的。

由于法律职业培训机构主要针对的是已经离开学校的社会成员,他们在长期的社会生活中,受市场经济以及不良社会气息的熏染,或多或少会出现一些道德的滑坡现象。道德品质与法学专业修养是法律人才的两个翅膀,二者不可偏废,缺少任何一个法律人才都不能够在从事法律职业的过程中展翅飞翔。法学知识的学习、法律思维的训练、专业技能的培养,在校期间可以进行系统化的培训和学习,且都可以通过量化的标准进行评价和研判。但是对于法律职业道德的培养,不是通过在大学期间的教育就能全部完成,且在大学期间也很难通过一个量化的标准和课程设计就完成这一培养目标。

因此,法律职业培训机构应当把法律职业伦理教育作为岗前和继续教育培训的重要内容。政府要支持重视法律职业培训机构的发展,要引导法律职业培训机构积极地开展法律职业伦理教育,通过相关政策来规定法律职业伦理教育在法律职业培训教育中的比例。加大资金的投入,对于法律职业培训机构的师资结构进行调整,适当增加法律职业伦理教育的教师,不断完善法律职业培训机构的有效机制,促进法律职业伦理学科的完善和发展。法律职业培训机构应将法律职业道德教育和法律专业教学进行有机融合,从而解决法律职业道德教育教学与法律专业知识教学的"两张皮"现象。

第三章　法科学生专业知识的学习能力与应用能力

引　言

朱苏力教授说,法学院的目标应该是使毕业生"能够在无须课堂教授的情况下也能依靠自身的通过法学教育培养起来的素质和基本知识迅速理解和运用新法律。"[①]因此,"学院里的教育任务不应是将一切现存内容传授给学生,而是装备他日后终身自学。"[②]法科学生专业知识的学习能力和应用能力是所有职业化能力中最为核心的专业能力,其他能力都是围绕这项能力展开的,如解决法律问题的能力指向的是在个人或者与其他法律人进行团队协作解决法律问题。反之,通用能力也都带上了法学的印记,具有法律的属性。例如,专业辅助能力目的在于辅助法科学生能更好地获取、理解、吸收法学专业知识,更好地输出、使用、贡献法学专业知识;沟通能力是法学知识能够在社会中应用必要的桥梁和助推器,良好的沟通能力才能使法律人充分履行其职责;自我管理能力能够使法律人更为高效地进行法律活动,它与法律本身的时间性、效率性完全吻合;职业生涯规划能力与职业生涯发展能力帮助法科学生做好全方位的准备,使其将来能够在法官、检察官、律师和法律顾问等法律岗位上成为合格的法律人。

法科学生之所以被称为法科学生在于其拥有法学专业知识,法学专业知识使学习法学与学习其他学科的学生得以区分开来。学习和应用法学专业知

---

① 苏力:《法学本科教育的研究和思考》,载《比较法研究》1996年第2期。

② 何美欢等:《理想的专业法学教育》,清华大学出版社2016年版,第9页。

识对法科学生来讲意义重大。法科学生是我国社会主义法治事业的接班人和建设者,也是未来法律职业化进程的参与者与推动者,社会主义法治事业与法律职业化需要专业化的法律人,这些专业知识的学习主要在大学时代,因此必须学好法学专业知识;同时,社会主义法治事业是实践性的,将所学的法学专业知识在社会实践中进行运用才是法科学生法律生命之所在。另一方面,法学专业知识是法科学生成为未来法律人的职业基础。在整个社会中,法律职业岗位专业度高,资格门槛高,中央和地方各级法院、检察院都需要具有法律专业知识及职业化能力突出的法官与检察官,社会上的公司、单位、个人也需要大量能够提供法律服务的律师或法律顾问。因此,学习和运用好法学专业知识是法科学生迈向法律行业的必由之路。

孔子有云:"知之者不如好之者,好之者不如乐之者。"法科学生学习和应用法学专业知识,不仅仅是初步的知识汇聚与专业生成,更是成为智者、思想者和乐者的通途。法律作为调整社会之中个人或者机构行为的规范,与个人内心的律令,与整个宇宙的法则是同构的。深入学习法律知识,参悟法律背后的哲学、文化之理,向内通向的是更高级的个人境界,更自律的个人生活,更自由的个人生命,向外抵达的是更有高度的存在哲思,更有广度的人文关怀,更有深度的应然指向。法律是有志趣的,法律知识之中存在着逻辑的美感,法律生成于简洁而优雅的逻辑,同时也来自日常生活之中,是事实的演化物,深入学习和熟练运用法律知识能够让法科学生感受到来自逻辑和经验的双重享受,感受法律艺术的乐趣。

一、法科学生专业知识学习能力与应用能力的概念及内容

在正式展开法科学生专业知识学习能力与应用能力的具体内容之前,有必要对其概念和大致的内容框架做一个介绍。我们要提问的是:什么是法科学生的专业知识?如何对这些专业知识进行学习?如何应用这些专业知识?如何才能从学习走向应用?法科学生专业知识的学习和应用之间有什么样的关系?以下逐一简要阐述。

法科学生的专业知识简单而言就是指法学专业知识。那么法学专业知识

又包括哪些内容？从学科的角度讲，是由法学专业必修课程和选修课程组成的。1998 年教育部高教司编写出版的《全国高等学校法学专业核心课程教学基本要求》规定了 14 门核心课程，包含法理学、中国法制史、宪法、行政法与行政诉讼法、刑法、刑事诉讼法、民法、知识产权法、商法、经济法、民事诉讼法、国际法、国际私法、国际经济法。2007 年，教育部高校法学学科教学指导委员会又在原基础上新增了环境法与资源保护法、劳动法与社会保障法 2 门课，形成了 16 门课程的法学核心课程体系。在 2018 年之前，各大高校的必修课程一般就是指 16 门核心课程。2018 年，教育部发布了我国高等教育领域的首个教学质量国家标准，其中《法学类专业教学质量国家标准》重新规范了法学专业的必修课课程体系，引入了"10＋X"分类设置模式。"10"是指 10 门专业必修课，包括法理学、宪法学、中国法律史、刑法、民法、刑事诉讼法、民事诉讼法、行政法与行政诉讼法、国际法和法律职业伦理。"X"包括经济法、知识产权法、商法、国际私法、国际经济法、环境资源法、劳动与社会保障法、证据法和财税法，"X"的门数原则上不低于 5 门。从此高校法学必修课的设置进入原则性与灵活性统一的阶段，原则性只是必须包含 10 门基础必修课，灵活性是指各院校根据办学特色而开设的专业必修课。选修课则是各大法学院根据自身的师资力量，开设的法学分支学科课程或者跨学科课程，选修课取决于学科和教师的研究方向、兴趣，也取决于学生的选择，主要是因人制宜的。例如北京大学法学院的国际法方向，在历史上开过的选修课包括国际贸易法、航空法、海洋法、外层空间法、国际环保法、外交关系法、国际法院、条约法、外国民商法等。

  法科学生专业知识的学习能力是指法科学生就所接触的法学专业知识进行阅读、记忆、理解和创新的能力。法学专业知识内容广泛、纷繁复杂，如何进行有的放矢的学习至关重要，学习能力是法科学生的生命线。同时，"积极学习的能力，也是中国法学教育的一个盲点。"[①]针对法学专业课程体系，我们需要用联系的方式来进行学习，既要对法学学科内部进行分析综合认识，又要借用法律外部学科来学习，同时还要结合个人的兴趣。法学必修课体系中，可以进行数种不同的类型划分，法理学与部门法，公法与私法，实体法与程序法，国内法与国际法等，我们在理清这些分类区分的同时，也要对其进行统一理解。对于法学选修课，可以以大类方向为导向来进行选择，例如民商法方向、诉讼

---

① 何美欢等:《理想的专业法学教育》,清华大学出版社 2016 年版,第 8 页。

法方向、法理法史方向、宪法行政法方向、国际法方向和刑事法律方向等,或者还可以以兴趣为导向来选择,以学科的内容、教师的授课风格、自身的偏好、考试的方式等要素进行判断来选择。另外,法学还可以与其他学科相联系,进行跨学科学习,跨学科主要是两支脉络,一支是与人文社会科学进行结合,还有一支是与自然科学进行结合。

法学专业知识需要学习,更需要应用。但是在学习与应用之间,还有一些形而上的内容需要培养和孕育,这就是法律意识、法律表达、法律思维与法律精神的养成。法律意识,是法科学生对自己学习应用的对象的认知,是对自己专业从业范畴的认知,认识到自己是法律人,认识到社会中法律共同体的存在。作为将来的法律人,法科学生在专业的范围内,甚至于在日常生活中,会有意识或无意识地使用法言法语,通过法律概念、法律命题、法律术语去表达法律的规范性,从而使得自身处于法律的环境之中。法科学生还需要有法律思维,会使用法律推理、逻辑与论证,来发现法律问题,分析法律问题和解决法律问题。在面对理念、实践等的冲突与选择中,法科学生还需要坚持信仰法治、崇尚宪法、德法并重的价值取向。

法科学生专业知识的应用能力是指法科学生将所学的法学专业知识在社会现实中进行实践的能力。法学和法律是经世致用的,徒法不足以自行,还需要法科学生将来的法律人在社会实践中使用和应用。法学理论知识是灰色的,现实实践则是长青的。法学的专业理论知识本身是在社会实践中,通过法律人的理性、思辨、逻辑的运用总结、推导和构建出来的。法学专业知识的适用性和有效性还需要回到现实实践应用中来检验,实践是检验真理的唯一标准,通过实践的方式,法学专业知识得以更新换代和自我更替,保障法学专业知识永远的真理指向性。法科学生毕竟总体上还处于学习期间,无法像真正的法律人直接进行实践。但是这并不妨碍法科学生对将来的实践进行模拟和提前进行实习。法科学生可通过法律辩论赛,论辩法律或者与法律相关的矛盾主题,在辩论的过程中淬炼法学专业知识。法科学生可通过模拟法庭,体会法庭审判的法律程序与流程,试着站在原告、被告和审判者的立场和视角来适用法律。法科学生可通过法律诊所,学习应用法律专业知识,试着写作相应的法律文书,探讨法律策略,磨炼法律技巧。法科学生可通过法律援助,向知法不多的公民进行法律普及宣传,为有法律需求的公民提供法律公共产品。法科学生可直接去法院、检察院、律师事务所实习,真正接触法律人工作的场景,去零距离观察法律人是如何在具体案件中使用法律的,体会法律人的艰辛。

法科学生可练习法学论文写作,试着找到主题,确立问题,运用法律证据、法律说理来论证某一法律命题或者观点。最后,法科学生还可以试着通过结合最新的科技来进行法律创新,例如互联网与法律,人工智能与法律,推动法律的新发展。

二、法学专业理论知识体系的构建

　　法学专业是一门博大精深的人文学科,也是一门随着社会的发展而不断发展,不断涌现新问题、新变化的学科,更是一门需要终身学习的学科。法科学生正是通过法律院校系统的法学专业课堂教学与实践教育的开展,将浩如烟海的专业知识碎片经过不断的思考、反思、整合、固化,逐步构建出自身的法学专业理论知识体系,最后演化成为独有的法律专业素养,而其专业知识的学习能力也正是在这个循序渐进的学习与进步的过程中得以不断的积累、提升与升华。

(一)法学必修课程体系

　　以上我们通过学科的方式了解到法学专业知识的必修课程众多,无论是之前的 16 门核心课程还是"10＋X"的法学专业国标,每门课程代表各个方面的知识,但同时各课程之间的地位、知识体系、体量都不是等量而观的。法学或法律是一个整体,各个必修课程是部分,整体与部分之间存在关系,部分与部分之间也存在着关系,如果要比较清楚地认识各个部分之间的关系以及与整体的关系,通过一定的标准对各个学科进行分类,就能够帮助我们进一步来理解什么是法这个根本问题。分类区分的同时,我们根据哲学对立统一的原理,有时候还需要将不同的区分联系起来看,因为分类区分仅仅是学习的方法,帮助我们更加容易理解,但是社会生活中的实践问题,有时候反而需要联系交叉方得解决。理论上的分类与交叉一切都是以解决社会实践问题为导向的。

　　1.法理学与部门法

　　法理学是法学的一般理论、基础理论、方法论、价值论、认识论和世界观。部门法是除了法理学之外所有法学部门的一个统称,包括刑法、民法、诉讼法、行政法、国际法等。法理学讨论的是法学中的一般性问题和基础性问题,其讨论的问题相对部门法来讲具有高度的抽象性和理论性,法理学所生成的理论可以覆盖所有的部门法学,涵盖法学全域。虽然从效力上讲,宪法更高,从历史上讲,民法最久远,但是从整个法学大厦来看,法理学最基础。如果部门法是法学的身体,那么法理学便是法学的灵魂,它存在于每一门部门法的背后。

法理学与部门法交互,既可以表现为法理学对部门法整体,也可以表现为法理学对单个部门法,例如法理学对刑法。法理学与部门法的关系有数个层面。第一,从抽象性上讲,法理学更抽象,拥有更高的位阶和等级,法理学是部门法的应然,法理学指导部门法。第二,法理学的抽象与部门法的具体,两者相互促进,法理学提供理论,部门法提供案例与实践。第三,法理学与部门法平等,都是学法的分支部门,但是功能不同,法理学更多处理理论问题,部门法则主要处理实践应用问题。第四,法理学为部门法提供批判性反思的动力,部门法的发展需要依赖法理学自身的更新,法理学自身本体论和方法论的更新,带动部门法的发展与革新。

法理学对部门法的作用经常发生在疑难案件中,其通过以下几种脉络对部门法发生作用。第一,法理学作为一种带有效力的法律概念论。一个部门法案件的最终判决需要依据某一门部门法律,但是在此之前还有一个前提性问题是,这个部门法或者其具体适用条款本身是否具有效力,如果具有效力那么自然作为最终判决的依据,如果效力存疑或者可能无效,那么其将影响最终的判决。第二,法理学作为一种本体论。延伸自第一个脉络,一个部门法或者具体条款是否生效,取决于一定的法律标准,如果将法认定为是自然法学,那么具体的规则需要取决于正义等正当性概念,因为法与道德存在必然的联系,如果将法仅仅认定为实证法学,那么部门法的具体条款,就只看其是否符合实证法律体系中的上位法和制定法律程序法。第三,法理学作为一种论证裁判的方法论。一个部门法判决为什么此判决,最终是根据何者做出的?一种现实主义的法学裁判理论认为,法院法官判决与一系列围绕法官的现实因素相关,判决在这一过程中做出;另一种纯粹实证的法学裁判理论认为,部门法判决的结果仅仅与理由、论据、推理过程相关。第四,法理学作为一种伦理论。一个部门法的判决到底是要考虑什么才是正当的?功利主义是一种结果导向的法伦理论,其认为只要符合最大多数人的最大利益,那么判决结果就是正当的;另一种是义务导向的,其认为只要遵守符合普遍道德性的义务规则,那么判决结果就是正当。第五,法理学作为一种法律推理。一个部门法案件中,如果没有具体的裁判依据条款,那么就需要从已有的规则或原则中进行推导,当追寻立法者原意或者立法时法律的本意时,会产生两种推理:一种是如果没有相反禁止,就应当被推定为可行;另一种是如果没有授权,那么就必须推定为不得行动。

2.公法与私法

公法与私法的区分,历史悠久,最早源自罗马著名法学家乌尔比安,认为公法是规定国家事项保护国家利益的,而私法是规定和保护私人利益的。公法、私法之分,对于改革开放之初的中国意义重大。中国需要建设有中国特色的社会主义经济体制,中国经济逐步从计划经济走向市场经济,因此需要对市场经济相关的法律和法学有比较深入的了解,了解其特性。通过研究公法与私法的区分,帮助中国科学合理地建立市场经济的法律体系。

公法与私法之间的划分,除了乌尔比安的利益说之外,还有意思说,即认为规范国家与公民不平等者之间、规范管理者与服从者的意思的法律是公法,规范权利平等公民之间具有对等意思的关系的法律是私法。第三,主体说。即认为法律关系的双方或者一方是国家或者国家授予公权力的主体的法律为公法,法律关系双方是私人或私人团体的法律是私法。第四,关系说。即调整国家机关之间、国家与公民之间的公权关系的法律是公法,调整公民之间或国家与公民之间的民事关系的法律是私法。①

公法与私法进行区分,最主要注意的是两者遵循的原则是不同的。其一,维护利益的重心不同,公法倾向维护公共利益,以公共为优先,私法倾向维护私人利益,以私人利益为优先。其二,调整的关系不同。公法调整政治权力划分关系,调整宪法关系和行政关系,私法调整民商事主体之间人身关系和财产关系。其三,权所指向的对象不同。公法指向的是权力,公法与权力之间的主要关系是赋权和限权,权力具有天然的扩张性。公务员领域有一种说法:绝对的权力导致绝对的腐败。因此权力必须要由法律来赋予,并且规定其行使的条件。私法指向的是权利,法律与私法之间的关系主要是确认和救济。有权利必有救济的格言,意味着权利是容易被侵犯的,当权利被侵犯时,必须要有一系列的实体法律和程序法律来保障权利。其四,奉行的理念不同。公法奉行政府管理和干预的理念,其中为了公共利益而产生强制性,是比较刚性的,例如刑法和刑事诉讼法中杀人罪必须要提起公诉,而不得私了。私法则奉行

---

①　刘兆兴:《公法与私法》,载《中国人大》1999 年第 5 期。

意思自治,最大限度允许当事人进行自由选择,自由变更,自由决定,以达成合意为优先,属于个人自治。其五,遵循的逻辑推理不同。公法遵循法无授权皆禁止,例如刑法遵循罪刑法定原则。私法则遵循法无禁止皆可行,私法中的权利本身构成一种权源。①

要注意的是,公法私法的区分,是为了通过了解各自的特性,公法主要包括宪法、行政法、刑法、程序法等,私法主要包括民法、商法、知识产权法等。但是,两者的划分不是绝对化的,并且在不少主题上呈现出公法私法化和私法公法化的融合特征。我们也不应当僵化地应对,某些事项既包括公法的属性,也包括私法的属性,例如劳动与社会保障法。

3.实体法与程序法

实体法是规定法律主体权利与义务的法律,程序法是保障法律主体权利与义务得以实现的法律。最早提出实体法与程序法区分的是 19 世纪的著名哲学家法学家边沁。边沁认为法律是实现社会控制的工具,实体法是直接工具,程序法则是保障实体法实现的间接工具。他还指出,程序法的唯一正当目的,是最大限度实现实体法。边沁帮我们把程序法与实体法区分开来,同时也指出了程序法与实体法的一种联系。②

以程序法的性质为聚焦点,实体法与程序法之间的关系有不同的观点。第一,程序工具论。正如边沁所指出的,程序法相对于实体法来说是一种辅助法,是帮助实体法的规制内容得以实施的法律工具,如果说实体法是主体的话,那么程序法被视作让主体活动的方式。第二,程序优先论。有学者认为在历史上程序法早于实体法出现,逻辑上实体法必须通过法定的程序规定方才得以制定,所以程序法在某种程度上优先于实体法。第三,程序至上论。程序至上论者主张程序法是完全独立于实体法的,具有程序正义的独立价值,司法公正的生命就在于程序正义。只要符合了程序正义,那么结果都应当是正义的。第四,程序形式论。程序形式论认为实体法是一种内容,程序法是一种形式,程序必须要通过一种形式体现出来,形式必定是有内容的,所以两者相辅相成。

我们要破除两种妨碍正确理解程序法与实体法关系的倾向。一种是"重

---

① 黄金桥:《公法与私法初辨》,载《湖北行政学院学报》2002 年第 6 期。
② 李晓春,杨玉洪:《程序法与实体法关系的法理学评析》,载《长春市委党校学报》2001年第 6 期。

实体、轻程序",无论是程序工具论还是程序形式论走到极端都可能将程序法次要化甚至边缘化,程序法的地位变得可有可无。另一种是程序至上论,强调程序法是法律的中心,实体法受到程序法的支配,实体法就会弱化甚至于虚无化。

应该说相对于法律整体来说,法律的司法功能要能够实现,实体法与程序法两者缺一不可,两者之间是相互依赖互为条件的,两者也是相互作用相互渗透的。一方面,实体法决定程序法的性质。刑法需要的程序法是刑事性质的,刑法保护的利益最为重要的一个面向是社会的公共利益,所以刑事程序法当事人一方是公诉方,公诉方代表国家或地方的整体利益。民法需要的程序法属于民事性质,民法主要是平等主体之间的,所以民事诉讼的双方当事人地位是平等的。行政诉讼法当事人双方是行政管理人与被管理人,体现了行政法管理性质的一面。另一方面,程序法能够提供保障和限制作用。实体法规定相对社会主体的行为来说是抽象的也是有限的,社会实践则是纷繁复杂的和无限的,程序法通过裁剪社会现实,创造一个司法空间,使得实体法能够对接社会现实。程序法对实体法在一定程度上也形成限制,例如非法证据排除规则,如果确定是非法证据,那么其将无法为相应的实体问题提供证明力,也就意味着某些实体性法律无法适用。

4.国内法与国际法

国内法是相对国际法来说的,国际法是主权国家之间的法,国内法则是国家主权范围之内的法,主权既是国际法与国内法之间的界河,同时也是国内法与国际法之间的桥梁。国际法是调整国际法主体,主要是国家之间关系的规则、原则与制度的总称。国际法通常包括国际公法、国际经济法与国际私法。国际法与国内法具有重大的不同。国内法中具有统一的立法机构、统一的行政执法机构、具有强制管辖权的法院体系。国际法中国家既是立法者,同时也是执法者,更是执法的对象。国际法中不存在完全超越国家的立法机构,也不存在统一的具有强制执法力量的行政机构,国际法中的法院不具有强制管辖权,法院的管辖一般必须是由主权国家以某种方式接受的。相对于国内法作为"硬法"来说,国际法是"软法",特别表现在国际法的执行上。

国内法与国际法的关系,主要分为两种大类的学说。一种是一元说。一元说认为国内法与国际法都是法,作为法两者的性质是相同的,都属于同一个体系,国际法在国内的适用不需要进行转化。一元说中还存在着两个区分,一个认为国内法优先于国际法,国际法是国家国内法的延伸,国家主权意志的自我限制;另一个认为国际法优于国内法,国际法的效力根据最终来自国际法。一元论过于重视理论构建,忽视了现实社会中国际法与国内法之间的重大差异。另外一种学说是二元说。二元说认为国内法与国际法是两个体系,两个体系主体不同、立法者不同、规范的对象和关系不同、执行方式不同。国内法是国家主权单个意志的表现,国际法是国家主权集体意志的表现,两者之间相互分离,互不隶属。二元说中有刚性的版本认为国内法与国际法是完全分离的,柔性版本认为两者虽然分离但是联系密切。

事实上,国内法与国际法之间的关系,既体现了一元说的内容,也体现了二元说的内容,是一项综合的关系。第一,首要和首先的原则是,国家不得以其国内法为借口违反国际法义务,这就意味着国际法的效力总体上是优于国内法的,同时国家不得以其国内法取代国际法强加给其他国家;第二,国际法不能任意干预主权国家的国内法和国内管辖事项,但是随着时代的变迁,有的纯粹国内管辖事项会变成国际国内的共同管辖事项,比如人权法,一开始是国内法,第二次世界大战之后逐渐成为国际法。第三,有不少情况下国际法规定一般原则,具体内容则交由各国在国内法自行规定。国际条约法规定,必须有国家的有权代表机构方得有权缔结条约,那么何者为有权代表机构则各国的规定各不相同。第四,国际法可以要求国家就某些内容进行国内立法。例如关于反恐的国际条约中,存在着一些条款,要求缔约国在其国内立法将恐怖主义作为刑事罪行。第五,当然国内法在国际法中也是具有某些直接作用的,国内法可以成为一国的实践证明,国内法也可以作为一般法律原则的载体,构成习惯国际法或者一般法律原则。

(二)法学选修课

法学选修课是指法学必修课程之外的所有涉及法律的课程。必修课与选修课之间并不存在绝对的区分。在 16 门核心课程时代,核心课程成为划分必修课与选修课的标准,核心课程一般都是必修课。2018 年改革之后,"10+X"模式中,10 门课属于固定的必修课,X 意味着在规定的某些课程中各个学校需要选择至少 5 门成为必修课,所以各个学校的必修课与选修课因为各自培养的特点不同会有所不同。

法学选修课的设置与学校和学院的特色、教师的特长兴趣、学生的特点倾向相互关联。学校和学院是影响选修课的最重要的因素。其一,民族类的高校,其法学院虽然规模不大,但是涉及民族方面的法学科目则独具特色;其二,军队院校的法学院中,军事法学特别突出,这是其他普通院校法学院一般不具备的;其三,航空等理工类院校,航空法或者知识产权法等涉及理工学科的法学师资和研究力量比较强大;其四,有些综合类院校,法学专业与其他专业尚未完全分离,形成法政学院、文法学院等多专业学院,选修课的设置受到其他专业的影响。教师的特长兴趣也直接影响选修课的设置。有的教师有多学科的背景,就倾向于开设交叉学科的课程,例如娱乐法,电影与法律,建筑与法律等,有的教师对具体的司法案例有浓厚的兴趣,就会开设民事、刑事、国际法等司法判例课程。学生的特点倾向也影响着选修课的开设。选修课的开设一般要达到一定数量的学生听课始得开设,所以有时候学生的选择决定着一门选修课是否能开设成功。另外,留学生和交流生多的院校,多会开设众多中国法的选修课程,帮助留学生了解中国的法律体系和具体法律规定。

学生在选择法学选修课时,一般有两种导向。一种是以兴趣为导向进行选课,学生可以结合自身的兴趣、倾向和爱好,通过过往上课的情况,探听上课教师的风格、对课程的要求,以及考试考核的方式,对教师的资历、能力、讲课专业度、授课吸引力等诸多要素做出评判,选择要上的课程。这种导向能够最大限度地激活学生的积极性和自愿性,使得学生更加愿意上课,更加能够集中注意力听课,能够在课堂上比较好地与教师进行互动,产生良好的教学效果。但是这种选课方式的缺点在于可能走向极端,导致学生选课往往选择考试最为容易、要求最为宽松的课程,使得课程本身的内容很有可能被忽略。这种选课方式另外的一个缺点是,学生选课的任意性,会导致学生知识的碎片化,缺乏整体性。另外一种选修课的方式是以法学方向为导向进行选修,学生自愿选择某一个法学方向,然后该法学分支学科方向包括一组法学选修课,学生必须每一门都进行修学,或者学生必须在该方向的法学选修课中选择数门课程进行选修。这种选课方式能够帮助学生较为系统地学习某一分支学科,为将来进一步深入进修或者成为某一领域的专家打下坚实的基础。这一选课方式优点突出,但是同时局限性也比较大。

通常各高校情况不同,随着本科、硕士、博士的情况不同,设置的选修课和学生的选修方式也不同。一般而言,都是以上两种导向选课方式的综合。本科阶段,可能更加倾向于让学生以兴趣为导向进行选课,尤其是高校中的特别实验班,往往会提供最大限度的选择范围,甚至有的高校会允许法学本科生选修理工科课程。进入研究生、博士生阶段,有了专业方向的要求,多以方向为导向来让学生选课,多数学校的法学院会设置专业限选课,使得学生必须选择某些方向的某些学科,当然同时也会考虑兴趣选课的空间。所以法科学生比较好的方式是,结合将来的就业,将以兴趣为导向选课与法学方向为导向选课结合起来,做出最有利于自身的法学选修课选择。

(三)跨学科——法学与人文、科学的交叉

法学到底是一门怎么样的学科或者说到底应该成为一门怎样的学科,这个问题一直困扰着法学家们,关于这个问题的争论历久弥新,经久不衰。具体而言,要提的问题是:法学属于人文还是科学?或者法学与人文、科学有什么样的关系?从历史上来看,法学脱胎于哲学与政治学,毫无疑问与人文同根同源,近代借助自然科学兴起的东风,法学家们努力为法学设立独立的科学体系,将法学从哲学中独立出来,由此法学独立并发展壮大。在法学发展壮大的过程中,形成了人文和科学两股张力,客观性与主观性在法学中相对对立。

事实上,在我国目前法学通常被归为社会科学,既非完全的人文学科也不属于自然科学,应该说法学兼具人文与科学两种特性,所以在各大高校的高考招生中,法学属于文理科都可以报考的学科,统招文理科方向的学生。法学发展的过程是从人文化走向科学化的过程,当然,法学的最终走向不可能完全变为自然科学,同时法学也再也无法回到人文的时代。但这并不代表法学不可以同时具备人文性与科学性。法学的人文性表现在道德、伦理、艺术、美学等通过一定的方式渗透进入法学中。法学虽然与道德不同,但是法学之中,主张自然法的学者认为法学与道德存在着必然的联系,正义、公平和公正以价值的方式存在于法学之中。

柔性主张实证法的学者亦认为需要自然法的最低限度内容,包括人的脆弱性、大体上的平等、有限的利他主义、有限的资源、有限的理解力和意志力。法学的科学性在于法学试图与人文完全分离,例如强调法学的无涉道德性,认为法学完全不与道德发生联系,或者仅仅是偶然的相遇。另外,实证法学家或法社会学家们也力图使用自然科学实验、田野调查的方式来对法学现象进行定量研究,谋求对主观要素的剥离。

法学的人文与科学两个面向是相互作用的。采用科学的定量研究,其实不能完全离开定性的考量,定性的考量中交汇着研究人员的价值偏好、前提假设、本体论认知、方法视角,这些与哲学、伦理学等人文学科等密不可分。相反,在法学涉及人文的定性研究中,也不能缺少事实举例,案例研究有时候涉及事实调查,有时候涉及案例众多,需要使用数学统计的方式来确认事实真

相,为定性研究提供材料。两种力量作用之下,法学向内部和向外部两个方向拓展。一种是促使法教义学的成熟与发展,另外一种是法学与其他社会科学交叉,形成法经济学、法社会学、法政治学、法人类学等交叉学科。

三、法律意识、法律表达、法律思维与法律精神的 养成(浸染)

对于法科学生来说,法学专业知识或者法律专业知识,都是一种外在的知识,学习外部知识的最终指向是要进行外部应用,但是从外部知识的学习到外部知识的应用之间还存在着一道鸿沟,想要跨越这道鸿沟,就意味着要对外部知识进行内化。也就是说法科学生通过对法学专业知识的学习及学习能力的提升,构建系统的法学专业理论知识体系,并将法学的外部知识内化为法律意识、法律表达、法律思维和法律精神,经由这四项内化,法科学生与法律开始保持同一,为输出应用打下基础。法科学生专业知识的完全获取与呈现,一般经历三大阶段:学习、内化和应用。三大阶段缺一不可,相互连接。

(一)法律意识

1.法律人

随着法学专业知识的学习,法科学生逐渐将自身与学习其他学科的学生区分开来,法科学生作为人会形成一种法律的标签,被称为法律人。当然,相比真正社会中的法律人来说,法科学生还只是初步的法律人,还处于学习的阶段中。法科学生要成长为法律人,进行法律执业,一般需要通过法律标准考试。在中国,这个考试之前称为"司考",2018年新的《国家统一法律职业资格考试实施办法》颁布后称为"法考"。

法科学生在学习中初步的法律意识已经生成,这种初步的法律意识意味着法学学生的自我认知和自我规范。法科学生会认识到,他们学习的是法律知识,不同于伦理学知识、政治学知识。他们认知到法律不但是有外部强制的,而且也有内部承认。法律是社会控制的手段,是一种事实存在,而法律人是其中的实践者。法律人让法律得以在社会中运行,产生实效。他们同时还认知到,法律是一种规范,带有应当性与应然性,法律规定某些行为可行,某些行为不可行,也规定违反这些行为的人需要被制裁,承担某种后果。法律的规范作用实现形成了一种指引,法律人因为更为清楚法律的性质与前因后果,所以会更好地遵守法律,甚至模范地遵守法律。

法律人与非法律人既有在区分,又产生联系。法科学生或者说将来的法律人,在社会生活中,其中一个面向,是会通过法律知识与其他专业知识背景的人进行沟通,这种过程使得非法律人在日常生活也逐渐获得琐碎的法律知识,非法律人会将法律人奉为法律专家,并且在有意识或者无意识地向法律人学习法律知识,这种交流使得法律人完成了法律知识的传递。

2.法律共同体

法科学生不仅仅是个体,更是一个群体。而社会中的法律人由多种法律职业汇聚而成,是一个法律共同体。在中国法律共同体的职业一般包括,法官、检察官、律师、公证员、法律类仲裁员,公务员中从事行政处罚决定审核、行政复议、行政裁决、法律顾问的人员,另外还有法律顾问、法律宣传者、法律研究人员等。法律共同体内部之间的从业人员相互之间存在着法律话语和法律主题之间的共振,法律意识在这种共振中相互回应。

法律共同体是法律意识在社会中的具象化存在,它相对法律人的认识来说,是一种更高级更为复杂的状态。法律人与非法律人相区分构成外部交汇,法律共同体则形成了法律人在法律场域内的内部交融。法律是实践的,法律体现在社会中真实的案件上。一个刑事案件会涉及律师、检察官和法官三种法律职业,如果是公司或企业的刑事案件还可能涉及公司的法务。以刑事案件为例,检察官负责公诉,律师负责辩护,法官负责审判,适用刑法与刑事诉讼法。判决之后,如果有罪,被剥夺人身自由,还涉及司法部所属的监狱执行。这一过程中,各方都在理解法律和应用法律,法律在各方之间运行,法律意识在不断得到体现和强化。

(二)法律表达

法科学生内部之间、与法律人之间、与非法律人之间进行的沟通与交流,它是以法律表达为基础的。法律表达赋予了这种沟通和交流的外部特征,使得这种特色可以被非法律的第三人明显观察到。法律表达可以分为微观、中观和宏观三个层次,包括法律概念、法律命题、法律话语。

1.法律概念

法律概念是对涉及法律的主体、行为、事实、状态等凝结而成的术语。法律概念有两种来源,一种是来自日常生活,例如国家,日常生活中国家是一个带有政治和情感的词语,在法律的语境中,国家是法律的行为主体之一,具有相应的权利、义务与职责。另外一种是由法律人之间创设的,例如法律人格,法律人格与社会生活中的某些行为者联系起来,赋予这些行为者法律权利能力与法律行为能力。

法律概念与日常生活中概念存在着密切联系,但也有着本质性的区别。法律概念是带着自我规定性的,法律概念总是与法律的权利、义务和责任结合在一起,它使得法律概念是带有法律性质高度专业化的。例如大陆架这个日常海洋地理概念,主要是指大陆向海洋的延伸,考虑的是地理形态和地质等因素。但是海洋法中大陆架首先要考虑的是海洋法规定的限制,《联合国海洋法公约》规定大陆架的界限是从各国的领海基线起算 200 海里;其次,海洋法中大陆架主要意味着沿岸国与非沿岸国之间的权利、义务区分。

法律概念可以有很多种分类。其中比较重要的一类是根据性质的不同,法律概念可以分为描述性概念和规范性概念。描述性法律概念是对法律的人、事、物、时间、地点、行为等进行描述的概念,例如公民、法人、代理人、破产、交易、贪污、受贿、动产、不动产、起诉期限、受理期限、法院地、居住地等。描述性概念的意义在于明确法律或者法律事实是什么。规范性概念是对主体的行为进行规范的概念,例如禁止、许可、授权、合法、非法、违反、犯罪、惩罚、预防等,规范性概念在于确立某些行为可行,某些行为不可行,如果违反法律那么便会引起相对应的惩罚性后果。

2.法律命题

法律命题是命题的一种。命题通常是指对两个概念之间关系进行的判断。法律命题是一种人为建立或者人为理解接受的应然联系,法律命题通常不涉及真假。举例而言,太阳从东升西落,太阳从西升东落,这两个便是涉及真假的问题,前一个为真命题,后一个为假命题。真假意味着可以依据某一客观规律来裁定太阳与升落之间的关系,这种客观规律判断标准则是通过数学、实验等方式获取。法律命题则是将两个概念通过人为的方式连接到一起,这种人为的方式不是客观的规则,而是一种法律程序。经典法律命题的例子是:杀人者偿命。这其中杀人与偿命之间被应然地联系起来。之所以称之为应然,是因为在现实生活中,杀人并不必然出现偿命的自然结果,只是在法律被遵守或实施的范围内,这两者形成一种连接。

法律命题是一种应然命题,法律命题的建立标准是人为的,所以法律命题具有主观性和相对性。相比真假命题的客观标准,法律的通过程序是人为设定的,一部法律的创立,需要有权的立法机构以一定的程式和投票比例通过。这种人为设定可以选择多重联系,设定本身也是可调整和可改变的,或者不同国家有所不同。一个国家可能不同时期的法律命题规定有所不同,各国的法律命题规定也可以不同。当前我国《刑法》第 232 条规定"故意杀人的,处死刑、无期徒刑或者十年以上有期徒刑;情节较轻的,处三年以上十年以下有期徒刑"。故意杀人与死刑、无期徒刑、一定期限的有期徒刑相互联系。在废除死刑的国家,无论是故意杀人还是其他杀人,杀人都无法与死刑相联系,因为这种联系已经被人为切断或者消除了。当然废除死刑的国家也可以恢复死刑,重新将杀人与死刑联系起来。

法律命题还经常存在着不确定性。法律命题的价值取向虽然是追求确定性,但是由于生活实践的千变万化,所以往往命题中的概念可能存在模糊性,命题中判断也可能因为引入更多的判断因素导致所建立的联系可能不完全确定。继续以杀人罪为例,通常情况下,符合故意杀人要件可以与以上三种结果进行相互的应然联系,但是还有可能因为某些原因阻断这种联系,例如正当防卫和紧急避险。我国《刑法》第 20 条正当防卫规定"为了使国家、公共利益、本人或者他人的人身、财产和其他权利免受正在进行的不法侵害,而采取的制止不法侵害的行为,对不法侵害人造成损害的,属于正当防卫,不负刑事责任"。故意杀人罪原本仅仅考虑行为与惩罚之间的关系,引入正当防卫后,则还需要考虑行为的理由,侵害行为的时间等要素,使得原本简单的应然联系变得复杂而不确定。

3.法律话语

法律话语是围绕某一概念或者某一命题进行法律言说或者言说的过程。话语可以只是单一的概念,例如民法的平等原则、自愿原则、公平原则、诚信原则;可以是组合型或者复合型概念,例如刑法的罪刑法定原则、国际法的和平共处五项原则;可以是一项单一命题,例如国际法中的单边人道主义武装干涉的非法性;也可以是结构性命题,例如人类命运共同体与国际法的发展。话语相对于概念和命题,更具有多样性、包容性和开放性,但是法律话语并非一种泛泛而谈,而是有一定核心概念、核心命题、核心主题,并且围绕这一核心或者对象展开的。

法律话语自身带有自我阐述和论述的属性,同时蕴含在中心——延展的结构中。一方面,法律话语有一个中心或者核心,可以向外表达,使得外界能够立即了解到谈论的对象,甚至把握到讨论的关键点。另一方面,这个中心,无论是主题、概念、命题或者其他都有其特有内涵与外延,它可以是分析的,可以是综合的,可以是比较的,可以是联系区别,也可以是比喻的或类比的,通过这一过程形成一种论述或说明。例如单边人道主义武装干涉的非法性这一话语,必定会涉及考察单边人道主义武装干涉的法律依据,比较违反禁止使用武力原则的其他情形,分析哪些行为称之为单边人道主义武装干涉等。

(三)法律思维

法律知识或者法学知识不是一种碎片,而是一种通过法律逻辑内在融贯的知识体系或者知识系统,这种知识体系虽然外在的表现为概念、命题和话语,但是其内部是相互联系的,并且形成一种框架。得出一个法律结论,或者说得出一个"正确"和"正当"的法律结论,需要有法律的思维和法律的方法,需要法律人在其脑中对已有的法律要素按照一定的标准和规则进行组合,通过推理、解释和论证最后达到结论,这种思维过程是逻辑的、阐释的和思辨的。

1.法律推理

法律推理是法律逻辑在相关法律问题上的应用。法律推理总是有一个大致的框架就是,一个事实 A 经过一个法律规则或原则 B 达到一个法律结论 C。通常而言,法律推理包括两种:一种是形式逻辑推理,还有一种是实质逻辑推理。两者的区别在于形式逻辑存在一个逻辑上可见的简单框架,绝大多数案件或者说简单案件、普通案件都是由形式逻辑处理的,而少数案件或者说疑难案件、特殊案件则必须进展到实质逻辑,用更复杂、更深刻的逻辑方式来进行连接。形式逻辑推理和实质逻辑推理之间不是相互分离的关系,而是一种进阶关系,所有案件的出发地都是形式逻辑,当形式逻辑不够深入无法解决问题时进阶至实质逻辑,实质逻辑帮助形式逻辑达成,最终再由形式逻辑完成法律推理。

法律形式逻辑推理最为经典的是三段论逻辑,即存在着一个大前提法律规则或原则 B,同时还存在一个作为小前提的法律事实 A,大小前提相互联系形成一个法律裁判 C。例如,B 大前提就可以是故意杀人判处死刑,A 小前提为甲犯了故意杀人罪,C 法律裁判结论是甲应当被判处死刑。这种三段论逻辑进一个细分,可以将其归纳为演绎逻辑。演绎逻辑的前置条件是大前提的存在,主要适用于成文法国家。如果是普通法或者判例法国家,那么大前提还需要从之前的案例中概括出来,所以还需要一个归纳逻辑的步骤,不同于演绎逻辑是从一般到个别,归纳逻辑是个别到一般,判例法国家法官存在造法的权力,有权从之前的判例中归纳出一般的规则,然后再形成一个三段落的演绎逻辑。

然后,从社会现实来看,法律推理远远不止是这样一个简单的过程。问题是,法律条款永远是有限的,或者法律条款中的概念和命题永远是有限的,而社会生活中的实践行为是无穷无尽的,也就意味着如果想得出法律裁判结果C,就必须把小前提 A 与明确的大前提 B 对应起来,而疑难案件中往往无法简单地找到明确而精准的大前提 B。大前提 B 可能处于一种冲突矛盾中,从而无法与小前提对应,例如小前提 A 可能对应相应的规则 1 和规则 2,规则 1 和规则 2 之间是矛盾的,或者对应相应的规则 1 和原则 2,规则 1 与原则 2 相互矛盾,或者对应相应的原则 1 和原则 2,原则 1 与原则 2 相互矛盾。这时候就需要更为精深的实质逻辑,或者又称为辩证逻辑。这时候需要法律人依照辩证逻辑,选择 1 或者 2,从而形成确定的大前提 B。事实上,是指实质逻辑之所以与形式逻辑相对,主要是实质逻辑依靠更加抽象的价值观或者某些蕴含在法律概念和命题之后的内容,包括政策、道德、习俗、利益等,最后通过这样推理和选择的过程产生形式逻辑需要的大前提 B。

2.法律解释

关于上述中的大前提 B,在疑难案件中事实上经常需要通过推理来确定,但是即便通过推理指向了某一个规则或者原则,这个规则或者原则到底是什么也是需要阐明和解释的。法律解释也就是对法律的规则或者原则的内涵和外延的说明。法律解释也是法律思维的一种,它要求对适用法律的自我阐明。疑难案件中,为了对应小前提 A,大前提 B 确定的规则或原则往往也是需要解释的,使得大前提 B 的一般性能够明确覆盖小前提 A 的事实。

法律解释分为一般解释和特殊解释。一般解释通常包括:文意解释、关联解释、体系解释、目的解释、历史解释等。特殊解释包括:扩大解释和缩小解释。文意解释是指对该条款的文字、词句、语言结构和上下文进行分析获取其意思的解释。文意解释要特别注意虽然文字也有日常生活中的意思,但是通常法律语言环境的意思是要优先的。关联解释是指解释某一个条款的意思,要通过其相关联的其他条款来进行确定,有时候甚至这些条款并不在同一部法律中。体系解释是为获得某一条款的意思,需要依靠对整部法律甚至某一整个部门法进行解释。目的解释在于以一部法律或者以该条款的立法目的进行解释。历史解释则是如果一个条款意思不明,那么可以诉诸立法的过程中的记录或准备文件。特别解释中的扩大或者缩小解释是指因为社会生活的发展,当下适用涉及该条款的意思已经与之前典型的范围有所不同,那么根据立法目的、宗旨、原则等对该条款的适用范围进行扩大或缩小。

3.法律论证

法律裁判或者法律结论的得出是需要符合正确性、合法性与正当性的。如何达到这一目的或者说如何说一个法律裁判是正当的,需要进行法律论证。法律论证其实包括上述的法律推理和法律解释,当然还不仅于此,还可能论及法律比较、法律与其他社会现象的关系等。需要论证的原因在于,法律裁判和法律结论不是一种论断也不是一种顿悟,而是通过一定的形式、标准、程序来证明出结论。

经典的法律论证的过程就是司法裁判的过程。一方面,法律论证的过程依赖于所有司法过程中的参与者享有共同的法律知识或法学知识体系。能够相互之间进行沟通和交流,能够明白对方的意思,并且对法律概念、命题和话语等都有大致相同的认识。另一方面,作为司法裁判的法律论证是一个多边或者多方的交互过程,包括控方辩方或者原告被告,双方有陈述辩论的过程。在辩论过程中相应的法律适用得以显现出来。最后审判法官在充分了解双方诉求和论证的前提下形成最终的法律论证做出法律判决。法律论证特别是在疑难案件中,往往是在某些共同的基础上,通过矛盾对立统一的辩论,最终得出的结论。

(四)法律精神

在法律人对法律或者法学专业知识的内化过程中,法律精神是最高的一环,也是最高的阶层。法律循环于法律人的身心之中,法律在被意识、在被表达、在被思维,更重要的是法律结晶成了法律人的精神。精神相对认识、表达和思维更为抽象,法律精神蕴含在法律意识、法律表达和法律思维中,同时,法律精神也超越意识、表达和思维,当遇到三者无力触及的困难时,法律精神成为打开大门的钥匙。法律精神一定程度上是法律价值的凝结,是对法本身的一种取向,它主要由对法治的信仰、对宪法的崇尚和对道德与法律的连接构成。

1.信仰法治

法律被信仰首要意味着法治的存在。法治是指"水之治"(rule of law),而非仅仅到"刀之制"(rule by law)。应该说,凡是法律存在都会存在法制。法制的根本在于法律是一种统治工具,强调外部的法律强制力和管理的功能。同时,法制是更加静态化的和实体化的,主要是以制度为基础展开着整个法律大厦。法治则是法律秩序、法律结构和法律状态的更高层面。法治通向法律精神,它要求达成法律主体和法律行为者之间的平衡,如同水面一般。法治中自然蕴含着公平、正义、平等、公正等价值内容。法治追求主体和行为人内心的认同,心中的承认相比外部的强制,具有更加强大和悠远的效果与力量。法制与法治的关系在于有法制,未必有法治,而法治生成,则必定有比较完善的法制。

有格言道:法律必须被信仰,否则形同虚设。这句格言点出了法律生命的精髓所在。法治的存在有别于人治。法治要求整个社会体系是以法律制度规定的规则和原则来运行,并且这种规则和原则是符合该国和该时代的价值的,具体而言行动者按照法律规则和原则规定的权利、义务、责任来行动。在遇到重大争议的时候,最后诉诸既存的法律和整个法律体系。而人治则主要是将社会行动者的行动与争议交由一个个人或者数个个人来做,完全依赖于其个体的决定或裁决,这将导致重大的不确定性。如果该个体或群体是善人与贤者,那么整个社会也许运行更高效,当该个体品德不善、智慧缺乏并且以私利取代公利的时候,整个社会将陷入混乱。法治之中毫无疑问有人的要素,法律需要人来制定、执行和遵守,信仰法治则要求在处理人和法的关系时,法是第一决定者,也是最终和最高的决定者。信仰法治意味着相信法治是优于人治的,能够带来长治久安,能够让人在法律规定的范围内最大限度发挥能动性。

2.崇尚宪法

法律整体是一个系统,在法律系统的内部,是有秩序的。有一种学说认为,法律是一种应当的规范性体系,最低层级的是法院的判决,上一层级是判决所依据的一般法律,再上一层是国内的宪法,法院的判决效力来自一般法律,一般法律的效力来自宪法,每一个下一层级的效力都来自上一层级,最上层级的宪法的效力来自第一个宪法。这种效力金字塔体系理论,得到了法律人普遍的认同,成为默认的知识的一部分。这就意味着上一级法律成为下一级法律的效力来源,也是下一级法律是否合法的标尺,在这个体系中,宪法成为最高层级的效力来源,整个法律体系从下到上指向宪法。

宪法的最高地位得到世界各国实践的普遍承认,我国宪法规定:本宪法……规定了国家的根本制度和根本任务,是国家的根本法,具有最高的法律效力。宪法的最高效力体现在任何与宪法相抵触的法律或者法律条款经过一定程序,可以被宣判为无效,例如我国全国人大常委会可以撤销国务院制定的同宪法、法律相抵触的行政法规、决定和命令。其他国家有采取法院进行宪法审查的模式,其中又分为普通法院宪法审查和宪法法院宪法审查。总体来说,违宪审查权的行使,无论是立法机关还是司法机关,都体现了宪法的最高性,这种最高性要求,立法必须符合宪法,不符合宪法的将承担立法无效的后果。

3.德法并重

道德与法律在现代社会是两种不同的治理社会的工具,前者形成德治,后者形成法治。德治的特点在于主要针对个人的内心,通过个人的自省,从个体的精神内部对个体的行为进行调整。法治的特点则在于主要通过外部的强制,从个体的外部对个体违反法律的行为进行制裁,从而对个体的行为进行调整。道德的程式是通过提高个人的境界,从主动善意帮助他人来要求,道德之治使得社会向善,使得社会向上提升。德治的假定是人心本善,人心仅仅是因为社会中的不善而被暂时蒙蔽了,通过道德的教化,能够恢复本善的人心。教化和教育是道德之治的实现方式。而法律的程式是阻止个人向恶而行,阻止个人在与其他人的交往中危害他人,法治是社会的底线,防止社会走向丛林规则。法治假定人心本恶,只要条件许可任何人都可能违法行恶,法本身也是一种恶,但是是一种必要的恶,法治就意味着以恶治恶。事后的制裁和事后制裁的威慑成为法治的实施方式。

在现实社会中人心是可善可恶的,或者说是本来无善无恶的,可以变成善人,也可以变成恶人,同时人是趋善避恶和趋利避害的。明白了这种基础和前提,就自然明白道德与法律的并列重要性,作为社会的两种治理工具,道德和法律缺一不可。同时,这两者之间的关系是相互渗透、相辅相成和相互统一的。法律应当是成文的道德,道德也应当是内心的法律。国家治理和秩序维护,必须将依法治国和以德治国相结合,形成法治与德治的协力。法治主要由两部分构成:遵守而制裁,而制裁是需要资源来供给实施的,外部的强制,需要强力执法机构,需要费用、人力、设施等,当潜在违法的体量超过或者大大超过制裁的能力,那么法治将会无法实施。所以需要尽量扩大遵守的比例,遵守除了依赖制裁的威慑,更依赖人内心的认同和承认,道德的教化能够帮助法律得到最大限度的遵守。反之,道德的效果也是有限的,在现代社会中,如果服从道德很可能付出某些金钱或者行动的代价,那么往往大多数人会对道德避而远之。而法律能够成为道德引导器,法律可以惩恶也可以扬善,法律可以鼓励人们积极行善,为道德的实现提供良好的后勤保障,可以规定行善的激励措施,可以分摊行善的成本,可以消除行善的后顾之忧。

四、法学专业知识的应用

法律是社会中一种活的现象,之所以称之为活的是因为法律人在创造法、执行法、适用法、解释法,让法如同空气一般在世间充盈。从整体的角度来看,法科学生专业知识的学习也是法律现象的一部分,从过程的角度来看,法科学生法学知识的学习和法律精神的培养,是成为法律人应用法律知识的前阶段,法科学生可以被称之为准法律人,前阶段与法律知识应用的后阶段之间并非完全断裂,可以存在着一个中间的过渡阶段,即法科学生对于法律知识和法学知识的模拟应用阶段。在这一阶段中,法科学生可以是模拟将来的法律工作环境,例如法律辩论、模拟法庭、法律诊所;也可以初步接触现实法律社会,例如法律援助、法律实习、论文写作。这些法律知识的应用,不是截然不同和分离的,它们有不同之处,但是往往也相互交叉,尤其是这些应用实践最终培养的法科学生的专业知识应用能力是共通的。法科学生应当通过以下六个方面的训练与实践,培养扎实的法学专业知识的应用能力,作为未来从事法律职业的重要基石。

(一)法律辩论

法律辩论是就某一法律理论问题或者某一法律实践案例,学生分组依据法学知识进行论辩的过程。法律论辩是不同法律观点之间比较、激辩、交汇的一种形式。这种形式还可以体现在模拟法庭和法律文书之中,也可以独立存在。以单独存在来说,法律辩论可以通过组织辩论赛或者讨论会的方式呈现出来,可以设立某一形成正反观点的主题,或者某一形成多观点的主题,来让不同的学生论证己方的观点和反驳对方的观点。法律辩论的过程最为体现法律逻辑,法律逻辑尤其是其中的思辨是法律的灵魂所在。在思辨和诘辩中,形成矛盾对立统一的过程。法律知识必须在对立统一中才能逐渐自我展开,才能使法科学生真正理解和了解一项专业知识的真正意涵,使法科学生能够从全方面、全视域的角度来全面掌握法律知识。

法律辩论能使法律专业知识真正实现动态化和深化。在学习中,通常法科学生初步接触到的法律知识是静止的和未激活的,学生事实上对该知识的了解仅仅停留在记忆的表面,仅仅记得该知识的名词、语句和似懂非懂的解释。而辩论的过程中,法学知识被激活,知识不仅仅是存在的,而且是运动的,这种运动是以正反两面不断被攻防的方式展现出来,知识如同跳动的字符,闪现着光芒与热量,理解在一种状态中真正得到实现。另一方面,常言真理越辩越明。通过法律辩论,我们将更加接近真相和真理。法律知识在辩论的过程中逐渐细化,一个概念的要素会得到分析,概念形成的命题与其他命题相互关联,学说被不断构建和解构,背后实质被不断挖掘。通过不断交织的论辩,抽象法律知识在与具体的实践相结合之中不断地相互延展,抽象进入具体,具体扩展为抽象。这样对知识的了解就进入本质的层面。

进行法律辩论最基本的模式是,要让学生进行分组,不同组的学生要模拟保有一种自身的知识倾向,形成一种知识观点和知识立场。辩论的过程就是用已有的所有知识,进行组合、分解、联系、反思,捍卫自身的知识立场。辩论的立论而言,需要设立一个论点或者一组相关的论点,然后围绕该论点进行法律论证,可以引用相应的法律条款、之前类似的法律案例、著名法律学者的法律学说、逻辑上的内部融贯,甚至于可以引入道德、伦理和其他学科的比较,来论证论点的合法性与合理性。辩论的反驳而言,反驳者需要了解对方立论论点的前提和假设,努力推翻前提和假设,或者可以拆解论点和论据之间的关系,使得论据无法为论证论点服务,还可以直击论据本身的真实性、可靠性和得出正确性,如果论据本身不正确,是被错误理解的,那么论据自然无法证明论点。

(二)模拟法庭

模拟法庭是法科学生模拟法庭角色,依照诉讼程序进行庭审的模拟实践活动。法庭庭审是法律最为标志性的部分,是整个诉讼程序中最为经典和突出的部分。在法庭庭审中,众多法律因素汇聚到一起。首先法庭庭审是按照诉讼法规则来运行的;其次法庭庭审最终只是实体法的适用;再次法律人在法庭中以法庭角色展开活动,包括法官、律师、检察官、公诉人、书记员等角色;最后普通人在法庭中也将成为法庭角色,包括原告、被告、证人、陪审员或者陪审团等。

一方面,法科学生进行模拟法庭活动是对诉讼法知识的体验和应用。第一步学生应当确定在案件中扮演不同的法庭角色,因为不同的法庭角色承担的法庭任务和法庭功能各不相同,经历的程序也差异较大,拥有不同的诉讼权利和履行不同的诉讼义务。法官具有审判权、检察官具有公诉权、律师具有辩护权、书记员具有旁听并记录的权利,原告和被告具有陈述权,证人具有作证权,陪审员或陪审团有一定的审理权。同时应当设立多个案件,确保学生能够轮换知晓多个角色的权利与职责。我国诉讼法分为刑事诉讼法、民事诉讼法和行政诉讼法三大块,三者虽然有相同之处,但是也有不同的程序规定,学生应当既掌握三大诉讼法共同的内容,又能够区分它们之中的差别。总体来说,诉讼流程,包括法庭调查、法庭辩论、法庭笔录与可能的当庭宣判,其中法庭调查是指对与案件有关的所有证据进行确认和质证的程序。证据包括当事人陈述、证人作证或证人证言、书证、物证、视听资料、鉴定结论和勘验笔录。法庭辩论是当事人或诉讼代理人就有争议的事实和法律问题进行辩论的程序。另外除了一审案件之外,还可以模拟二审或者再审案件。

另一方面,法科学生在庭审中适用和应用实体法知识。模拟法庭如果仅仅是对程序的了解和掌握,就会变成一种表演,使得学生仅仅能记住台词,过了一遍程序,这样的模拟法庭起不到真正的作用。真正的模拟法庭应当是一种实战演练,而不是记台词和知道结果走流程。学生应当像身处真正的法庭一样,需要现场对案件的事实和法律进行真正的认定和辩论。在模拟法庭之前,学生应当仅仅得到一定的案情和相关的证据,然后在模拟开庭开始之前做一定的准备,更为重要的是,根据法庭的程序,当庭进行实体法的攻防审判适用。而且对实体法的适用,不应当简单看结果,应当看过程,这种过程在证据的调查和法律的辩论中体现出来。最终扮演法官或者陪审团的学生需要根据控辩双方或原告被告双方当庭的表现来做出判决,而不是事前就定下剧本。

(三)法律诊所

法律诊所即诊所式法律教育或临床法学教育。法律诊所教育起源于美国,是借鉴医学院的诊所教学而形成的。20 世纪 60 年代,美国法学院借鉴临床医学的教学方法,将真实案件的咨询、代理等法律援助活动引入法学教学之中,称为诊所式法学教学。[①] 2000 年我国七所高校共同发起法律诊所教育,目

---

① 杨宗科:《构建法治人才培养体系的探索与实践》,北京大学出版社 2019 年版,第 44 页。

前已经有近 200 所大学的法学院系成为"中国法学会法学教育研究会诊所法律教育专业委员"的会员学校,法律诊所教育在法学教育中已经广泛展开。法律诊所让学生在代理案件过程中,从实践里学习案情分析、调查取证、法律适用、辩护思路、文书写作等。法律诊所一般是从律师视角出发,从律师接受委托人委托开始,展开一系列的司法诉讼过程。广义的法律诊所还包括庭审部分,而狭义的法律诊所则应对庭审的前阶段和后阶段。

法律诊所中主要涉及指导教师和法科学生,不同于课堂上的知识传授,指导教师通过演示、示范和引导来对法科学生进行指导。法律诊所的指导教师也通常不同于法学院中的理论研究教师,一般是现任的律师,拥有丰富的接案和辩护经验。指导教师的职能在于:第一,演示平常从接到委托人案件开始的整个实践过程;第二,演示与委托人进行沟通交流的方法和技巧;第三,演示如何根据案情确立需要的证据和进行调查取证的过程和方法;第四,确立相关的适用法律和辩护思路;第五,示范写作相应的法律文书。在法律诊所中的学生,如同进入诊所的医科学生必须在临床中学会诊断并开出处方。

法科学生需要在指导教师的示范和引导下,将所学的法学知识与现实案件中的情况结合起来。法律不仅仅是规则和原则所组成的,法律还是一种社会现象。首先,法科学生应当学习如何与委托人打交道,用自身的专业知识和专业素养取得委托人的信任,形成一个相互沟通交流的良好基础。其次,法科学生需要与证据打交道,证据范围的确定和列表、证据的调查和获取,都需要与现实生活中的很多单位与个人联系,要对这些途径、方法和步骤熟稔,并有所心得。再次,法科学生要能够细致分析案情的情节,并结合与委托人及其他案件当事人的交谈,勾画出与整体辩护有关的法律事实体系,每一个事实,每一项细节都必须为最终的辩护目的服务。最后,法科学生需要整理出法律适用与法律辩论的思路,将法律框架结构与案件事实完美结合起来,同时以特定顺序进行呈现和展示在法律文书中。

法律诊所中的法律是社会中的法律,此刻的法律对于法科学生来说有两大特点。第一,法律是一种技术,是有特定的技艺和技巧的,是需要在实践中应用、适用、接触、体会的。第二,从律师视角出发,实践中的法律是存在着立场的,具体的立场即委托人的立场,无论是事实陈述还是法律适用的思路,都必须以有利于委托当事人的角度来推动工作。

(四)法律实习

"'法律的生命不在于逻辑,而在于经验。'"美国法学家霍姆斯这句话影响深远的原因在于,他将'实践'与'现实'当作了法治生命力的源泉,在实践中才能不断宣示法治的尊严和维护人的尊严"。① 因此,法律实习是法科学生在法律专业知识学习期间到社会中法律相关单位对法律相关的工作进行实践演练学习的过程。法律实习与法律诊所有相互交叉重叠的部分,但是法律实习范围更大,涉及方面更为广泛,相对也可能没有那么聚焦。法律诊所作为实践性的教学依然属于法学课堂,主要是律师走进高校课堂进行示范教学,法律实习则相反,是法科学生走出校园走进社会,在社会中法律人的职场进行实战接触。法律实习是一种对法律工作的直接接触,不再是演练性质的,而是正式法律工作的预备状态。

当然法律实习与高校的教学安排也并非完全分离,一般各大法学院都将一定时期的法律实习作为毕业学分要求的一部分,实习的模式有两种,一种是集中实习,高校与某些地方检察院、法院、律所等建立了实习基地,建立起系统的、常规的实习联系;另一种是分散实习,由学生自行寻找实习单位。

法律实习既可以是法学院系学业规定标准要求的专业实习,也可以是假期或者课下学生自愿的法律实习。法律实习的选择,通常与学生的就业和择业产生一定的联系,法科学生选择的实习单位,有可能会提供一定毕业后的工作岗位,或者实习单位基于学生在实习期间的表现可能优先录用。法律实习为实习单位和实习生提供了一个相互接触的过程和平台,为之后可能的相互选择打下基础。

法律实习涉及的单位和场景常见的包括检察院、法院、律师事务所、仲裁机构、企事业单位的法律部门等。不一样的实习单位,带来择业方向的不同。检察院与法院的工作,属于公务员,具有相对的稳定性。法律的视角主要是为国家提起公诉和代表国家行使审判权,站在国家的角度来运用法律达成社会正义。律师事务所和企事业单位的法律部门则相对收入较高,但是需要有明确为当事人服务和为企事业服务的偏向,从捍卫个体诉讼权和救济权的角度来促进社会公正。

法律实习的过程中,学生真正有机会体验法律人工作的状态,能够促进法

---

① 方大丰:《【我在我思】法律的生命在于实践》,载《工人日报》2014 年 10 月 24 日。

科学生心态的成熟。当获取第一手的法律工作经验后,其会形成对法律工作的直观感觉,能够认识到学校中学习的理论法律和生活中的实践法律之间的差异,会体会到法律工作的不易和艰难之处,也会感受到法律工作的乐趣、价值和意义。结合个人的定位和兴趣取向,法律实习尤其是毕业实习,有助于法科学生抉择毕业后从事何种工作。法律实习是法科学生走向法律人最为接近的一道门。

(五)法律援助

法律援助在我国是一项法律规定的制度,我国设有法律援助中心或机构,中心或者机构的法律援助律师为经济困难或特殊案件的当事人提供无偿法律服务。但事实上法律援助的需求远远大于我国社会能够提供的律师法律援助服务,广义上来讲,任何人都可能遭遇纠纷或者权利受损,需要寻求法律援助服务,而且对于法律援助的需求是从浅至深全方位的,从简单法律知识的学习到初步的法律咨询乃至案件的出庭。在此条件下,高校的法律援助中心就显得十分必要,它可以提供初级的法律援助和法律宣传服务。高校的法律援助中心可以对接社会中的法律援助中心,当前已经从纯粹的高校经费辅助转向省级法律援助基金进行辅助,开始将高校法律援助中心纳入社会的法律援助体系。高校法律援助中心主体主要由学生构成,这是法科学生最为接近独立法律人的角色。目前已经形成比较有影响力的高校法律援助中心包括:北京大学法律援助协会、中国人民大学大学生志愿者法律援助中心、中国政法大学青年志愿者协会法律援助中心、中国政法大学准律师协会法律援助中心等。

高校中的法律援助为法科学生提供了独立面对案件或者当事人的机会,也提供了独立主导和负责法律宣传的机会。这是与之前四种法律应用能力锻炼所有不同的,法律辩论、模拟法庭和法律诊所都只是一种模拟的法律实践,而法律实习虽然是真实的法律实践,但是永远只能是"打零工"的状态。高校的法律援助则有所不同,首先它是一项真实的现实法律实践。其次它是一种以学生为主体的法律应用能力实践,如果教师起作用,也仅仅起到后台辅助的作用。最后,来高校法律中心寻求援助的,一般是简单的案件,或者案件的初步咨询,但是这些都是真实的案例。一个案件通常由一个学生或者数个学生负责的环境给法科学生带来极大的历练,负责者如果因为出错或疏漏导致案件败诉,将要担负一定的责任或者负面评价。所以法律援助带来学生法学应用能力的提升包括几项:第一,综合运用法律知识的能力,现实案件不会直接告诉学生是属于哪一个法学分支学科,所以学生要有所判断,并且现实案件一般会同时涉及实体法和程序法,还可能形成刑法和民法的联系,国际法和国内法的交叉,因此要求学生综合运用所学的知识。第二,学生是该案件的独立负责人,这种独立承担责任的压力,将促使负责学生尽可能地谨慎和认真直面来自现实的挑战。第三,虽然很可能是简单的案件和初步咨询,但也需要学生综合运用之前来自法学应用能力培养中锻炼到的能力。

(六)法律写作

法科学生的专业知识的实践应用中还有一种非常重要的形式——法律写作。法律写作是根据一定的要求,将已学的专业知识书面化应用的写作形式。法律写作大致分为两大类,一类是偏向实践性的,主要是法律文书的写作;另一类是偏向学术型的,主要是学术论文的写作。两类都是法律写作,有相互交叉联系之处,法律文书之中必定也存在学术性的说理,学术论文中也会存在对法律文书的分析。但是两者侧重点不同,法律文书更具有格式性,学术论文则更注重论证性。

法律文书是涉及司法的国家机关或者律师、当事人在进行相应的诉讼和非诉讼司法程序的文书。根据主题的不同,可以分为公安机关侦查文书、检察院检察文书、法院裁判文书、律师诉讼文书和非诉讼文书,仲裁机关仲裁文书等。根据性质的不同可以分为民事类,例如起诉状、答辩状、代理书、上诉状、财产保全申请书、再审申诉书等;刑事类,例如控告状、自诉状、上诉书、再审申诉书等;行政类,例如,行政复议申请书、行政诉讼起诉书、行政诉讼答辩书、行政上述书、行政再审申诉书等。这些法律文书都有比较固定的内容框架,通常包括首部、正文和尾部。首部又包括制作机关、名称编号,当事人情况,案由,已有的经过;正文包括案情实施,请求的理由和结果/处理的理由和结果;尾部包括其他事项日期,签署和说明。法律文书的写作必须要包含这些内容,缺一不可。同时法律文书写作还需要遵守一些写作要求。要主旨突出,用语专业,案情陈述清楚有证据支撑,法律说理明确有逻辑。主旨突出,在于必须根据不同的性质写作不同的法律文书,民事类的不得写成刑事类的,检察文书不得写成裁判文书等。用语专业是指法律文书的写作要求使用法言法语,其写作与一般普通非法律文书写作明显区分开来,法律文书之中包含的是法律概念、法律命题、法律论证和法律逻辑。案情陈述清楚有证据支撑,是指法律之中的案情不是当时事实的绝对重复,因为当时间已经过去的情况下,无论如何都无法完全重复,那么案情必定是证据能够支撑的事实,每一项案情必须要与证据对应起来。法律说理明确有逻辑是指法律本身是需要解释的,所以首先需要明确法律本身的含义,其次案件适用哪一条法律或者哪一组法律是需要用逻辑来论证的,通过法律逻辑将案件与适用的法律连接起来。

法律论文的写作是指对法律中的某个实践问题或者理论问题或者两者综合的问题提出论点,并且用论据进行论证的书面行文。法律论文也有大致的内容框架,首先包括问题的提出和介绍相应的背景,其次使用各种论据对问题的具体内容进行说明、讨论、描述和论证,最后提出结论或做出总结。写作法律论文的过程包括如下:第一,选题;第二,做写作准备,收集阅读资料;第三,建立提纲和起草写作;第四,修改定稿。选题是万里长征的第一步,选题非常重要,如果选题出现问题,就可能会导致写作一部分无法再进行下去的情况。选题首先要有研究价值,包括理论价值和实践价值或者应用价值;其次,选题需要联系主题、篇幅等要素来确定,不同的主题、不同的篇幅设计会决定选题的大小范围;最后,选题必须符合法科学生自身的能力,选题是有难易之分的,法科学生必须结合自己的能力和时间来确定选题。写作准备是必要的第二步,法律论文属人文和社会科学论文,一定是建立在前人的基础之上的,即使在某一细分主题之下没有人研究,也需要阅读相关的文献。收集和阅读文献的重要性在于,这些文献将可能作为注释或参考文献,并且文献中的观点可能成为论证的靶子或者增强器。进一步的意义在于,对已有前人研究的了解,可以判断自己的选题是否可行或者具有可操作性。建立提纲和起草写作,由于法学论文要求逻辑的缜密和内部的融贯性,所以建立提纲确立框架和大致的思路方向是必要的,能够帮助学生控制行文的走向,起草写作则是要把具体案件、实践、事实和法学学说、理论、哲学等结合起来,形成一种说理。最后修改定稿在于,论文的写作往往是沉浸入其中的,有时候往往无法识得庐山真面目,推理也有可能出现间隙,且用字用句未必达到精练,所以这些都依赖后期修订。同时,最好是请指导教师或者其他同学来评阅一下起草的法律论文,通常能够发现写作者无法发现的问题,以便修改完善。

第四章 法科学生解决法律问题的能力

引 言

　　承袭前几章的脉络,可以显见,我国法学教育改革的步伐一直在加快,各种现代化的手段与途径也在持续助力。我们的初心与目标仍然是适应新时代中国特色社会主义法治及法律职业化所需的德法兼修之法治人才,因此法科学生的专业能力之一,也是职业化能力核心能力之一的解决法律问题的能力,不仅是社会主义法治体系的应然要求,也是法科学生职业生涯规划与生涯发展的敲门砖,更应是法律院校需要重点培养与提升的现实问题。成果导向的学生能力培养体系主要是以最终学习成果(解决问题的能力)作为目标导向,切实检验教学、实践、考评等各环节,在各阶段显示显性成果或以实践作为检验标准,贯穿教学培养、课程设计的路径、量化、构建、模式以及考核标准等,[①]强调转变传统的"教师负责讲授,学生负责记录"的僵化教学理念,将法学教师的教学能力与学生解决问题的能力挂钩量化,优化制度性结构模式,发挥学生在学习与提升能力过程中的主体作用。

　　纵观中国的法学教育,历来有种普遍观点认定其应为职业教育,但对于职业教育的具体内容仍然存在认识偏差。其偏差简言之,有学者谓之:"紧跟产业分工新趋势的新兴学科空缺,传统学科的理论与实践体系设置远远落后于社会实践;在高度融合的社会分工背景下,法学与交叉学科的互融不足,造成了法学专业学科的空间极差。此类问题将加速导致我国学科体系混乱,学术

---

　　① 钟志贤:《传统教学设计范型批判》,载《电化教育研究》2007 年第 2 期。

第四章　法科学生解决法律问题的能力

评价标准单一,中国在国际社会话语权的逐步丧失。"①培育和提升人才素养是抓手,应用型法律实践操作能力是教育目标,中国特色社会主义法律体系是价值取向,教育教学手段则是教育目标能否达成的关键。理论教学是对法学基础知识的夯实,检验理论学习成果的不二法宝,则是蕴含职业技能的实践教学。提倡专业化、技能化、制度化的量化指标形成实践教学的梯级评价标准,并以此铸造高水平复合型法律人才。② 然而,多年来,以上提及的结构性缺失导致法学学科未能发挥出实践性特征,大多数课程设置中的实践教学环节虚有外壳,学生们也大多不认为这是正式的课程,其考核形式多为各种书面文书材料,表面上看来似乎"高效率、高产出"地完成了法学知识输出,但从用人单位反馈及就业服务质量跟踪体系的对比反馈得知,此模式下培养的学生理论知识应付各类考试尚可,但在未来职场上表现欠佳,法律职业能力后劲不足,实难承担经济社会的"法律重任"。

在这个百年难遇之大变革时代,人民对美好生活的向往逐步提高,而社会生活存在不平衡不充分的发展,这就形成了第一对基础性矛盾;法律制度建设与法治体系虽然也在不断发展,但"人民对于'法治'日益增长的需要和'法治'的'不平衡不充分的发展'又形成了第二对矛盾",③换句话说,人民权利要求体系与发展供给体系和社会法治保障体系之间产生了较大矛盾。④

习近平法治思想是习近平新时代中国特色社会主义思想的重要组成部分,是全面依法治国的根本遵循和行动指南。习近平总书记指出,要坚持顶层设计和法治实践相结合,提升法治促进国家治理体系和治理能力现代化的效能。⑤ 国家发展改革委、教育部等部门联合印发《"十四五"时期教育强国推进工程实施方案》,指出我国高等教育已由数量外扩转变为质量提升,进入以综合改革、结构调整、专业优化、重视实践教学为主要特征的内涵发展新阶段;针对"十四五"时期教育强国建设进行了体系化部署,在高等教育领域明确提出促进高等教育内涵发展、优化人才培养结构与社会需求契合度、区域经济社会

①　张文显:《在新的历史起点上推进中国特色法学体系构建》,载《中国社会科学》2019年第10期。

②　邢国忠:《社会主义法治理念教育研究》,中国社会科学出版社2011年版,第7～9页。

③　姚建宗:《新时代中国社会主要矛盾的法学意涵》,载《法学论坛》2019年第1期。

④　龚廷泰:《人的需要、社会主要矛盾与法治保障》,载《法学》2018年第8期。

⑤　江必新:《贯彻习近平法治思想,提升法制建设效能》,载《学习时报》2021年5月18日A1版。

发展的支撑引领能力的提升建设任务。^①"法学教育的定位首先要考虑社会主义新时代赋予的新使命。"^②

2020年以来,国家治理体系和治理能力遭受了一场来势汹汹的考验——抗击新冠肺炎疫情工作,这不仅是中国共产党在重要历史时期面临的新的巨大任务,也是中国法治建设上升期遭遇的第一次大考。这场考试答题仍在继续,两年多的实践向全世界自信地宣告了中国共产党领导下中国特色社会主义制度的显著特色,也能动地反映出中国法治建设在紧跟社会实践与变革方面做出的努力。然而,在公共卫生领域法治建设、世界医疗法律合作前沿问题研究、国际卫生法律制度研究以及应急法律医护人才储备与培养管理方面还有待大幅的提高,2022年1月曝出的西安在疫情应急管控及接诊病人的重大事故显示出,虽然已有两年的疫情抗击经验,但遇到更大与更高程度的挑战时,卫生应急系统的法律支援系统还存在相当大的空白。因此,在法学学科体系中,急需构建与健全公共卫生应急法律,结合交叉学科联合培养与储备卫生法治专门人才。这体现出法学这门实践学科,这类技能性职业教育,对于整体社会公共卫生应急能力水平、应急法律管理机制等的重大影响作用及社会支撑。^③ 针对这类专业性极强的社会事件,我们的法学教育能否从专业上研究对策,从法律上寻求保障,从人才储备上做到"精准匹配"尤为重要。

因此,全面改革法学教育教学模式,赓续中国传统法学理念精神要义,创新实践教学途径,优化实践教学的价值体系与评估体系,将提高法科学生的职业能力与法学教育内涵化发展挂钩,以实践素养为教育导向,充分实现法学教育的功能性定位。^④

一、法科学生解决法律问题能力的概念与内容

法学教育课程不只是为了传授知识,而应完整达成三个目的:"传授基

① 姜朝晖:《加快推进高等教育内涵发展》,载《中国教育报》2021年5月28日A1版。
② 郜占川:《新时代卓越法治人才培养之道与术》,载《政法论坛》2019年第2期。
③ 蒋玮:《健全卫生法学高等教育体系》,载《甘肃日报·新甘肃》2020年4月28日第5版。
④ 徐显明等:《改革开放四十年的中国法学教育》,载《中国法律评论》2018年第3期。

本法律知识;锻炼学生运用法律规则的技能;教会学生自学法律。"①因此,在中国特色社会主义法律基础知识之上,还应着力提升学生的理论思辨能力以及实践能力,塑造兼具良好的理论素养和较高的实践能力的优秀复合型人才。

美国经济学家 C.K.Prahalad 和 Gary Hamel 提出了"核心竞争力"一说。教育界普遍认为,个人核心能力,是指其具备的独特优势,是通过后天习得而形成的专业竞争优势,该能力能够帮助其尽快适应社会发展需要,并足以支持其在很长一段时间内保持较强的、可持续性的竞争优势。② 随着社会分工的精细化发展,在法律职业人才需求不断加大的同时,另一层面的高新技术竞争(如 AI 技术在基层法院的运用,在证物鉴定比对方面等)激烈化,传统社会分工的部分岗位逐渐消失或有朝向性的转向或并入其他岗位,高等学校培养的法律人才与社会现实需要之间的差距悄然增大,法科学生适应社会,分析和解决问题的能力受到严峻挑战。专业核心竞争力,顾名思义,专业知识和专业技能是应有之义,除此之外,还需具备与职业岗位相匹配的基本能力。国际通用称谓主要有:新职业能力、一般能力、关键能力,其主要包括但不限于沟通表达类能力(含语言表达、外语应用能力、行为表达能力等),应用能力(含数字化应用、创新应用、信息处理能力等),问题解决能力(含自我提高能力、与他人合作能力等)。③

英文中所称法律为 law,学术上又称法律科学(science of law),该学科的主要研究内容,包括但不限于法及与法相关的现象与问题,法律知识和法律理论体系,以及运用法律知识理论解决社会相关问题。与研究内容密切相关的是法学理论源头,即法学思想,其来源于春秋战国时期的法家哲学思想。先秦之"刑名之学",汉朝之"律学",古拉丁语之"Jurisprudentia",均以不同语言与文化背景诠释了法的思想渊源,而古罗马法学家乌尔比安(Ulpianus)指出,法学含涉人与神的事务,是正义与非正义之学说。现代意义的"法学",应着重在研究,此乃研究法律科学的学科。我们认为,根据人类认识世界、改造世界的

---

① 孟彦辰:《美国卫生法课程体系设置及其启示》,载《法学教育研究》2019 年第 4 期。

② 李灵东:《大学生核心能力的构成要素及其培养路径》,载《教育教学论坛》2015 年第 35 期。

③ Zhi zhu, Ze Wang, Study on the Cultivation Path for the Vocational Core Competence of the Application Type Undergraduate, *Advances in Social Science, Education and Humanities Research*, Vol.310,pp.1069-1072.

一般规律,从实践到认识再到实践的过程同样是我们现代法学高等教育的逻辑主线。

拥有交叉学科知识储备的复合性实践能力无疑是现代社会对法学专业学生的职业赋能,也就是前述所谓核心竞争力。该类能力,不仅需要在高等院校习得相应专业理论知识作为基础,更要具备核心竞争力的最关键一环——解决实际问题的能力。Tuominen,Savolainen 和 Talja 提出了著名的假设:信息素养的养成本身就是一种社会技术实践,因此,"知识的养成,工作场所学习和信息分析技术之间的相互作用对于信息素养计划的成功至关重要。"①美国学者 Dennis Kim-Prieto 在此基础上提出了"Law Student Information Literacy"(法科学生信息素养)的概念②,作为美国高校法学教育与培训主要解决的问题,并将其能力素养标准细化为以下几种:第一,必须具备从法律制度和法律信息中遴选知识的能力;第二,必须具备独立且高效过滤、聚焦法律信息的能力;第三,必须具备独立研讨、评估法律信息的能力,且必须为批判性评估;第四,做到以上三点后,必须具备赋能性解决问题的能力;第五,必须具备识别、辨认、区分道德与不道德使用上述信息的能力;第六,必须具备与信息的发现、使用或应用直接关联的法律理解能力。在美英两国,法科学生信息素养已经成为法律教育中一个颇具影响力的概念,它还影响了国际法律研究的指导方针。法律实践能力的培养需要一个系统的、方法论的和元认知的方法,关注与培养法科学生信息素养能力为这种方法提供了基础。随着经济全球化,区域多边体系的不可逆发展,国际法律实践的不断发展,全球治理机制作用的发挥,了解与理解不同法律体系基础知识的能力变得更加重要,法科学生发现问题与解决问题的能力也必须是跨国的。③ 法科学生能力的培养应该是起始于对相关法律制度和法律知识基础的了解,因此,法律教学中能力培养的优劣性

①　Tuominen,K.,Savolainen,R.,Talja,S, Information Literacy as a Sociotechnical Practice, *The Library Quarterly* 75(2005),no.3,pp.329-345.

②　Kim-Prieto,D, The Road Not Yet Taken:How Law Student Information Literacy Standards Address Identified Issues in Legal Research Education & Training, *Law Library Journal* (2011),Vol.103(4),pp.605-630.

③　See Comments on the Significance of Foreign Law in United States jurisprudence offered by Breyer,J.,in Dorsen,N.(2005),The Relevance of Foreign Legal Materials in U.S.Constitutional Cases:A Conversation between Justice Antonin Scalia and Justice Stephen Breyer, *International Journal of Constitutional Law*,Vol.3,Issue 4,pp.519-541,https://doi.org/10.1093/icon/moi032.

直接决定了法科学生的核心竞争力。

　　我国高校法学教育改革虽历经 20 余年,但人才培养模式仍然是制约学生核心能力养成的关键因素。我们能看到的是,现有法律人才仍然存在知识体系融会贯通不畅,法律实践技能薄弱,自主法律思维能力欠缺的现象。因此,要高效适应社会经济的发展,要切实构建高校法学的成果导向教育体系,法学教育教学改革是必经之路,培养法科学生解决问题的能力,即核心竞争能力是延续社会主义法学专业的必然要求,也是中国特色社会主义法律制度持续快速完善的必然趋势。[①]

　　秉持维护市场经济公平正义的指挥棒,新时代的社会主义法制观念厚植人心,社会对法律职业人的期待更高,对综合素质突出且能够独当一面解决实际问题的法学人才的需求越来越迫切,培养教育的重担自然就落在高等学府的法学教育上。培养法科学生分析问题和解决问题的能力,将其培养成为进入社会后能顺利解决法律专业问题和社会工作需要的人才,无疑需要在其求学就读期间打下坚实的培养基础。[②]

　　法律职业能力,主要指法律从业人员通过系统、专业化训练而习得的法学理论知识素养、法律逻辑思维能力以及解决实际法律问题的能力。一般应包括但不限于法律思维、说理能力、举证质证、文书写作以及获得性学习等综合能力。[③] 法律思维涉及主动识别、分析、研判社会性法律事件的方法与逻辑;说理能力是开展法律认识活动的重点,主要处理法理、事理、情理三者的内部联系;逻辑推理能力是甄别所搜集证据或信息的真伪,运用法律原理还原与研判事件的过程,这属于法律从业人员的核心能力;文书写作是法律从业者的程序性能力要求;获得性学习能力是指能够根据法律法规经常性制定、修改、废止而能动性再学习与再分析的能力,这是解决实际法律问题最重要的基础技能,也是法律从业人员的安身之本。[④] 从因果逻辑与互动性理论来看,专业理论/知识是前提和基础,专业实操是能动性验证与提升;只有切实掌握与吃透

　　① 杨晓明:《研究生创新能力影响因素实证分析》,载《研究生教育研究》2014 年第 6 期。

　　② 朱崇坤:《使法治思维真正成为职务行为的内在指引——中国行为法学会基础理论论坛综述》,载《法制日报》2013 年 5 月 8 日第 12 版。

　　③ 刘坤轮:《法学人才培养目标的过程、结果及评价》,载《人民法治》2019 年第 20 期。

　　④ 滕宇:《基于"法律职业能力"的法学人才培养路径探索》,载《科教导刊》2020 年第 20 期。

概念与原理,才能从容应对一切实践的挑战。① 解决实际问题的能力无疑是法律从业者综合素质与综合能力的体现,彰显出其执业素质与执业水准。而法科学生的职业能力必须是层次更高的法律职业化能力,突出精专、标准化、专业化。

因此我们领悟到,法律职业能力,不仅是法科学生从象牙塔走向社会的职前必备条件,也是法社会学对职前大学生的实践性指引。各国法律界、理论界、政界等虽对该种能力的界定略有差异,但对于其"思维能力、语言表达能力、资料收集与处理能力、对相关活动及其进程的预判和把握能力、举/质证能力、文书写作能力以及坚守职业伦理和规避职业风险的能力"等主要能力的表现形式并无二至。②(见图 4-1)

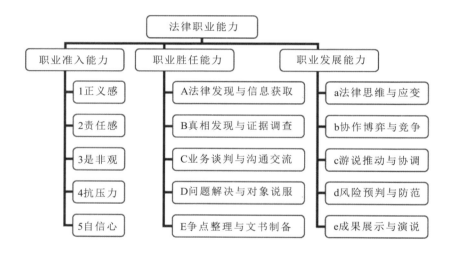

图 4-1　法律职业能力指标体系参考模块③

所谓法科学生解决法律问题的能力,是指个人、团队或法律人对未知的法律问题和社会问题,在具备一定的法律素养的基础之上,通过查找法律相关资料追根溯源,进行剖析、论证,找到解决办法,最终解决实际问题的能力。这是创新精神与问题导向的集中体现,也是法学教学过程中最重要的反馈与检验

---

①　李舒:《论法学实践教学形式的完善和更新》,载《亚太教育》2015 年第 35 期。

②　袁碧华:《法律硕士考核标准的反思与重构》,载《高教探索》2013 年第 5 期。

③　陈海平:《法学教育应当强化法律职业能力培养——兼记燕山大学的改革与探索》,载《教学研究》2019 年第 42 卷第 1 期。

一环,还是法科学生职业化能力的重要内容之一。法科学生解决法律问题的能力主要包括但不限于:"独立发现问题的能力(探究问题、创新能力)、分析思考能力与知识应用能力(发现问题、分析与解决问题的能力)、实践技能(法律思维能力,交流、沟通与协作实践能力,知识综合运用及持续学习能力)、自我习得能力(信息盘问与阅读、模式化分析、信息综合)和其他综合能力(学科视野、创新能力、信息素养)。"①

(一)独立发现法律问题的能力

个人或团队主动探究、主动挖掘未知的法律问题和社会问题,通过查找相关资料、信息或请教他人追根溯源,寻找解决问题的办法,此谓独立发现问题的能力。该能力的主要内容包括但不限于:主动习得问题发现的方法,参与团结讨论与协作,自觉运用法学基础知识、基本技能和法学思想方法识别社会法律问题,并能发起创造性思维重组活动,为下一阶段解决问题作好准备。

作为实践应用能力中最基础的能力——独立发现法律问题的能力,很容易在课堂上被忽视,因为任课老师根据教学大纲的流程,需要直接告诉学生这个法律条文的问题是什么,哪个协议已经不合时宜落后了,需要从哪些方面改进。除专门的案例教学课能在课堂上分组讨论以外,法学本科生很少有自主剖析问题的机会。然而我们知道,法律问题在生活中产生,成文的法律又必须融于生活,为定纷止争打基础。显而易见的是,各类法律条文中,既成法法律关系模式是高度浓缩的普遍概述,但经济社会中的各类实际法律问题多为形态各异的特殊事件。② 美国大法官霍姆斯认为:"法学家的工作是让人们了解法律的内容;要从内部开始研究,从最高的属研究到最低的种,完整地逻辑整理和分类,才能满足实践的需要。"③一些德高望重的有经验的法官,缘何能对相类似的案件有一种普遍性的直觉判断,而往往这种判断都是正确的? 那是因为这并不只是"第六感","而是一种融合了高等实践理性的复杂的综合研

---

① 上超望、韩梦、刘清堂:《大数据背景下在线学习过程性评价系统设计研究》,载《中国电化教育》2018 年第 5 期。

② 李友根:《论基于案例研究的案例教学——以"经济法学"课程为例》,载《中国大学教学》2015 年第 3 期。

③ [美]小奥利弗·温德尔·霍姆斯:《普通法》,冉昊、姚中秋译,中国政法大学出版社2006 年版,第 371 页。

判,而是一种结合了道德正义感、法律常识和职业化专门训练的复杂判断"。①

运用普遍规则来管理社会是法治的初心,法律者的思维必须优先强调法律实施的普遍性。研究社会性具体法律问题,一事一议,应先认定其社会普遍属性后,再考虑其特殊性,否则会导致法律冲突。因此,面对一个法律现象,分析一项法律文本的时候,辨析法律事实、运用证据实操工具,通过研判其法律表达和法律论辩的内容,运用法律程序加以实证性衡量,最终对比得出可靠的解决方案的能力,应该是摆在所有法科学生面前的必过关卡。② 妄图通过待决问题的特殊性来排除给定法律规则的普遍性是一种不完全方法,也是一种待完善的解决问题能力。

综上,如何培养具有创新性自主思维模式的法科学生?除了理论课程的被动性习得与参与式探讨外,主动发力的实践课程必须与之结合,并占有重要的席位。培养学生主动参与研究以及团结协作,在不断的教学实践中,促使其形成自觉运用法学基础知识、基本技能和法学思想方法,对某一法律问题进行分析研判,从而定性的能力和意识,这应当是法学教育者们需要重新思索并整合的教学重点。③

(二)分析思考能力

有学者认为,在社会认知过程中,基础技能主要指分析能力,过程能力主要包括社会成员间的沟通与自控自抑能力,而核心能力在于主动思考,结果能力则落在了责任承担上。④ 分析思考能力,从本质上来说是一种认识、研究的技能,尤其指人们针对客观事务对象将其从整体分解为若干部分的思维活动。唯物史观告诉我们,客观事物是由不同要素、层次、性质等组成的有机整体,根据方法论的原理,搞清楚局部才能正确认识整体,才能将整体功能发挥到最大。初识客观事物无法完整把握其整体性,可能需要分割其每个细节、要素、层次等,经过完整辨认,仔细思考后,逐步分析清楚各部分的性质、部分间的相互关系以及部分与整体的联系之后,才可能得到事物整体的完整结论。那么,借助前述的基础分析能力,同时运用思考的核心能力,即可对客观事物开展深

---

① Thomas. C. Grey, Langdell's Orthodoxy, *University of Pittsburgh Law Review*, 1983,Vol.45,p.173.

② 马慧珍:《浅论法治理念与法律思维》,载《科研》2017 年第 2 期。

③ 部占川:《新时代卓越法治人才培养之道与术》,载《政法论坛》2019 年第 2 期。

④ 顾宏翔:《卓越能力——根本生存能力训练手册》,新蕾出版社 2010 年版,第 79 页。

入浅出、管中窥豹、难易适当的分析过程,力求获得精准的决策描述,为妥善解决问题打下基础。[①]

分析思考能力是主动、独立、深刻思维活动的高度统一。独立,主要包含精神、意志的独立,指意识清晰,分析得当,研判精准且最后结论与其他任何人不在内容观点上重复;思考是人脑在外界信息刺激下的主观意识活动,主要通过对观察、调查、检阅、搜集得来的信息、材料等进行符合逻辑的分析、综合、判断、推理的过程。独立地分析思考是指人们在社会实践中自主能动思维(分析+综合)的过程,即发挥主观能动性观察客观事物,能动思维、认识的过程,这个过程既不直接套用他人观点,也不故步自封,而是基于自己的基础知识与习得性能力,围绕某个问题/现象/事物开展深刻而周密的思维活动。[②]

调研显示,大部分大学生自我认知中,认为自己的分析思考能力或相关技能主要来自课本、教师在课堂上的讲授以及自行搜索的网络知识。传统教材知识较少安排思考与辨析模块,但在考试、考核甚至工作中,却存在大量现象、客观事物,需要学生将自己所学、周边所获知识运用到实践,需要运用分析与思考能力去伪存真,鉴定是非,以及以自身认知水平和实践能力参与问题的分析与解决。由此可知,若大学生的分析思考能力越强,将越有助于其专业知识以及实践能力的提高。[③] 很有意思的一个现象是,当国内掀起研究 TPP 协议高潮的时候,当很多博士争先以此相关内容开题的时候,美国毫无征兆地退出谈判机制,导致此多边协议无疾而终,很多法学研究者感觉研究就此中断,必须另起炉灶。其实,这给了我们法学教育一个很大的启示,那就是法学高等教育应当辩证地注重辨析和思考,着重培养学生对法律条文、法律原理的"归法性"感觉,这就跟学习一门外语一定要感受和浸染于具体语境,自然而然萌发出语感相类似,要培养学生面对任何一项法条,都能阐述清楚其产生的原理以及大致研判其发展方向的能力。

此外,在特定社会事例的实践中,如当大学生兼职遭遇拖欠工资的情境,自己所住小区收取物业费但不履行物业义务时,求职中遭遇诈骗,毕业实习和试用期的自身权益怎样保障等,应当如何运用法律思维,思考分析解决相关问

[①]　萧浩辉主编:《决策科学词典》,人民出版社 1995 年版,第 132 页。

[②]　孙艳、赵正:《论研究性学习对学生独立思考能力培养的适应性》,载《科技信息(学术版)》2008 年第 8 期。

[③]　李薇:《高校法学专业实践教学模式改革与探索》,载《中国校外教育》第 2018 年第 9 期。

题的办法;如何在遇到不同问题时适用不同的部门法以及怎样适用适当的法律;如何从实际出发,恰当地运用法律武器捍卫自身合法权益等。这些是法科学生必须习得的在法律课本中不会一一列举出来的分析思考能力。

(三)专业实践能力

"法学是世俗学问,甚至很多是实践性的、技术性的"。[①] "坚持立德树人、德法兼修,培养德、智、体、美、劳全面发展,熟悉和坚持中国特色社会主义法治体系,培养具有合理的知识结构,掌握扎实的专业理论基础和熟练的职业技能的复合型、职业型、创新型法治人才及后备力量"是教育部高等学校教学指导委员会对中国普通高等法学教育关于"本色"的明确要求。[②] 2019年1月,国务院印发的《国家职业教育改革实施方案》指出:"发展以职业需求为导向、以实践能力培养为重点、以产学研用结合为途径的人才培养模式,推动具备条件的普通本科高校向应用型转变。"[③]在新形势下,主导应用型法学教育的高等学校需要转向"服务基层法制建设、落实立德树人"的根本目标,有机结合基层与应用优先的发展路径,将实践与人发展之路与社会需求结合得更加紧密。

法律科学的最显著特征是运用高阶的理论知识解决社会普遍性问题。因此,一所高校法学专业毕业生质量的量化标准,不仅要核查其理论素养的显性成果——科学研究成果及其水平,还要评估其走上社会后所供职的岗位对其工作业绩的反馈,横向比较其运用和发挥所学专业知识解决问题的综合应用能力,更要检验其工作效能的可持续性与社会效应。[④] 实际运用法律的能力,也即是法科学生正确运用法律知识与技能,合理合法且高效、创造性地解决社会问题的能力。法学专业的工具属性,要求法律从业人员在社会及法律实践中去发现问题、分析问题和解决问题。而法学专业实践能力,重点在于法学专业学生运用所学法律知识和规范来指导自身行为、解决问题纠纷,并外化法律

---

① 苏力:《当代中国法学教育的挑战与机遇》,载《法学》2006年第2期。

② 教育部高等学校教学指导委员会:《普通高等学校本科专业类教学质量国家标准》(上),高等教育出版社,2018年版。

③ 《中华人民共和国教育部,国务院关于印发国家职业教育改革实施方案的通知》,http://www.moe.gov.cn/jyb_xxgk/moe_1777/moe_1778/201904/t20190404_376701.html,访问日期:2019年1月24日。

④ 李喆:《法学专业学生实践教学的困境与出路研究》,载《法学杂志》2014年第9期。

意识为符合法律规范的各类行为能力。只有将所学的法律知识和所习得的法律技能积极且正确应用到实际生活中,准确适用法律解决问题,法科学生的培养才能真正完成,法治教育才能获得正向的培养成果,各级各类法律人才才真正具备了法律专业实践能力。在当前传统的教学方法、教学体系和教学模式下,相当一部分法科学生对于法学这一要求思维灵活同时突出实践性的学科体系学习未找到切入点,其综合性能力严重欠缺,已经远远滞后于社会及法律职业对毕业生实践能力的较高要求。

法学实践主要分为课堂教学实践和校外教学实践,"课内教学实践要求改变传统的教学内容和实践内容,以激发学生参与积极性为目的,综合法律案件,开设独立的分析实践课程。"[①]从社会学角度来看,教学环节中的理论知识讲授与实践能力培养权重相同。法学的工具属性表现之一即是法学解决现实社会问题时,需要职业化的人才通过分析和思考,给出解决方案,此即为"学以致用"。[②] 所以常言道,"法律是实践的艺术,源于实践,终于实践。"[③]综合传统教学法与现代教育技术之优势,法科学生专业实践能力的培养与提升,主要应通过以下途径来实现:

1.课堂教学

课堂教学对专业实践能力的提升无疑起着重要的引领作用。案例讨论与模拟法庭展演无疑是传统教学模式中最主要的两种方式。而在人工智能新时代,法律大数据分析、自然语言处理和一体化平台学习,是呈现在法律学术界的最新工具,[④]教师不仅能够借助网络法律服务市场更加精准地收集、分析、整合信息,学生也能通过各类法律公开网,对数以万计的法律条文、法律文书等来源性知识源进行再加工,从而实现"他山之石"的综合运用。对比之前的传统案例讨论课堂上,教师发放纸质案例给学生,学生自学课外教材、资料并写出案例分析提纲,分组布置任务给学生,围绕该案例与相关知识点,从案例

①　教育部:《教育部关于加强专业学位研究生案例教学和联合培养基地建设的意见》,教研〔2015〕1 号。

②　张新平、冯晓敏:《重思案例教学的知识观、师生观与教学观》,载《高等教育研究》2015年第 11 期。

③　胡平仁:《我国法学教育的目标定位与人才培养模式改革》,载王瀚主编:《法学教育研究》2010 年第 3 卷,法律出版社 2010 年版,第 110 页。

④　任重:《论民事诉讼案例分析框架:案例教学与研究方法》,载《法治现代化研究》2020年第 4 期。

析出法学原理,并出具高度详细的案卷分析书,将其作为课后作业呈给教师,再获取批阅反馈意见的过程,平台化作业与讨论,更能借助工具优势,使学生更多地获得信息,无地域限制地自学相关技能,应该说是一个长足的进步。另一层面,以某"博"为代表的时事热搜榜展示出互联网时代惊人的号召力与影响力。一个案件如在该类网络空间上榜引起热议,几乎全国的年轻人都能即时了解案件的舆论导向、案件详情和主要争议点。学生由此作出的分析,有可能涵盖网络舆情和法学理论两个维度,教师若在这个节点引导好学生结合此两个学科的优势,理性研判社会热点问题的法律属性,从而培养其独立的法律判断能力实乃优势之选。①

近年来,实务界中各地法院的"网上法庭""网络庭审"引起了教学单位的极大教改兴致。"互联网+"模拟法庭教学平台,"六校联动网络课程"等板块极大促进了法学院校的教育教学改革,这不仅有利于高效利用各类公开的网络资源,更能助力高校建立全景化一站式模拟法庭案例库、法条与法律文书库等,并通过"校校联动""校地共建"等模式,将共享资源高效规模化,从而优化模拟法庭教学资源,促进学生自主研习、自主学习技能的效率。② 在传统教学法的模式下,争取让学生接触较多的真实案卷,能让学生更直观地感受证据材料,尝试领会当事人的控辩以及梳理法律工作者的逻辑原理。而在比较研究中,学生充分运用互联网资源,比对、辨析原始材料的真伪与亲疏,研判法庭判决是否恰当,引用法条及其分析是否合理,最后讨论案件的争议点是否有进一步的学术价值,是否具备进入案例库的资格等,从而促使学生更加能动地主动思考,并提出自己的见解。③ 如雨后春笋般涌现出的诸如创新型"三中心 E 法亭"(成都天府新区法院、自贸区法院)的网络远程立案、庭审;在线电子诉讼等新兴 E+审判模式,不仅能让模拟法庭更加生动地火起来,还能让除当事人以外的旁观者(如学生)直接加入办案活动的全过程中,全时空观摩法庭审判,参与法庭调解,学习调查取证,整理诉讼材料以及远程屏幕制作司法文书等一站式法律活动。

---

① 文立彬:《"微时代"背景下法学案例教学的转变与完善》,载《黑龙江教师发展学院学报》2020 年第 9 期。

② 孙立智:《"互联网+"背景下的模拟法教学新模式探究》,载《广西政法管理干部学院学报》2020 年第 2 期。

③ 冷凌:《试论模拟法庭在法学专业学生实践能力培养中的作用及创新》,载《教学研究》2012 年第 2 期。

2.课外实践教学

作为世界上经济和高等教育最发达的国家之一,美国将对大学生法治观念和契约精神的培养融入了对其的价值观塑造过程,法律教育又称为法治教育,属于公民通识教育内容。美国政府重视法治教育立法,先后制定《国防教育法》《综合犯罪控制》等法律,通过完善的法律制度保障法治教育的实施。[①]与课堂教学相比,其课外实践课程教育效果更为显著。

目光回到中国,加强高校与各级各类司法机关的联系,综合与提炼公安机关、法院、检察机关的日常专业工作,通过建立实践教育教学基地的方式,输送学生"走出课堂""走向法庭"进行"现场实训":聆听法院审判,学习如何根据所学法律知识要点进行实际案例分析,进而根据裁判文书,分析法官定罪量刑是否于法有据,是否公正合理。在基层开展义务法律咨询以及专业集中实习等也是直接参与法律实践的活动。目睹法庭司法审判过程,动态展示程序法的原理,可以深化学生对诉讼程序的理解和认识;开展义务法律咨询,是见真招的过程。课堂上的法律案例形形色色,不如一个真实而复杂的真实事件,识别、理解、分析、研判一整套过程,基本上能够衡量出学生是否能独立思考与解决法律问题了。不同的案例能够激发不同学生的兴趣点,适用不同的部门法律,能够迅速了解到课本无法罗列的真实案例背景,法律主体、客体之间的关系,不同法律主体之间法律权益的分配等。[②]

高年级法科学生在指导教师的引导下,深入社区、乡镇等基层广泛开展法律咨询与法律援助服务活动,是学生进行的法律实战演练:真实地直面当事人,搜集一手信息与资料,通过分析比对以及辨析,在规定时间内及时准确锁定相关理论知识要点,并草拟司法文书、初步预约下一步服务时间与内容等。实践服务活动后,要形成定质定量的文书总结,这既是教学成果展示,也是实践表现成绩,更是本学科教育教学管理的调研报告。[③]

专业集中实习也是检验学生法律运用能力的最好试金石。经过 10 年的实践,笔者所在的西南政法大学国际法学院在《国际法》的课堂上按照培养计划,对课程中自学的章节开展微课堂教学,同时,邀请参加过专业集中实习的

① Leming,R. S., *Essentials of Law Related Education*,ERICDigest(ED390779),http//www.Ericdigests.org/1996-3/Law.htm.

② 张华:《法学本科专业实习基地建设之探思》,载《黄冈师范学院学报》2019 年第 2 期。

③ 张姝:《建构主义学习理论下的教学设计》,扬州大学 2014 年硕士学位论文,第 24~26 页。

法科学生走上讲台,以传授者的身份讲授自身的专业实践经验。以往参加过海外集中实习的学生开展有针对性的实践经验分享与实习调研报告分析会,提升学生的学习积极性及主动学习的兴趣,自学能力提高以及主动拓宽知识面,参加各阶段、各行业工作实践的主动性大大提升,这也应该是准毕业生走入社会前最重要的一堂实践课程了。

(四)法律思维能力

卢梭有言:"万法之法,既非石刻,也非铜裱,而在人心。"①美国法学家庞德也曾直言:"法学教育不是简单地讲授法律知识,实体法知识讲得再多,也不可能追上法律的制定、修改和废除的速度。只有其对法律思维的涵养,才能真正教会学生什么是法律。"②

所谓法律思维,是指运用法律逻辑(含涉法的范式、宗旨、精神与原则等)的方式,识别、认知与分析、解决社会问题,③是以法律逻辑为依据,以价值取向为指引,以思考和论证为合理的方式,对法律进行阐释并运用于社会生活的各方面。④ 与理工科思维相类似,法律思维也是学法之人的显性特征、基本素质和职业特征。法律思维,亦即依法律逻辑进行价值取向之思考,并合理论辩及作出法律适用解释之能力。能否合理高效地辨别、适用与阐释法律,是决定法律思维能力高低的主要考核项。法律人进行识别、认识、辨析、运用法律,并通过结合实际案例扩大解释、丰富和发展法律条文的释义,均是在不同程度地进行法律思维活动。根据前文所述,当今高校法学教育的根本目标之一,即是培养和塑造具备独立法律思维的,具有交叉学科知识储备的复合型高端法律人才。⑤

法律思维是法律专业技能的一种,也算是一种行业素养,其考量的核心,还是法律人的实践能力,该类实践能力包括完整的认知、辨析、思考与论证过程:首先,必须以法律为依据,对案件进行事实梳理;其次,要对其性质开展分析研判,运用法律逻辑推理和论证,高度而精准地还原法律事实真相,最后对案件进行定性,并对照相关法律条文开展可以定分止争的活动。纵向来看,这

---

① [德]卡尔·恩吉施:《法律思维导论》,郑永流译,法律出版社 2013 年版,第 1 页。
② 徐凤真:《论法律思维能力的培养》,载《山东社会科学》2012 年第 12 期。
③ 郑成良:《论法治理念与法律思维》,载《吉林大学社会科学学报》2000 年第 4 期。
④ 王泽鉴:《法律思维与民法实例》,中国政法大学出版社 2001 年版,第 1 页。
⑤ 徐凤真:《论法律思维能力的培养》,载《山东社会科学》2012 年第 12 期。

完整的过程其实得益于理论性思维能力与实践性思维能力的高度有效融合，并发挥1+1大于2的作用。法律理论知识必须在不断的实践中得到验证，若出现不能契合的方面，就意味着法律及其条文需要修订或被赋予新的时代含义，只有这样，才能顺利达到实质正义；反过来，通过对不同法律事实、案例的深入认知、辨析、思考与分析研判以及推理论证过程，才能不断累积思维的实践，提升创造性实践思维能力，从而做到在法律的准绳下，彰显法律的公平正义。[①]

法律思维与其他思维方式的区别主要有以下一些方面：第一，思维主体大多为执行或参与法律事件的法律人，或者以该事件的法律判决活动为学习内容的法科学生，其主体特定，思维方式也带有明显的职业化特点。第二，该思维方式有信仰的指引——法律信仰。在这里，信仰不仅是思维的灵魂，更是一切法律思维活动的"至上"准绳。第三，普通思维方式，尤其是凭空的抽象思维，几乎不会用到法律逻辑，也不需常备法律知识和法律阅历。第四，法律思维方式是一种思辨性思维，具有双重性衡量规则，纵使最后的定性结论对于案件重要，但分析研判及推理过程中的"适用法律的理由"则是其终极规则。在尝试作出法律研判的过程中，拥有法律思维方式的法律人不仅要比照法律条文与案件事实，还需要将推理论证的过程作出逻辑完整的说明，需要足以服众的理由来支撑该法律事件或案件的整体定性。[②]

法律思维的培养是法学教育的核心。这是法律人才必须具备的重要职业技能之一，同时也是现代法学教育的目标，是法律实务界尤其看重的优秀法科学生的品质之一。对于研习法律的人来说，专业化、系统化的思维能力远比专业知识重要，"传授法律知识和方法是基础性培养，法律精神与法治信仰的习得、法律思维方法和法律语言的运用才是法学教育培养的根基所在。"[③]因此，社会对法学教育是否成功的重要判断标志，就是看法律思维的社会性养成是否到位。但目前现状显示：新时期的社会变革对法律教育提出了新的要求，教育界长期以来对法律思维培养认识性不足，对法律思维的重视程度和培养力

① 林锦静：《法学教育"内涵式发展"下大学生法律思维能力培育研究》，载《桂林师范高等专科学校学报》2020年第34卷第2期（总第130期）。

② 焦宝乾：《法律人思维不存在吗？——重申一种建构主义立场》，载《政法论丛》2017年第6期。

③ 梁开银：《法律思维：法学教育与司法考试的契合点——论法学教育与司法考试互动与改良》，载《法学评论》2011年第4期。

度不够,传统的课程模式和教学方法抑制了能动性法律思维习惯的养成,学生参与一线司法实践不足,法律职业培训制度不完善,这些因素都影响着法律思维的培养。①

中国特色社会主义建设中,推理治理理论与治理体系的提升,需要以法治思想形成全社会的普遍思想基础,社会个体不仅要了解法治的内涵和要素,更应主动加强自我法律约束,采取更为主动的方式坚持法治支配意识,真正建设成为良法善治的国家。② 因此,法律思维的培养,主要可从以下途径进行探索:首先,建设完备一套完整的法律概念体系及法律专业知识,知识体系的积累尤为重要;将硕士博士培养的重点工具学科《法学方法论》引入法学本科教学中作为核心课程。其次,对法律所具有的独特价值理念进行深入理解,并借助其进行利益权衡的判断。《法律逻辑》这门课程的内容及体系应适时更新、修正,并指引学生的逻辑自律行为;《模拟法庭教学》应增加对学生法律思维的引导,将以往的教师教授型真正转型为教师与学生的互动、启发式引导;针对以上方面的知识,着重加强在《法律文书写作》课程中,对学生开展适应性训练,强调说理性与逻辑性,淡化文本格式化的单一性,并通过课堂、实训实习等各类不同的场景夯实其运用该项技能的基础,加以长期训练。③ 再次,学会对法律责任分配进行准确的把握是形成法律思维的重要抓手。最后,检验法律思维是否已形成,或者其能力强弱的试金石,便是现实中状态各异的法律事件与情境。

(五)提出解决办法

美国大法官霍姆斯曾说过:"法律的生命不是逻辑,而是经验。"④在人类社会的历史长河中,千千万万人民的生活实践,积累和总结了无数经验,这为法律的诞生提供了实践基础,也为法律的实施提供了验证其逻辑推理的试验田。法律这门学科的独特实践性,不仅表现在其频繁有序地应用于最广泛的社会实践,也突显出法律科学的工具性职业属性。这门具有十足专业实践特

---

① 陈瑞华:《法律人的思维方式》,法律出版社 2011 年版,第 10 页。

② 梁成意、范凯:《论法治国家建设中的世界观指标》,载《吉林广播电视大学学报》2018年第 1 期。

③ 孟涛:《美国法学教育模式的反思》,载《中国政法大学学报》2017 年第 4 期。

④ Olive Wendell Holmes, Jr., Review of C. C. Langdell, Summary of The Law of Contract, *American Law Review*, Vol.7, No.14, 1980, p.46.

性的学科,既厚植于早期的政经哲学、市民朴素道德,又酝酿了丰富的逻辑学、职业技能,更是将执行人的专业素养与严谨求实的法律条文结合得丝丝入扣,所谓卓越的法律职业能力,应该不外如此吧。[1] 也就是说,提出解决办法是指在法科学生通过上述几项能力的培养与提高之后,系统性地分析研判问题,提出具有可操作性的解决方法或方案。这是实现法科学生人才培养目标的"考察环节"。

当前一个比较好的政策背景是,近几年国家层面的文件或规定,对大学生创新训练导向性明确,强调创新精神和对其创新能力的培养,对法科学生提出解决办法的能力进行引导性培养与实践。创新训练活动对专业知识技能的要求远高于理论教学大纲,学生自主学习与教师修正指导显得尤为重要。第二个层面,要善于结合实践教学,激发大学生探索未知、解决问题的好奇心与进取心,通过树立榜样与典型,促进学生群体自信心的整体改观。第三,在允许与宽容失败的教育观念下,通过项目式团队竞赛或模拟法庭审判等途径,促进学生自行补齐知识短板,通过文献研读、小组讨论或培训等方式,合理善用互联网平台,综合归纳各平台的教学与课件资源,并综合比对各高校专业学术数据库等,在学习方式上,采用高低年级学生结对子,不同专业学生以课题形式组队学习等,切实提升研究工作的时间效率和技术水平,避免低层次的简单重复式方案。[2]

(六)与解决法律问题相关联的其他能力

法科学生要培养、提升解决法律问题的专项能力,必须培养团队协作、人际沟通、组织协调三方面的能力作为有力的支撑,以促进有效解决问题。

1.团队协作能力

伴随各行各业社会分工的精细化,高新技术类行业竞争的激烈化,一个倾向越来越明确:大学生的社会入职之路上,除需专业技能过硬,心理抗压能力强之外,还必须在工作及社会相处中体现团队协作意识与能力。无论是社会还是个人,其发展过程都离不开团队之间的协作。因此,培养大学生的团队协作能力是学生融入社会的刚性需要,也是秉持成果导向教育的必然要求。在

① 陈京春:《论高等政法院校的法律职业能力教育》,载《法学教育研究》2011 年第 1 期。

② 梁开银:《法律思维:法学教育与司法考试的契合点——论法学教育与司法考试的互动与改良》,载《法学评论》2011 年第 4 期。

社会分工的源头奠定坚实基础,不仅有利于高校良好风气的形成,更为学生综合运用所学专业技能更好地服务社会提供了可能性。

团队协作能力是指在团队中发挥互补互助与团结精神,从而达到团队最大工作效率的能力。[①] 我国传统教育模式缺乏对团队协作培养的体现,培养学生的团队协作能力即是赋予其协作共成长的能力,使学生的专业技能得到最大限度的发挥,符合当今经济社会发展的客观要求。[②] 然而,就我国高校现阶段的相关教育来看,首先,团队协作能力的教育欠缺。高校的学分制考核、集中实习机制等模块,虽有考查,但并无专门针对团队协作能力进行的专门考核。大学生只有在有限的社团活动或者特色竞赛等活动中才有机会体会到团队协作的意义。再加上组织这些团队活动的目的仅从丰富课余生活出发,并没有目标明确地直指团队协作能力培养,因此,自发性、分散性与短期性是其主要特点。[③] 但事实上,在培养团队协作能力的过程中,整体谋划、持续强化以及深入课程体系是其必然要求。其次,大学生竞争意识凸显,但团队协作意识普遍缺乏,大多以自我为中心,缺乏集体观念,只注重他人对自己的关心,缺少互帮互助与协作意识。这种状况无疑会给其步入社会带来重重困阻,若再欠缺与人良好沟通的技能,则必定会遭遇职场重击。再次,社会分工的精细化与新兴职业的复杂化决定了单个人的力量无法完成项目式工作任务。很多大型企业常以项目为考核标准,多个项目同时运行,项目之间交错复杂,牵一发而动全局,个人能力在其中占很小的一部分,不分工协作几乎是无法完成工作的。最后,在促进大学生的人格完善与其通用能力的培养中,团队协作能力建设功不可没。充分理解与尊重他人,代入式共情与辨别式分析,理清社会需求及自身能力的关系,强化社会贡献与社会责任感,善于根据环境调整自身认识,使主观努力符合客观实际,最终在实现社会抱负的同时,推动个人理想的实现。[④]

那么,究竟应该怎样培养与提升高校法科学生的团队协作能力?首要原

① 刘畅:《大学生创业能力研究及其培养》,载《南京工业职业技术学院学报》2011 年第 3 期。

② 张宗胜:《大学生团队协作能力培养的意义探讨》,载《四川文化产业职业学院学报》2008 年第 2 期。

③ 朱伟峰:《论大学生团队协作能力培养》,载《中国人才》2010 年第 10 期。

④ 王玲:《高校学生团队协作意识的培养与提升研究》,载《吉林广播电视大学学报》2017 年第 6 期。

则应该是夯实思想政治教育课程。建立在正确的世界观、人生观以及价值观的基础之上的思想政治教育教学应更加重视对学生集体主义意识进行培养,保证其掌握专业知识的同时,能够学会为人处事;思政课程教师要善于将社会发展形势与学生的集体荣誉感与团队协作意识有机结合,着力打造学生的应用性综合能力,主要包括独立思考能力与团队协作解决问题的能力。第二,应将团队协作课程融入法科学生的主干课程与实践课程之中。学生应学懂弄通团队协作的内涵与外延,再能动地结合所学专业灵活运用。例如,要善于结合我校(西南政法大学)"天伦杯"辩论赛、"WTO 模拟法庭辩论赛"等品牌项目,给予学生重要的实践机会,以团队协作的方式促进与提升学生独立思考与思辨能力的培养。第三,通过校园文化活动及拓展训练等为学生提供实践的舞台,从而磨炼其主动、创造性地实际运用相关技能。第四,重视专业集中实习所提供的机遇,将实习的各环节贯穿专业基础知识与团队协作理论,力争达到优化衔接的交融点。[1]

2.人际沟通能力

人际沟通,又称人际交往,顾名思义,其主要产生于人这个社会主体之间,是含涉各类社会活动,并力求通过语言、肢体动作、表情、文字等形式将信息在个体间互相传播的过程。人们为达到一定目的,互相运用语言符号系统及非语言符号系统交流与传播信息、沟通情感,并期望获得对方回应。[2] 除传递信息外,四大重要的心理功能也是此过程中重要的可期待回馈:人们渴望通过沟通传递健康思想,整合与协调社会集体活动,用共同的目的消除不健康、不统一的社会意识形态,从而形成成熟稳定的社会心理,并以此协调其他社会心态;只有运用沟通的方式,人才能展现其社会属性,才能保持与外界的联系,从而获得内心期待的归属感及安全感;人在沟通中自愿互换个人信息,加强情感牵系,并获得社会辅助的自我表露功能;通过沟通来获得生理及心理满足,以此成为生存生活下去的动力之一的心理发展动力功能。

人际交往整个过程存在诸多环节,各环节的效果与状态即客观因素都可能影响心理距离的远近。影响沟通与交往的因素主要有:信息来源多样,消息源信息不明确或信息真伪不明;信息囿于传递者个人文化程度、语言表达能力

---

[1] 腾笛:《以就业为导向的法学专业模块化教学研究》,载《现代职业技术教育》2015 年第30 期。

[2] 朱园清:《我国青年学生人际交往能力提升途径思考》,载《区域治理》2020 年第 15 期。

及沟通态度的局限;人际沟通产生障碍等。而主观因素主要包括:在接受信息过程中,受众个体的喜好、情绪、心态都是影响整个沟通过程的因子,影响力分为直接或间接。而最终的沟通质量则取决于源信息内容与信息受众最终的理解与转译是否有差异,差异几何? 态度正面、积极、诚恳的个体,如果辅以持续而成熟的表达能力,能择良机而发挥正向作用。首先确保信息无误,再拓宽沟通渠道,同时避免不必要的误解与错误等行为,都有助于提高沟通效果。信息受众若一开始就克服偏见、冲动、怀疑及否定的心理预设,善于管理情绪,能换位思考并摒弃偏执立场,包容开放地交流,必将成为双方积极有力沟通的直接推手。

新信息技术的全球竞争逐步升级,极具工具性特征的网络正试图调整世界格局,抛开其争议性和两面性不谈,它带来了数值极为庞大的虚拟社群(群组)。① 一个非常有意思的现象是,人与人面对面交换信息、交流感情的过程正在被急速压缩,取而代之的是巨大到毫无边际的虚拟网络社交场景,具体到大学校园就是我们时常听到的:一个宿舍 6 个学生建了 5 个微信群,一家三口拥有 3 个微信群等情况。各种网络线上交友 App 的涌现,体现了不受时间空间限阻的全新沟通途径,除了每天接受爆炸式的碎片化信息轰炸之外,人们还能认识、了解到万里以外的国外朋友,利用网络完成朋友间的大部分交流。因此,马歇尔·麦克卢汉说"媒介即人的延伸",②网络媒体所蕴含的海量信息应然地成为人际沟通的主要内容。然而随之而来最需要的,便是去伪存真地消化这些信息所需要的知识储备,有礼有节应对网络暴力或欺凌所需要的强大个性,以及适时适当消除负面影响的决断力等。面对如此复杂的体系,有没有一个平台是复合式的? 当然有,微信当属其一,其内设复杂多样的网络平台效用,形成了全新的三维沟通矩阵。③ 对生活环境与状态相对固定、单一的大学生来说,承载沟通双方或多方情绪情感与意识的编码与符号化,在虚拟交往中无法识别、辨认彼此实际的面部表情、声音、姿势,非语言符号系统的缺失使得其与语言符号系统的配合度存在落差等情况,极易造成网络心理障碍、社会交往能力的弱化甚至出现抑郁症、焦虑症等心理异常状态。

我们再次以成果导向为观察点来观察,人际沟通能力在一个人的职业

① [西]曼纽尔·卡斯特:《网络社会的崛起》,社会科学文献出版社 2003 年版,第 11 页。
② [加]马歇尔·麦克卢汉:《理解媒介:论人的延伸》,商务印书馆 2010 年版,第 34 页。
③ 党昊祺:《从传播学角度解构微信的信息传播模式》,载《东南传播》2012 年第 7 期。

生涯规划与实施过程中至关重要,然而放眼当前各大高校,存在人际交往障碍的学生也悄然地占据了一定比例。当下,大学生的人际沟通障碍主要有社交回避、社交焦虑、自卑、嫉妒心理与自我中心等。目前,各高校都采取定期调查问卷及心理普测等方式摸排学生的心理状况及人际沟通情况,而根据众多研究的单一指标指向所揭示的,产生人际沟通障碍的主要原因有多种,包括家庭环境背景、成长经历以及个人的认知偏差、归因不当、性格缺陷等。① 主观方面来看,学习生活环境的骤变,家庭经济压力,自我情绪疏导能力,以及"从生源地高考状元到大学班级的倒数"这类情况发生后,大学生沟通不畅,自我否定增加,继而丧失沟通信心,从而频现沟通障碍,导致人际交往严重受挫。

具体到法科学生的沟通能力上,专业沟通、情感沟通以及人际沟通均是需要重点培养与提升的能力。专业沟通能力除了包含一般人际沟通的能力之外,还需要个体能熟练运用法律专业知识,并在处理各种高度专业化的法律工作时能高效与人协调、合作直到完成任务的能力。专业沟通能力重在专业二字,包括熟稔法律法规、诉讼技巧精准高超等;但这并不代表沟通二字不重要,与当事人沟通,与法官、律师沟通均是法律专业学生的重要工作技能。新的历史时期,又赋予了该专业沟通能力更新的要求。具体来说,它主要包括但不限于:实时关注社会大众对法律信息的索求,善用各级各类平台向民众精准传播法律知识信息,宣传与解释重要的日常法律知识与信息,熟悉司法相关信息披露和保密制度,掌握新的媒体信息传播方法等。②

现实世界中的情感交流主要依靠一系列的非语言交流,如语调、面部表情、身体动作等。但互联网上的情感交流不是面对面的交流,而是键盘对键盘的交流。这需要通过新媒体传播情感。虽然沟通方式有所改变,但法律工作者与公众之间情感沟通的性质并没有改变,即利用法律工作者的真诚感情缩短与受众之间的距离,以赢得他们的支持和信任。例如,在对话中使用流行语言的网络,每个人都喜欢主动传达对受众的尊重。因此,在新媒体时代,法律工作者情感沟通能力的主要表现就是改变思维定式,站在受众的立场上,赢得

① 曹启富、张宗胜、黄智勤等:《大学生团队协作能力培养模式的实践》,载《四川文化产业职业学院学报》2008 年第 3 期。
② 杜晋丰:《对新媒体时代公安民警社会沟通能力的思考——基于公安机关网络形象的视角》,载《铁道警察学院学报》2015 年第 1 期。

受众的青睐等。

3.组织协调能力

从习得与养成方式上看,与一个人的思维洞察力与分析能力不同,人的组织协调能力是一种典型的后天习得与锻炼得来的能力。学界大多认同该能力的培养提高主要经历了两段大的时间:一个是就业前阶段,另一个是就业后阶段。职前学习阶段,也即是在象牙塔的时期,是公认的培养学生组织协调能力的最佳时期,高校的各级各类学生活动、班团建设,学生组织、学生社团组织的比赛与演出,都为学生提供了广阔的舞台,除了作为参与者能得到锻炼之外,作为各类活动的组织者,其协调能力能突飞猛进地提升。在这个因素上来说,大学生职前各种能力的培养,均应成为大学教育教学的重要任务。一般来说,组织协调是指在控制、激励和协调组织活动的过程并最终实现组织目标的同时,根据任务分配资源的能力。组织目标是组织生存和发展的重要前提。组织目标不仅是个体目标的集合,而且贯穿和影响着活动的全过程。目标管理是美国管理学家德鲁克提出的,基于组织中各层级间商定的为组织所共有的目标,以此决定各自层级所属的责任和目标,并把这些目标作为考核、评估和奖励组内各个成员的标准。[①] 从高校来看,学生拥有个人目标,学校拥有整体目标,个人目标虽小,却是学校日常管理目标的最小因子,根据不同的校园活动制定不同的组织目标,通过培养、训练,让学生能够从达到个人目标开始,一步一步练就处理和应对各种情况的能力,最终具备处理复杂问题的综合能力。分析看来,有以下五个方面的途径与方法值得高校在培养学生组织协调能力的工作中引起重视。

(1)学生干部的岗位培训。这里的学生干部狭义定义为"大学年级、班级的学生干部。学生干部是校园工作和活动的主要策划者和组织者。"[②]根据不同的劳动分工,每个人都有自己的工作重点。他们不仅要考虑如何开展工作,还要考虑如何动员其他学生与他们一起工作,与其他学生、辅导员、教师和其他有关职能部门进行沟通和协调。例如:活动要能够得到广大学生的支持和参与,活动所需的场地和设备需要得到相关部门的同意等,才能行使自己的组

[①] 章凯:《动机的自组织目标理论及其管理学蕴涵》,载《中国人民大学学报》2003年第2期。

[②] 教育部:《关于加强普通高等学校大学生心理健康教育工作的意见》,教社政〔2001〕1号。

织协调能力。通过干部轮换制,广大学生可以广泛参与学校的工作和活动,而不仅仅是少数学生干部。

(2)学生会的工作。"学生会作为学生家庭的自治组织、师生之间的桥梁、干部学校,本着'自我教育、自我管理、自我服务'的原则,在加强大学生思想政治教育、有效推进通识教育质量工程、营造和谐校园文化氛围等方面发挥着重要作用。"[1]学生会的有效工作可以极大地提高整个学校的管理水平和学生工作的效率。在这些活动中,还可以锻炼和提高学生会干部的组织协调能力。雇主筛选毕业生求职简历的第一步,大多会看他们在校期间是否担任过各类学生干部。用人单位普遍认为,能与人畅快沟通,在团队中能游刃有余地组织协调,工作适应能力和抗压能力强,是新时代大学毕业生迅速入职,走入职场的优选素质。

(3)学生社团能力建设。专业学生社团,依据共同的专业发展追求而建立,作为一种成熟的大学学生组织,其章程特定,发展目标明确,在指导老师的引导下相对独立地开展各项活动。与一般组织的松散性特点不同的是,专业学生社团的成员均具备良好的专业知识,社团的目标即是标准化、制度化地帮助学生成员提升专业技能与职业素养。[2] 学生的兴趣爱好和专长可以在协会的活动中得到了解和发展,学生的沟通协调能力可以在协会活动的宣传、组织和开展中得到锻炼。学校教师和辅导员应积极引导学生组织有利于身心健康的社团,在活动场所和经费方面给予一定的帮助,调动其学习与活动的积极性,综合协调学生的个性,聘请德高望重、业务精湛、敬业乐业的教师担任学生社团指导员,将提高社团活动质量、促进社团健康发展以及提高学生综合素质作为其终极目标。

(4)社会实践。社会实践活动是从事与学生专业知识相关的,可操作、可引导的实践类学习活动,其已被众多主干课程吸收为教学内容的一部分,也是

---

[1]　张永斌、刘业兴:《高校学生会干部培养存在问题及对策研究》,载《科技信息》2012 年第 3 期。

[2]　主要观点参见郑飞、梁丽:《学科专业型学生社团建设思考》,载《教育评论》2014 年第 11 期。Nerlan M,Karseth B.,The knowledge work of professional associations:approaches to standardization and forms of legitimization,*Journal of Education and Work*,2015,Vol.1,pp. 1-23.Escoffery C., Kenzig M,Hyden C., Getting the most out of professional associations, *Health Promotion Practice*,2015,Vol.3, pp.309-312.

高校实践育人的重要抓手。① 社会实践活动形式多样,主要包括但不限于勤工俭学、青年志愿者活动、社会公益活动、三下乡、社会调查、专业集中实习/带薪实习、创新创业锻炼等,其目的是引导学生运用所学走出校门解决社会实际问题,真实了解国情民情社情,以情景交融的方式培养其社交与组织协调能力,将理论涵养与实践锻造相结合,促进大学生健康成长。这同时也是帮助大学生树立正确的就业择业观、社会实践观的重要途径,在实践中完成大学生人生重要时期的任务,激发其躬身践行,亲历社会的积极性。因此,除了做好前期工作的准备之外,教师还应该利用自身的专业优势,帮助学生解决实际问题,培养学生的思辨与问题剖析能力,认真听取认识实践单位对学生的评价,在充分肯定学生在实践中的表现的前提下,指出学生在实践中的不足,并提出改进意见,以便明确今后的努力方向,尽早制定职业目标和职业规划。②

(5)专业集中实习。"大学生校外专业实习作为大学生完成学业的必要过程,为大学生夯实理论知识、提升实践能力及培养职业素养提供实践平台。"③专业实习是大学生身份转变的重要过渡阶段,其意义重大,因此也可以称之为准工作阶段。以西南政法大学为例,本科教育和研究生教育都为法学专业学生提供了更加科学的专业集中实习机会,不仅为他们提供了直接参与与其密切相关的专业实践的机会,更重要的是,这一过程也是对学生沟通、组织协调、合作共事、应急处置、专业考核、职务总结和反思过程的考验和进一步锻炼。在实践中,选择经验丰富的教师指导整个课程,实行双向指导制度,即选择学校、系和实践单位共同指导集中实践。学校指导员应参与学生实习的全过程,管理实习生的日程安排,引导他们学会如何与实习单位的领导和工作人员沟通、交流和合作。实习单位选定的指导员应做好工作流程和技术环节的指导工作,同时两位指导员应形成密切合力,及时协调实习生工作中出现的问题,帮助实习生解决工作中的问题。在实习总结与评价阶段,总结实习经验,分析不足,找出今后提高实习生水平的措施,引导教师对实习结果进行评价,提出对优秀实习生的认可,安排实习生向低年级学生介绍实习经验,为其做好实习

---

① 王文华:《试析大学生社会实践活动的教育功能》,载《学校党建与思想教育》2007 年第 8 期。

② 宋一姝、索志林、孙百明:《浅议我国大学生实践创新的问题》,载《教育研究》2013 年第 3 期。

③ 刘宝刚、纪忠璇、吴吉文:《新建地方本科院校工科专业大学生实习的现状及其对策》,载《西部素质教育》2019 第 5 期。

前的心理准备。通过扎实的实习工作,准毕业生不仅能积累工作经验,其人际交往能力、组织协调能力也在不断的实践中得到持续锻炼与加强。

4.创新能力

在法学专业中开展创新创业教育,不仅能引导学生树立法律服务创新的理念,夯实专业知识,主动去探索和思考新的社会法律服务路径,还能创新现有法律服务模式。人工智能的发展已经对教育、法律、军事、金融、安全、交通、医疗、制造、服务等诸多领域产生了深远影响。[①] 美国政府[②]于 2016 年 10 月发布"《为未来人工智能做准备》《国家人工智能研究与发展策略规划》两份重要报告。"[③]报告指出美国人工智能教育发展方向为:将人工智能技术应用于教育教学环节,以及通过人工智能的发展为人才培养设定基本目标。[④] 2019年 3 月,联合国教科文组织发布《教育中的人工智能:可持续发展的挑战与机遇》报告,指明应通过"利用人工智能改善学习和促进教育公平;利用人工智能为学习者的未来做准备;运用人工智能应对教育中的挑战"。[⑤]

2017 年 7 月,国务院发布《新一代人工智能发展规划》,首次在制度上确认"发展智能教育,利用智能技术加快与推动人才培养模式和教学方法改革"。2018 年 4 月,教育部印发《高等学校引领人工智能创新行动计划》,倡导"人工智能与计算机、控制、数学、统计学、物理学、生物学、心理学、社会学、法学等学科专业教育交叉融合,探索发展'人工智能+X'的人才培养模式。"[⑥]针对高速发展的人工智能,对于其重要性和发展前景,习近平总书记多次作出重要论述:"把握全球人工智能发展态势,找准突破口和主攻方向,培养大批具有创新能力和合作精神的人工智能高端人才,是教育的重要使命"。[⑦]

法学专业作为"人工智能+X"的其中一项,创新大有可为,其不仅具备常规的法学专业特色,更着眼于新时期法律服务模式的创新,将不断适应创新型

---

① 季连帅、何颖:《人工智能创作物著作权归属问题研究》,载《学习与探索》2018 年第 10 期。

② 此政府为奥巴马政府。

③ 特朗普政府已于 2019 年 6 月对后者进行更新。

④ 黄秦辉:《人工智能时代的教育挑战及应对》,载《中国教师报》2019 年 6 月 26 日 03 版。

⑤ 任友群等:《促进人工智能教育的可持续发展——联合国〈教育中的人工智能:可持续发展的挑战和机遇〉解读与启示》,载《现代远程教育研究》2019 年第 5 期。

⑥ 中华人民共和国教育部:《高等学校人工智能创新行动计划》,http://www.gov.cn/xinwen/2018-04/15/content_5282540.htm#1.

⑦ 《习近平向国际人工智能与教育大会致贺信》,载《人民日报》2019 年 5 月 16 日 01 版。

社会的发展需求作为其不断修正、提升的重要动力,这也应该成为法学高等教育的应时之举。① 在教学过程中,人工智能技术能优化对来源众多的信息、资料和数据的精准化筛选,运用大数据智能化分析手段进行归类,以多维动态形式向学生传授多维度专业知识;从教育资源看,融合移动终端、人工智能和传统教学资源为一体的智能化学习平台,使各项教学实践活动在大数据、云计算等技术支持下,高度归类碎片化的知识,将其重新整理、筛选、聚合,最后达到远程精确投放,这无疑为初生牛犊的学子提供了更便捷的分析思考途径,在设计解决问题的方案时也更容易及时比对、纠错。②

总之,授之以渔,让学生把握解决问题的方向,让其自行操练并解决问题,让其持续练就专业的实战精神,以法律实践的终极目标作为法学高等教育的核心任务和中心工作,是牢牢把握"育人为本"的主旋律,重视综合能力及特色化教育,以社会需求为导向,着重培养学生跨学科整合能力,通过夯实其论辩等沟通表达能力,努力达成团队协作合力,创新性地运用法学专业思维能力与思辨能力,持续性结合法学理论涵养其实践操作能力,最终促使其解决社会复杂性、综合性法律问题的专业能力提高,高度适应法治建设及法律职业化的要求。这是高校法学教育工作者的责任和义务,也是让法律真正在生活中发挥效用,实现整个社会良性发展的基础。

二、法科学生解决法律问题能力培养的现状

法学专业性强,强在理论知识必须严谨,推理过程必须逻辑严密,实践实训必须紧扣理论主题。衡量法学专业学生培养成效的标准高,高在取决于毕业生能否独立运用和发挥自己所学专业知识,能否具备独立发现、分析和解决问题的能力,能否高效协同合作并取得实效。③

(一)学生独立思考和分析解决问题的能力弱化

长期以来,法学院校的法律理论构建与科学研究体系完备,在新时期国家

---

① 叶青:《法学院校创新创业教育贵在得法》,载《文汇报》2016 年 8 月 5 日 05 版。
② 高金萍:《高等教育进入智能化发展阶段》,载《北京教育(高教)》2019 年第 5 期。
③ 李喆:《法学专业学生实践教学的困境与出路研究》,载《法学杂志》2014 年第 9 期。

政策的支持下,更是取得了长足进展。然而,对理论知识的重视程度越高,反而凸显出法科学生社会实践与专业实践能力培养的短板——实践实训课程在内容、模式、途径、手段以及实际效果方面严重滞后。传统教学法以教材为基础,教师主导课堂,即通过教材灌输理论知识,学生被动理解和吸收。换言之,此种模式下,学生获取知识的广度与深度取决于老师,可能欠缺独立思考和分析的环节。考试高分不乏其人,司法考试高分也比比皆是,然而真正走上工作岗位,独立解决问题的能力参差不齐,甚至可以说需要强化岗前培训的占大多数。

1.缺乏对学生进行主体意识的培养

实践教学和理论教学互为支撑,其有机合成才能形成完备的课程体系。推动实践教学改革的主要目的,是改变传统的被动灌输式教学,让学生也变成课堂的主体,主动预习、备课、查找参考资料并实际参与教学,真正改变以往的"师授生记"的课堂教学模式,尤其强调教学全过程的学生参与。[①] 遗憾的是,老师精心准备的案例教学、模拟法庭等课程并未产生引导学生积极参与的效果,也没有促进学生主体意识增强。在不断复盘中显示,传统案例教学法中,教师提出一系列问题,引导学生遵循该模式思考问题。然而,课堂案例教学绝大部分时间仍然被教师占用,进行着"无微不至"的分析,学生无法感知到基于法官或局外人的立场占位,从而无法获得相应的主体意识,也就难以真正进入实务界的临场状态。可以预见的是,基于教师的总结提炼,一整堂课后,学生可能对某个法条有点印象,抑或对某部法律的缺陷有所了解,但无从着手对案件进行推理、分析与研判,无法像专业法律人一样思考,更无法真正体验法律人在此过程中应负有的社会责任和应当遵守的职业道德。[②]

2.缺乏对学生自主性的塑造

模拟法庭教学法,作为一个更为新鲜的尝试,其给予了学生地位的暂时转化,在名义上被转化为法官、律师、检察官、原告、被告等角色,通过模拟类似的庭审,期望学生习得相应技能。然而,在这一环节中,学生的角色虽有转化,但其"剧本"仍然掌握在老师手中,在整个教学活动中,学生仍然没有相应的独立思考空间与自主裁量权。在教学量和教学考核评价体系的压力下,教师通常

① 邓建民、李芽:《法学实践性教学形式的完善和更新》,载《西南民族大学学报》2006年第10期。

② 王晨光、陈建民:《实践性法律教学与法学教育改革》,载《法学》2000年第7期。

呆板地以学分和期末考试成绩强力施压学生,将理想化的实践课程变成了程序化、剧本化的"走过场";同时,教学考核评价标准仍然偏重考试分数,学生积极参与模拟法庭教学,很可能只是被动配合老师的教学活动,为自己增加学分而已,以功利心态消极配合,其积极性、自觉性由始至终没有被调动,更无从谈论自主性。

3.沟通、协调能力训练的缺位

法学不应是一个封闭的知识体系,相应的法学实践教学也不应局限于处理法律职业的问题,而应与社会实际相结合,培养学生的综合交流与协调素质。[①] 在成熟的课程体系之下,案例教学法无疑是完整及符合方法论的,其清晰准确地描述了事实,分析了其法律特征与所涉的主客体关系,学生需要做的,仅仅是连线匹配——将案例事实与法律规定相匹配,法律当事人的权利和义务便可轻松确定。然而,案件永远是有生命力的特殊事件,其事实走向可能无法预料,各种人物与法律关系可能无法及时分辨,法律人必须仔细识别、对比梳理、严谨辨析,一案一推理,一事一结论,努力运用法律理论的标尺为案件定性、研判服务,而非蹩脚地故意将案件套上某条法律。这一能动性过程不仅需要高度的法律专业素养,还有赖于社会经验与生活常识,否则何谈研判与定性,连调查、分析、制定方案都无从入手。因此,学生需要具备的是跨学科综合知识,也需要铺垫好相应的社会实践经验,才能真正进入专业复合型人才的培养流程。如果只是使用简单的法律知识进行简单的方案匹配,则无非还是传统教学法的翻版,"就像一个只学过切花的园丁,或一个只学过建筑图片的建筑师",[②]进入真实环境后,便无法展示真功夫。

4.缺乏法律思维能力的系统教学训练方案

法律实践教学是以法律知识、专业技能和法律思维为教学内容的完整体系。法律思维能力的培养在传统教学法中收效甚微,毕业生即使经过几年执业,也未必能真正获得该种专业思维。法律思维能力,重在对法律适用进行价值取向的判断,对法律事件进行合理合法的推理论证,将法律逻辑贯穿实践全过程。[③] 法律思维能力的培养系统在体系结构上应自成一体,但在知识交互

① 陈治:《我国法学实践性教学模式的反思与创新》,载《法学教育研究》2012年第1期。

② 王晨光:《法学教育的宗旨——兼论案例教学模式和实践性法律教育模式在法学教育中的地位、作用和关系》,载《法制和社会发展》2002年第6期。

③ 王泽鉴:《法律思维与民法实例》,中国政法大学出版社2001年版,第2页。

运用上,应涵盖所涉学科,并施之以专业教学法,同时辅以大量的长时间持续累积。因此,立竿见影的教学效果并不会出现,即使临时引入创新的方法,学生的法律思维能力也不会直接和明显提高,相反,这些都是为了达到实践教学目标而采取的短浅式教学手段,也是真正实现法律思维能力提升的障碍。

(二)专业实习缺乏系统化构建,学生专业实践能力训练不足

目前,受疫情对经济的巨大冲击与全球经济持续走低的影响,大学毕业生就业状况形势不容乐观,法律专业就业率不高尤为突出。究其原因,不难发现,法律专业根据自身特点,致力于培养一批专业性强、法律逻辑严密的法律人才,这种能力建设不是一蹴而就的,它不仅要求学生对法律理论知识有非常准确的掌握,而且要求学生具有较强的逻辑分析能力、逆向思维能力和发散思维能力。[①] 有调查结果显示,在学生实习过程中,学校和企业的合作普遍处在"名义上正规,实则浅层、松散"的合作状态。[②] 着眼于此,众多高校开展了不同程度的专业实习尝试,主要形式是法学院校和法律实务部门合作搭建实习基地,并以此平台共同培养教育学生专业实习,通过实习经历的锻炼,理论联系实践并运用于实际,冀望学生们熟练掌握实务中的法律运用能力。但是,由于合作制度的缺失和配套制度的不完善,一些问题影响了专业实践的预期效果。

1.专业实习缺乏风险评控机制

大学生专业实习过程中存在诸多问题,如培养目标与实习内容的背离、实习缺乏有效的指导和科学的效果检验,以及实习待遇不合理等。[③] 在实习中,实习生的人身财物安全,参与法庭审判的行为尺度,案卷梳理与文书写作中援引、适用法律的边界与限度,对获取数据和相关理论政策进行分析研究等,都可能因实习生不了解相关情况而导致突发情况,甚至触碰相关涉密工作的边界,此为可能出现的第一层面的风险。有法学界人士则认为:按照我国的劳动法,"劳动者"的含义是劳动人达到法定的年龄,具备劳动能力,在社会上以从事某种劳动并获得收入为主要生活来源,依据法律或合同的规定,在用人单位

---

① 哈书菊:《论法学人才实践能力培养》,载《学理论》2013 年第 2 期。

② 林金良、李小兵、董青海:《校企合作人才培养模式研究》,载《教育评论》2014 年第 4 期。

③ 金劲彪、韩玮:《大学生实习权益的保障机制研究》,载《黑龙江高教研究》2019 年第 1 期。

的管理下从事劳动并获取劳动报酬的自然人。[①] 另外,与实习基地的专业指导不同,学校指定的指导教师,基本上在整个专业实习过程中,参与度较低,通常就一头一尾出现一下,无法实质上承担双导师的职责,这也为整个专业实习工作的完整性添加了风险。为预防在专业实习中可能出现的风险,应以现有管理制度为原则,校内外指导教师为主要责任人,设置更为完善的风险评控机制,具体到给每项实习活动制定具体的、具有可操作性的审查、监督程序,对活动进行全程监管。

2.专业实习缺乏参与激励机制

结合目前几所主要法律院校的专业实习情况来看,主要存在的问题是,学生对于专业实习积极性不高,认为就是走过场,学不到东西,因此消极对待,或者应付了事,同时让父母动用其他关系去找另外的"正式"实习岗位。此情况的出现对于法律院校来说,无疑是对法科学生整体培养制度的不信任与挑战,然而,通过自省我们发现,类似情况真的时常出现,且部分学生的微词并非毫无根据。那么,问题出在哪儿呢?通过对相关学生的采访得知,学生对于专业实习的淡化与不认真,绝大部分是出自对相关制度与机制的不信任。比如,大二学生在专业知识尚不熟悉的情况下,就参与实习,实习基地的指导教师因一带多的制度,无法针对每一个学生开展有针对性的辅导,这就导致实习生在无法解决问题的时候,只能靠自己摸索,经常做得多错得多,久而久之,就产生了畏难与厌烦情绪了。

国外针对大学生实习的保障机制起步较早,法律法规及部门规章制度比较成熟。德国《联邦职业教育法》颁布于 1969 年,其后又陆续颁布了配套的《职业教育促进法》《企业基本法》等,再加上教育部门管理条例和实施办法共同构建了大学生实习保障法律体系。[②] 澳大利亚大学生实习权益保障机制主要由政府和高校共同承担,协同发挥作用的还有社会民间团体以及民间校企合作组织等。澳大利亚全国有 500 多家社会服务机构直接安排、组织、分配大学生实习实训,其背书单位均为政府,其获得政府资助的主要途径是依据该类机构、企业与学生签订的实习协议,以及是否建立维护学生实习权益的主管部门。这里有一个很清晰的权利——学生实习权,其作为学生的固有权利通过

---

① 徐银香、张兄武:《"责任共担"视野下实习生权益保障的调查》,载《高等工程教育研究》2017 年第 6 期。

② 姜大源:《德国联邦职业教育法译者序》,载《中国职业技术教育》2012 年第 10 期。

相关法律固定下来并且逐步市场化,其服务质量与其市场占有率直接相关。[①]

目光再转回国内,根据前述分析,制度建设方面,目前国内高校法学实践教学制度性缺失,对学生实习的调控杠杆失调,激励保障机制几为空白。同时,实习生与实务导师之间的关系非常松散,通常导师只出现在最后评价打分的阶段。针对学生的激励机制方面,由于上述制度性缺失,部分学校为提高专业实践吸引力,设立了相关奖学金的评定,并以此作为评价学生实习实训的标尺。在学分方面,对参加实习实训实践的学生予以加分认定,但目前各高校的相关认定系统有值得调整和修正的地方,具体应包括但不限于以下内容:加分流程的公开化;加分评议组构成及其人员的详细情况;加分标准的制定依据等制度;期末表现突出学生的物质奖励与荣誉证书等。针对指导教师的激励机制方面,评价及奖金同样是最重要的两项抓手,评价机制应包括评价主体、评价标准与方式、评价流程以及评价反馈等。评价主体应当包括专业实践的全体实习生和实习基地人员,评价的内容主要包括是否完成实践实训,实践实训的成果分值等。获得高分评价的指导教师可适当给予职称晋升、工资报酬等倾斜,从制度保障上加强对法学实践教学的鼓励、支持。

3.专业实习缺乏系统科学的设计(与实践教学目标脱钩或联系不紧密)

由于受到多种因素制约,现有的专业实习在制度、风险评控以及参与激励机制方面被诟病;另一方面,受相关法律法规与校规校纪的制约,也不能盲目追求实习基地类型的多元化与规模化,这就造成了目前专业实习面临的最大问题,即实践与教学目标脱钩或缺乏科学系统的评价体系。[②] 举个例子,在检察院的实习中,有的实习生被分到立案庭,有的在公诉处,而有的则被分到了卷宗室,乍一看可能差别不是太大,这仍然是在一个单位的不同部门,然而,由于有的实习基地领导更换频次高,有的案件量太大,有的则受机制的制约,无法调整实习生的轮换岗位,这就有可能造成法科学生有可能3个月都在整理卷宗而接触不到任何程序性的实践活动等类似情况。因此,实习基地的专业与部门划分,在实习之前应由实习基地指导老师和学校专业老师完整地进行对接,尽可能地按照培养方案,注重特色地安排实习岗位,科学系统地指定实习培养方案,改变以往"放养式"的实习模式,将实效与成果真正摆在导向指引

---

① 王进:《欧美大学生实习权益保障借鉴与启示》,载《教育与职业》2015年第8期。

② 李世辉、龙思远:《"五体联动"视角下的大学生实习机制研究》,载《现代大学教育》2017年第5期。

的位置上来。①

4.专业实训缺乏对实训效果的跟踪调查与对策研究

在评价机制与保障机制不力的情况下,实习实践实训的跟踪调查机制显然也处于缺失的地位,甚至有的高校为达到某年度教学任务,通过临时性决策为学生联系实习单位,以完成当年目标为限,没有下年度的实习计划,更加没有可持续地与实习单位对接、联系的后续流程。因此,接受实习生的单位无法针对一次性的实习作出客观评价,高校自然也无法将其作为调查对象,完成跟踪调查报告。故此,为期达到计划性实习培养的预期目标,切实指导学生校外实践实训,高校有必要在完善评价与保障机制的基础上,通过以下几个方面,努力探索研究,建立和完善专业实习实践实训体系的跟踪调查机制:(1)完善制度:科学订立《学生校外实习实训管理办法》及配套相关文件,建立健全"教学管理""校外实习培训管理""考核评估""跟踪服务"等制度;(2)落实团队:校外实训指导员队伍由企业管理人员、专业技术人员、学校实务导师及辅导员组成;(3)考核机制:学校和实习实训基地应共同制定考核指标,通过"软技能＋硬指标"考核学生在实习实训基地工作的实际效果,其中"硬指标"采取定量考核的形式,"软技能"主要从思想道德、行为纪律、工作态度、团队写作、安稳工作等方面进行考核;(4)跟踪机制:建立"一人一本"的专业实习台账,与"一生一档"的就业服务跟踪挂钩并形成完整的职前＋职后评估链,根据跟踪数据与调研数据及时调整专业实训的相关制度。②

(三)法科毕业生过剩与无法满足社会岗位实际需求的矛盾突出

埃德加·博登海默教授说过:"如果一个人只知道审判程序之规则和精通实体法的专门规则,那么他只是一个法律的工匠,那么他的确不能成为第一流的法律工作者。"③另有学者指出,法学教育培养目标是"精英培养目标、通识培养目标以及职业培养目标"。④ 这三种目标应该是分级实现的,基础是达成

———————————————

① 马小洪、宣雯娟:《以校企合作践行校企双主体育人长效机制的探讨》,载《现代商贸工业》2020 年第 24 期。

② 叶弈:《深化产教融合突出企业主体作用》,载《科技智囊》2018 年第 3 期。

③ 〔美〕E.博登海默:《法理学:法律哲学与法律方法》,邓正来译,中国政法大学出版社2004 年版,第 531 页。

④ 田开友、胡道武:《西部地方高校法学实践教学模式的变革研究》,载《现代教育科学》2014 年第 4 期。

职业培养目标,因为通识或者精英目标无法建立在没有基础的空中。"科学只有通过技术的载体发挥效用才能转化为社会生产力,法律制度也必须通过法律技术的实施与不断试错实践才能转换成现实中人们争相遵守的法律秩序。"①

足以引起社会各界关注的是,新冠肺炎疫情至今已逾两年,国家号召要努力促进更高质量更充分地扎实推进就业工作。国内大部分综合类高校以及部分理工科高校均设有法律专业,然而,现实的情况是:一方面,大量的法科毕业生无法找到工作,或者说,无法接受虽然能够找到工作,但与自己的预期相去甚远的事实;另一方面,有大量法律实务界的单位却存在"用人荒"。这在一定程度上反映了我们的人才培养不是过剩的,而是仍然不能满足社会的需要。韩大元教授指出:"法学毕业生,作为高等法学院校的培养成品,如果不能能动地满足经济社会的用人需求,无法满足法律行业的发展要求,则会从根源上影响法律职业对法学毕业生的信赖,从而危及高等学校的法学教育。"②换句话说,法学实践教育,既是法学教育其中的一个模块,也是检验法学教育实效的标尺,更是高等学校法学教育的终极指导目标。其多重身份提醒我们,必须建立一个标准和规则统一的组织或机制,充分整合社会各种资源,努力构建目标一致、行动协调的社会一体化实践教学秩序。

1.主干课程设置的无差别化导致法科学生能力无特色化

为了解决法律职业的就业和法律人才的培养等问题,许多高校都开始对法律人才的培养措施和培养体系进行改革。要建立一支强大的法律专业队伍,我们需要一个高效、同质的法律教育体系。西南政法大学国际法学院涉外法律人才实验班和"一带一路"法律人才实验班应运而生,采用"3+1"培养模式,专业学习与实践相结合,更让学生出国留学与教学实践紧密结合。从培训管理方案的角度来看,一般学生只需要在第四或第五学期进行为期10周的专业实习,即可获得6个学分。法律实验班的学生必须在第六学期进行为期20~25周的专业实习,最多20个学分。体现了法学实验课对实践教学和学生实践技能培养的重视。

纯课堂理论学习的最大缺点是"要学生学"的灌输,即使是案例教学或模

①　周世中、倪业群:《法学教育与法科学生实践能力的培养》,中国法制出版社2004年版,第62页。

②　韩大元:《全球化背景下中国法学教育面临的挑战》,载《法学杂志》2011年第3期。

拟审判,也存在着难以解决的问题。例如,在刑事案件中,学生在法定量刑范围内的选择,即使考虑到法定量刑情节,实际上也是任意的。只有当一个学生明白他的决定是为了个人、单位和他自己的利益时,他才会思考每一个细节。学生需要的是教师的指导而不是灌输,其学习主动性必须依靠实际案例丰富的情感色彩来发展,而不能依靠纸上的教科书。因此,必须以"我要学"为导向,加强导师对学生的学习指导。[①]

通过以上分析与论证,实习生在开展法律实践活动时,其本身既是实践教学活动的客体,同时又是各项实习实训实践活动的主体。除相应制度保障之外,学校还应建章立制,进一步清晰化实务指导教师与学生的责、权、利,在实践教学活动中构建平等的主客体关系。其中,引领与树立正确的"法律观"不仅是学生树立正确三观的重要环节之一,更是教师的重要职责。法律知识绝非万能,其代表的是众多社会规范之一,其指向的是普遍性社会问题,可能无法直接解决所有具有特殊性的个别问题,言下之意,学习了理论知识,践行了相关活动,还需要充分运用智慧与举一反三的技能,才能真正处理社会真实的法律问题。教师在教学中,除了引进国外成功的法律案例,增强学生对法律在规范社会和建设社会主义法治社会中的作用的信心之外,为确保法律实践教学的高质量与充分反馈,也有必要引进律师、法官、检察官和其他法律从业人员,形成学校教师、法律从业人员和学生之间的互动教学机制。

2.高校传统培养模式无法适应前沿岗位对优质法学人才的需求

高校传统培养模式中,对法律职业技能的分配比重较轻,但忽略技能的长期训练会给学生带来危害,因为这项专业技能应该伴随学生度过他们的整个职业生涯。[②] 经过四年以上培训的法律系学生(包括本科生、研究生)与非法科学生的主要区别是什么? 是一个对法律理论有丰富知识的法律系学生吗? 大家都知道,很多非法科学生经过几个月的培训和自学,便能通过司法考试。那么,经过多年系统培训的法科专业学生和半路出家的非法科背景学生的区别何在? 司法实践是检验其区别的其中一个点。当具体问题来临时,如何独立思考、分析与处理案件,更是一个重要的衡量标准。法律、司法解释及判决书可能在互联网上能轻易搜索到,但在司法活动实践中累积的经验,对案件的

---

① 张晶:《现代教育理念下学分制管理模式的框架设计和运行研究》,载《高等理科教育》2006年第1期。

② 托马斯·D.摩根、李凌燕:《为21世纪培养法律学生》,载《法学译丛》1988年第3期。

零碎细节的消化,运用专业法律人的思辨与论证技能,认真与严肃对待每一个案件,这才是区分法律专业背景学生和非法科背景学生的检验关键,当然,这也无疑是法律专业学生在四年甚至更多的学习中最期待获得的能力财富。[①]

目前实践教学无法将实体法和程序法进行衔接,也无法为学生解决法律实践中的道德困境提供真的场景。[②] 尽管法科学校声称遵照国家政策,了解就业导向,也掌握了司法实践部门对人才需求的细节,从而开设实践教学课程,但事实上,仅仅只有这些课程的设置还远不能满足法律行业的需求,一些法科学校只能提出"法学院校培养的法律人才仍然只是一个半成品"的自我安慰口号。事实上,在这个时代,许多基本知识可以通过自学来学习,而实践经验不能通过自己的意志来培养。法学专业学生可以自主学习教材和理论著作,但积累司法实践经验相当困难。更有效的方法是为培训单位提供培训平台。[③] 就算抄袭他人的成功经验,也未必能学得心领神会。亲身经历才是人自信的根本,只有亲自参与司法实践才是法科学生自信求职的基础。

综上可知,实践教学是法学教学中必不可少的环节,课堂理论教学无法完成对法律从业人员的职业道德与素质教育。朴素的道德素质教育,仅仅照本宣科地告诉学生要以内心的道德信仰为先,而不去引导他们在实践中独立操刀思考与辨析现实问题,自然无法达成教育的目的。而更为高阶的法律职业道德,其修习与提升还必须通过客体的评价机制,包括自我评价和他人评价等。课堂上教授的法律道德原则,要恰当运用甚至活学活用,不增加实践仍然是无法完成的。唯有实践中才有最真实的情感反应,唯有不断训练,才能获得社会道德感的至深思考。[④]

三、传统法科教学法培养学生解决法律问题能力的弊端

我国的法律实务界、学界早已认识到法学理论教育与法律实践部分脱钩

---

① 苏力:《法官素质与法学院的教育》,载《法商研究》2004 年第 3 期。

② 房文翠:《法学教育中的法学实践教学原则》,载《中国大学教学》2010 年第 6 期。

③ 刘焱:《论法学专业教育着力点向实践教学转变》,载《大学教育》2021 年第 1 期。

④ 张健、李胜利:《法学实践教学方法设计研究》,载《乐山师范学院学报》2015 年第 6 期。

的现实情况,也就法学实践教育的重要性和必要性达成共识,在高校的教育计划之中,也明确了法学实践活动的重要地位,但时至今日,现实状况仍然没有得到明显改变。[①] 法学实践教育课程主要包括课内与课外教学实践,课堂教学实践的逻辑主线是对传统教学内容和教学法的改革,激发学生作为学习主体参与法律案件分析、讨论与定性等。法学作为社会学的一门学科,在其教学过程中,理论知识的掌握和实践能力的培养同等重要,因此,要以结果导向为主要抓手来促进实践教育的课堂改革,以解决真实社会问题为主要目标。课堂上主要应力求教育落到实处,在满足法律行业需要的基础上,努力培养学生分析问题、解决问题的能力。[②]

(一)教学模式和教学方法单一,无法满足培养学生解决问题能力的需求

传统的教学模式是教材、教师、教室形成的统一机体,学生是后来者,更是一定意义的旁观者,或者说仅仅是观众。教师持有以教材为基础的剧本出现,开始演讲式演绎。40 年前,这种填鸭教学法是社会主流,突出了以教师为中心的地位,迫切地希望开启国人民智,在当时确是不二佳法。然而,飞速发展的中国已经走到了百年难遇之大变革的时代,走到了世界格局瞬息万变的信息化时代,如果继续忽视学生的主体地位,忽视其能动性的创新能力,忽视其与教授者的互相成就,不仅会继续扩大法学教育与法律行业现实的差距感觉,也终将曲高和寡,无人共鸣。

(二)课堂教学与培养目标明显脱节,无法针对性提升学生解决问题的能力

法律本科教育培养目标的定位不应仅仅用找到好工作来衡量,不应仅考察其适应能力与工作业绩,还应更长远地与法学教育的常态化延续,法律行业的可持续发展相联系。因此,科学、合理地修订法学本科教育目标迫在眉睫。就法学本科教育而言,重职业教育还是重技能素质教育是一个明显的分岔口。学生在学校的时间是非常宝贵的,但如果观念不变,即使给予更多的时间,或

---

① 邓建民、李芽:《论法学实践教学形式的完善和更新》,载《西南民族大学学报(人文社科版)》2006 年第 10 期。

② 陈慧娟:《论法学专业学生实践能力的培养》,载《法制与社会》2009 年第 12 期。

只能停留在"口",不能"实用"的状态。就教学大纲而言,与执业有关的部门法课程,例如民事和民事诉讼程序、刑事和刑事诉讼程序、行政法和行政诉讼程序法,以及司法实务中常用的主要学科,例如婚姻法、继承法、合同法、侵权行为法、消费者保护法、司法科学、版权法、专利法等,可否在整个学制的前 1/3 或 1/2 就完成教学?具备适当的理论知识后的学生能否完成教学计划规定的实践任务,能否带着自己实践所遇到的问题重回课堂,提炼总结并给出自己的解决方案,记录处理问题的全过程,只有这样才能紧密结合理论知识的学习,把握问题导向,在实践中求得真知,在课堂讨论中总结经验。这是任何一门学科的职业人均需要掌握的学习方法,而非书本上注明的参考途径。[1]

(三)课堂教学与法律实务需求不完全匹配,无法切合人才市场对高端法律人才的实际需要

高校的自身实力有强有弱。事实证明,高校的快速发展,是基于开放地全面地与实践部门紧密合作的良好实践,将用人单位纳入人才培养共同体,严格对标,借助社会力量提高人才培养质量,这种联合培养显然做到了 1+1 大于 2。[2] 从法学学科来看,这种深层次的整合尚欠火候。法科实习生在走上社会岗位时,其所学习的法学理论知识,在面对复杂社会环境时,显示出力所不能及的缺陷,这不仅因为高校的培训重点主要还是理论,而用人单位、实践实训部门的一线工作充满变数与挑战,每天每时每刻遇到的事件与案例都是全新的,且无现成规律可循的,实习生能够尽快上手的,恐怕也只有整理案件卷宗这个环节了。因此,法学教育培养单位和法律行业要实现真正的共同体式培养,还得回到实验式教育教学改革的初心——订单式培养。在此基础上,高校培养重点发生一定偏移,高校的教师必须要深入实习实训基地,共同参与实习生的实践过程,在实践中检验自己理论课程的成效,发现不足,及时修正与提高。所谓共同培养,不是简单地把学生派往实习基地就结束,如果这样,则只有一方的培训转移到另一方,难以真正形成共同培养,更加无法做到协同共进。当然,教师深入实习实训基地的作用,也不是简单的监督,而是边学边讨论,边工作边分析,高校、指导教师、学生、实习基地各自扮演的角色必须清晰

---

① 陈伟:《从法学通识教育到法学实践教育的转向:兼论法学教学方法的变革》,载《法治研究》2015 年第 1 期。

② 刘蕾:《法学实践教学改革与卓越法律人才培养》,载《教育评论》2013 年第 2 期。

有序。另一方面,实习基地的主要职责与义务应以协议或合同的方式正式厘清,其要承担培养学生法学实践技能与完善提升其理论涵养的重任,不能单纯安排实习生跟随实务工作者开展日常琐碎工作,也不能期望每年实习季连续批量获得短期免费劳动力。只有与高校有良好的相互沟通,才能明确实习基地的培养计划与培养路径,通过多种实践方式,促进与推动实习生自行在实践中学习,并学习客观公正地评估自己在实践学习中的技能与理论知识的运用效果。[1]

四、现代教育技术与法科实践能力教学的整合

当代科学技术的发展日新月异,知识陈旧周期缩短,人类知识总量已达到了 3 年至 5 年翻一番的程度。[2] 自 2013 年以来,大数据和人工智能已经渗透到司法领域,建设智能法院和智能检察官已经成为一个热点趋势。大数据时代信息技术的发展导致了许多法律案件查询网站的发展。在中国裁判文件网上发布了 1 亿多份有效判决文件,每天新增 4 万多份,访问量超过 149 亿次。访问者来自 210 多个国家和地区,已成为世界上最大的裁判文件网络。[3]

(一)课堂教学

课堂教学是法学专业学生知识的重要来源,应充分利用课堂教学的契机,合理运用广泛的平台资源,调动学生积极参与、主动学习的实践能力。案例教学、模拟法庭教学和诊所式教学可以安排在学生的教学计划中。

1.案例教学

案例教学法(国外称为案例教学法)是一种培养和提高学习者知识能力的教学方法,它把已经发生或将来可能发生的问题作为案例,供学习者分析和学习,并提出解决问题的各种办法,从而提高学习者解决实际问题的能力。19

---

① 龙著华:《创新型法律人才培养目标下的法学实践教学》,载《重庆电子工程职业学院学报》2011 年第 1 期。

② 郭成伟:《法学教育的现状与未来》,中国法制出版社 2000 年版,第 53 页。

③ 刘本超:《司法审判中的数据分析》,载《地方立法研究》2020 年第 5 期。

世纪 70 年代,美国哈佛大学法学院院长兰德尔(Christopher Columbus Lang-dell)首创了案例教学法(Case Method Teaching),他编著的《合同法案例》是世界上第一本案例教学法教材。该教材精心挑选汇编了真实案例,主要是训练学生运用法律推理的能力,其目的"不是让学生记住判例,而是去分析他们"。[①] 我国虽非判例法国家,但学校教育和法官培训中的案例教学法经过事实证明,都是有效且非常重要的。[②]

据前文可知,中国传统的案例教学模式会导致整个案例教学缺乏情境性、主体性、互动性、问题性、实践性的特征,不利于对学生综合能力的培养,局限性显著,已不能为大学生提供实时、准确的案例资源。高校应培养学生的法律检索能力和法律资源整合能力,以适应大数据时代的发展。因此,我国传统的法律案例教学模式,无论是教学方法还是培养内容,都不能满足新形势下法律人才培养的需要,如何适应大数据时代发展的现代教育需要,已成为高校法学教育必须思考的问题。[③] 当前推广法学教育信息化和法学教育数据分析的运用,已然成为世界范围内发展教育的全新风潮,在以下大数据对法学教育产生的影响就可以看出:教学工具方面,大数据信息技术的发展,对法学教育中的传统教学工具使用造成了冲击。部分高校已经尝试将模拟法庭按照真实法庭环境建设,采用先进的法庭数字庭审系统,全智能化模拟法庭审判,以适应当前大数据信息技术的发展。[④]

大数据对法学教育的渗透和影响,需要法学教育模式适应科技发展带来的新知识和新工具,需要法学教育研究创新大数据法学思维,需要法学学科建设融合交叉学科教育,同时还需要法治人才培养实践于更多领域的法律行业。[⑤] 对于应用性较强的专业课程或章节,应全面实施"X+案例教学法"。应充分利用中国司法文书网、北京大学法宝网、法律信函网、司法案例等法律数

① [美]伯纳德·施瓦茨著:《美国法律史》,王军等译,法律出版社 2007 年版,第 5 页。

② 黄进:《强化司法案例研究,促进法治中国建设》,载《法律适用(司法案例)》2017 年第 8 期。

③ 王世涛、王黎黎:《大数据时代法学案例教学模式创新》,载《航海教育研究》2021 年第 2 期。

④ 刘贤明、刘大福:《科学运用法科案例教学初探》,载《行政与法》2018 年第 5 期。

⑤ 阮晨欣、刘艳红:《大数据司法领域对法学教育的渗透与影响——以区块链技术的法行业运用为视角》,载杨宗科主编:《法学教育研究》2020 年第 28 卷,法律出版社,第 93~110 页。

据平台,培养学生对信息进行分类识别、法律检索的能力。同时,各学校应开设法律检索课,培养学生的法律检索能力,以适应大数据信息时代的发展。通过利用交互式数据提高学习者的学习积极性,利用智能诊断分析缺乏教学内容,利用大数据个性化指导找到学习中的漏洞。教师应教会学生从被动接受大数据转变为识别和使用大数据的领导者,从大数据的消费者转变为大数据的分析师和领导者。① 通过知识检索、超链接相关知识点操作,实现数据信息的准确提取,从而以满足学生对数据内容的薄弱知识点为前提,实现准确丰富的教学内容。② 网络教学资源子程序应与法律实务部门建立超链接,有利于剔除过于陈旧的知识和过于凌乱的知识碎片,又能定期充实数据资源的实时更新,真正使法学生在诸多鲜活的热点案例中,形成法学与相关学科领域相关联的最新知识体系与案例判决,为日后实际法律服务工作奠定基础。

2.模拟法庭

模拟法庭教学是指在教师的指导下,由学生扮演法官、检察官、案件的当事人和律师及其他诉讼参与人等,以司法审判中的法庭审判为参照,模拟审判某一案件的教学活动。③ 据调研,在全国范围内的高校法学院培养方案中,总共有4门常见的实践或实验教学课程,分别为法律文书、案例研讨、模拟法庭和法律诊所。基本上传统课堂实验教学的理论与实践脱节,且各门课程相对独立,难以融会贯通。④ 新的大数据技术正逐渐渗透到人们生活的方方面面。越来越多的法律研究项目和实时案件涉及信息技术领域(如大数据、算法、人工智能、区块链、物联网等),学生不仅需要掌握法律理论知识,还需要对相关的新兴科学技术领域有深入的了解。在各级法院积极投身建设的智慧法庭、法院智慧数据中心等平台的过程中,高校法学教师和学生应该采取更加积极的态度和更加广泛的法律思维来应对法学教育领域的新变化。⑤

大型开放式网络课程(MOOC)教学与实验平台相结合,可以很好地满足

---

① 李敏、韩晓玥:《大数据对法学教学模式的影响调查——以湖南省十所高校的问卷调查为基础》,载《高等教育研究学报》2019年第42期。

② 葛云松、金可可、田士永等:《法治访谈录:请求权基础的案例教学法》,载《法律适用(司法案例)》2017第14期。

③ 单丽雪:《法学教育的理念与模拟法庭教学》,载《航海教育研究》2007年第4期。

④ 王占全、陈亮、周登谅、武建功、郭佳雯:《新文科背景下法学虚拟实验教学平台的设计与实现》,载《实验室研究与探索》2019年第12期。

⑤ 章程:《继受法域的案例教学:为何而又如何?》,载《南大法学》2020年第4期。

当今法学应用型人才对综合能力的需求,但如果单纯的网络教学模式不能形成学习成果认证机制,就不可能被社会广泛接受,单纯的网络应用也未必真的有意义。利用大数据技术,收集学生的过程数据(如学习行为、学习成绩、学习习惯),并通过数据挖掘、比较、整理和分析收集分析平台,实现教学从一次性、间歇性的评价过程,伴随着评价的变化。[①]

　　模拟法庭允许学生接触各种各样的事实,不仅包括证据材料,还包括诉讼当事人的论据和法律从业人员的逻辑分析。研究现有证据是否有遗漏、法官对法律的理解和引用是否恰当,以及案件的争议点是否具有学术研究和案例分析的价值。[②] 在教师指导下通过模拟法庭让学生直接参与办案活动的全过程。具体操作包括但不限于法庭审判、法庭调解、调查取证、诉讼材料整理、司法文书制作等活动。这样一个精细的评价体系可以全方位地反映学生的个性能力。因此,应建立一个全国性的认可机制,使未来的法院、检察官办公室和律师事务所能够将在线学习成果作为评估人才的重要标准之一。[③]

(二)课外实践

　　高校与实习基地应共同完整设计评估实习生的方案,该方案既要考量实习生的工作绩效,又不能超过其能够完成的工作范围。该方案的设计并不简单,其重点仍应考察实习生对法律知识、技能的熟稔程度,以及其将理论应用于实践的意愿、方法、效果与实绩。

　　法律实践活动的主要内容包括但不限于:观察法庭审判;查阅法庭判决书/裁决书;观摩与实际体验法律咨询;实习基地的具体活动,如参加法院、检察院及律师事务所的专门培养和训练。

　　1.观摩法庭审判

　　审判观摩是人民法院或者人民检察院为了规范法庭活动,进行法律宣传,除审判人员和参与审判的当事人外,组织其他司法人员和群众旁听审判,严格按照法律程序和法律规范,例如《中华人民共和国人民法院组织法》和《人民检

---

　　① 　冯果:《大数据时代的法学教育及其变革》,载王翰主编:《法学教育研究》2018年第20卷,第1~13页。

　　② 　冷凌:《试论模拟法庭在法学专业学生实践能力培养中的作用及创新》,载《教学研究》2012年第2期。

　　③ 　朱兵强、曾妍:《MOOC时代的法学教育:困境及应对》,载《当代教育理论与实践》2016年第11期。

察院组织法》进行审判。①

定期安排、组织实习生或其他学生参与人民法院审理案件的公开活动,现场讲授、分析刑事、民事、行政案件等不同法庭审理的区别,让学生亲自体验法庭开放日,旁听生活中的真实案件,目睹法庭审理的全过程,不仅可以帮助学生消化和理解诉讼法中难以记住的事情,而且可以加深他们对诉讼程序的认识。此外,在法官审判的整个过程中运用的法学教材中没有提及的语言和对话,更有助于提高学生的法律实践能力。

2.开展法律咨询活动

大学生参与社区法律服务在培养实践能力方面具有其他实践性课程不可比拟的优势。就法学专业学生就业情况而言,公安、检察、法律机关门槛较高,竞争激烈,基层司法行政部门等法律实践部门面临招聘困境,面向基层社会,培养基层实践经验丰富的毕业生是明智的选择。大学生社区法律志愿服务有多种形式。每个大学都可以根据自己的特点和区域优势选择自己的方式。②

定期举办法律咨询和法律援助服务活动。积极组织大二年级以上的学生,在校内外为普通群众提供法律咨询服务,并在老师的指导下进行法律实践练习。这是直接面对与接触生活中的真实当事人,了解事件发生的真实背景的绝好机会。在学生向当事人解释相关法律知识和相关法律规定,帮其起草法律文件,撰写咨询意见书或者法律援助服务的总结报告后,学生便能完成一项完整的日常法律活动。由此根据其表现,由组织单位和高校共同给出实践成绩和书面总成绩,计算出本学期相应课程过程教学管理实践环节的成绩。

3.专业集中实习

作为一种综合性的培养方式,专业集中实习重视主体意识的培养、参与自主性的培养、法律思维能力的培养等。专业集中实习在近几年法学教育教学改革中占据重要地位。为解决学生司法实践中的问题,加强与法学院的交流与合作,创新法律人才培养机制,弘扬法治精神,传播法治文化,2015 年 7 月29 日,最高人民法院经研究决定建立人民法院法律实习生制度。③ 文件明确要求人民法院根据法学院学生的实际工作定期录取实习生;安排实习生实习,

① 唐战立:《观摩法庭在法学教学中的应用研究》,载《观察思考》2012 年第 8 期。

② 王艳慧:《关于大学生法律志愿服务进社区的思考》,载《科技信息》2007 年第 13 期。

③ 最高人民法院:《最高人民法院关于建立法律实习生制度的规定》,载《人民法院报》2015 年 8 月 26 日第 2 版。

使学生充分了解审判工作,提高理解、分析和解决实践中问题的能力;实习内容应包括传统的人民司法教育和社会主义法治教育、刑事、民事、行政诉讼、国家赔偿等司法实践;实习生导师制,在实习期间,实习生担任实习法官或实习书记的助理,并在导师的协助下参与助理工作,例如案件聆讯、案件记录、法律文件草拟及专题研究等;实习的管理由人事部、聘用部及人民法学院共同承担,而实习生的思想教育和学习交流活动则具体由人民法院进行。

专业实习仍是目前高校法学教育最重要的实践教育方式。通过溯源可知,我国法学专业实习也经历了一个"大包干—放手干—集中统一安排"的过程,现在主要途径是,通过授予教学实践基地与聘用实务导师的方式,与法院、检察院、律师事务所等建立一定数量的实习实训基地,并通过签署合作协议确保各项保障机制。高校聘请实习基地的法律从业专门人员担任学生实习导师,与承担教学任务的高校老师形成双导师制,双方共同按照人才培训计划规定的期限和时间开展实习活动。实习生必须如实撰写实习日志,形成工作纪要、案卷整理分析报告等;实务导师主要负责填写实习工作报告,包括实习指导、实习计划、总结等。[1] 与此同时,为了加强法学教师与司法机构的交流与合作,促进我国应用法学理论研究的发展,最高人民法院还发布了关于建立法学教师培训制度的专题文件。上述措施将对法学专业学生法律思维的培养和教育产生重大影响。当然,专业实习并不意味着放松专业理论知识的教学,相反,不宜贪多求全,应着眼实际,有计划、有步骤地促进实习生完成与其知识储备相符合的实习任务。法律教学不是面面俱到的,更不可能教给学生所有在实际工作中会用到的知识与技能,客观点来说,培养"铁人三项"式全能型选手在现实中是不存在也是不必要的。[2]

4.社会调研与实地考察

每学期至少组织学生开展一次研学活动,其主题在指导老师的带领下,由所有成员小组商讨决定。例如,西南政法大学法律援助中心自成立以来,围绕"留守儿童权益保护""未成年人权益保护""预付卡消费者权益保护""地票交易制度的创新与推广""社会主义新农村集中居住区建设"等主题开展了社会

---

① 盛鹏、吴万群:《法学本科生实务技能培养的"为"与"不为"》,载《阜阳师范大学学报(社会科学版)》2020年第2期。

② 王新清:《论法学教育"内涵式发展"的必由之路——解决我国当前法学教育的主要矛盾》,载《中国青年社会科学》2018年第1期。

调研活动。活动结束时,学生成员形成了许多显性成果,例如学术论文、咨询问题汇编等,由法律援助中心每年总结汇编成书。部分成员提交的咨政或研究报告获得市级批示或奖励,这能为其下一步的深入研究与实践奠定良好的理论基础。学生成员基于实践的众多研究成果与想法是切实可行的,此时就应主动将其实践成果与其课程要义相结合,力求为社会相关部门提供政策性建议。同时,通过组织与策划活动,学生既锻炼了组织协调能力,又不断实操演练了沟通表达能力,为其今后从事法律实践奠定了基础。

5.实务培训与交流经验

定期召开法律实务培训大会,邀请实习基地顾问团的兼职法学教授,执业律师或者资深仲裁员讲授其实务经验,每次拟定不同主题与讨论话题,由培训生在培训大会上作课程与演讲展示,提出自己在法律实践中遇到的问题,与指导老师在会上或会后进行讨论,从而主动分析、解答问题。充分完善实习生交流机制,有高年级实习生定期作主题汇报,从知识结构上,实践技能上,临场应对等各方面进行讲解与梳理,从而便于低年级学生在进行专业实习之前,做好专业知识储备与心理能力建设。

6.其他各类活动

以上述"法律援助中心"为例,该组织坚持深入基层或乡村,每学期至少开展 10 次法律宣传活动,当场或事后通过电话回答当事人提出的法律问题。在指导教师同意的前提下,作为诉讼当事人的"公民代理人"进行诉讼。在法律咨询和代理诉讼过程中,学生可以全方位、全程参与法律纠纷案件的处理,实现培养学生解决法律实践能力的目标,更符合法学实践教学的目标。选择从事法律工作的学员比例也远远高于学校的平均水平,许多毕业生已成为优秀的执业律师。诊所式教学(诊所式法律教育)又称临床法学教育(Clinical Program),是另外一个可以在本科阶段推行的实践教学模式,是指学生在一个真实或虚拟的"法律诊所"中,在教师的指导下为处于困境中的委托人提供法律咨询,"诊断"他们的法律问题,开出"处方",为他们提供解决法律问题的方法,并为他们提供法律服务。①

① 鲍冠艺:《技术应用型本科经济法课程的诊所式教学模式》,载《湖北经济学院学报(人文社会科学版)》2009 年第 3 期。

五、完善法科学生解决法律问题能力培养机制的路径

2011年12月,教育部、中央政法委联合制定了"卓越法律人才教育培养计划",其中特别强调"我国高等法学教育还不能完全适应社会主义法治国家建设的需要,社会主义法治理念教育还不够深入,培养模式相对单一,学生实践能力不强,应用型、复合型法律职业人才培养不足。提高法律人才培养质量成为我国高等法学教育改革发展最核心最紧迫的任务"。①

2012年,教育部印发《关于全面提高高等教育质量的若干意见》,明确提出深入实施系列"卓越计划",着力创新高等工程、法学、新闻传播、农林、医学等领域人才培养机制,以提高实践能力为重点,探索与有关部门、科研院所、行业企业联合培养人才模式。②

2017年12月,教育部颁布《教育部关于推动高校形成就业与招生计划人才培养联动机制的指导意见》(教高〔2017〕8号),其中第8条"加强实践育人机制"直接对高校培养学生的能力作出了阐释:更加注重按照社会需求塑造学生能力,加强学生表达沟通能力、团队合作能力、科学思维能力、创新创业能力、实践操作能力的培养和训练,使其具备发现问题、分析问题、创设问题、解决复杂问题的综合能力,能够适应未来挑战和变化。系统设计实践育人教育教学体系,分类制定实践教学标准,增大实践教学比重,整合校内外实践教学资源,加快建设校外实践育人基地。③

2018年9月17日,教育部、中央政法委发布《关于坚持德法兼修实施卓越法治人才教育培养计划2.0的意见》,在改革任务和重点举措的第3点明确,要着力强化实践教学,进一步提高法学专业实践教学学分比例,支持学生

---

① 《教育部　中央政法委员会关于实施卓越法律人才教育培养计划的若干意见》,参见中华人民共和国教育部,2011年12月23日,http://www.moe.gov.cn/srcsite/A08/moe_739/s6550/201112/t20111223_168354.html.

② 何跃军、陈淋淋:《从法律人才到法治人才——卓越法律人才培养计划实施六年检讨》,载《宁波大学学报(教育科学版)》2018年第5期。

③ 李喜燕:《应用型本科院校法学专业"阶梯式"实践教学体系的构建》,载《教育探索》2014年第2期。

参与法律援助、自主创业等活动,积极探索实践教学的方式方法,切实提高实践教学的质量和效果。要着力推动建立法治实务部门接收法学专业学生实习、法学专业学生担任实习法官、检察官助理等制度,将接收、指导学生实习作为法治实务部门的职责。①

2019年9月,教育部颁布《教育部关于深化本科教育教学改革全面提高人才培养质量的意见》(教高〔2019〕6号),第3点"全面提高课程建设质量"中提出,要着力打造一大批具有高阶性、创新性和挑战度的线下、线上、线上线下混合、虚拟仿真和社会实践"金课"。第5点"改进实习运行机制"中指明,推动健全大学生实习法律制度,完善各类用人单位接收大学生实习的制度保障。进一步助推实践育人进程,深化校院深度合作,以校企合作为平台,建成一批对区域和产业发展具有较强支撑作用的高水平应用型高等学校。②

截至2019年4月,"卓越培养计划"已涵盖210所高校,共1257个本科专业点和514个研究生学科点,覆盖在校生约26万人;66所高校开辟了卓越法律人才教育培养基地,覆盖学生9.5万余人;1146名法律实务专家和1069名高校教师入选高等学校与法律实务部门人员互聘"双千计划"。③ 这说明,将课堂交还给学生,"以人为本,授人以渔"的实践教学培养模式已奠定阶段性基础。④

王利明教授提出要"鼓励各法学院校办出特色,避免千校一面"。⑤ 法学专业人才培养的一级指标应包括:法学专业人才素质(人文素质、科技素质、道德素质);法学专业知识结构(基础课、法学专业课、通识课、实践课);法学专业能力(专业能力、综合能力)等。在实践培养环节还要细化法律职业素养、法学知识结构、法律职业技能的量化指标要求和基本规范,只有这样才能使实践培

---

① 《教育部 中央政法委关于坚持德法兼修实施卓越法治人才教育培养计划2.0的意见》,参见中华人民共和国教育部,2018年10月17日,http://www.moe.gov.cn/srcsite/A08/moe_739/s6550/201810/t20181017_351892.html。

② 《教育部关于深化本科教育教学改革全面提高人才培养质量的意见》,参见中华人民共和国教育部,2019年9月29日,http://www.moe.gov.cn/srcsite/A08/s7056/201910/t20191011_402759.html。

③ 王勇、赵大千:《论卓越法律人才培养中的案例教学模式设计》,载《吉林教育学院学报》2018年第1期。

④ 周莹:《网络时代宪法学教学改革的探索与实践》,载《齐鲁师范学院学报》2019年第3期。

⑤ 王利明:《关于法学教育教学改革的四点建议》,载《中国大学教学》2010年第11期。

养模式的要求具体化和可操作化,从而为法学学生实践培养提供理论和实践指导,完善学生解决法律问题能力的培养机制。

(一)明确定位能力教学平台的性质,强化能力教学的可实践性

职业化教育的目标是提升学生的职业技能。因此,在实践教育的培养内容、管理方案中,应当着重以职业化能力的培养为重点。自我认知、职业定位以及发展规划是个人能够形成的,但若要实现法律服务能力的真正提高,还必须加强解决问题能力的培养。

1.课程等学习方面

第一,提升创新创业项目的重要性,集中鼓励、支持大学生创新创业项目,是高校课程改革与培养方案提升的重要举措。专业实践与社会实践应获得与法律研习同样的重视。第二,法律实践教育、法律诊所、法律服务中心等组织或课程的存在,很有必要依靠学校法律实践机构和协会来实现自我完善。不具备法律知识或常识的人们在社会生活中经常遇到问题却无能为力,经济条件,其渴望着能有专业人士为他们答疑解惑。在这样一个良好的契机下,法科学生可以运用所学知识来帮助他人解决生活中的法律困惑,给他人实质的法律建议,这是一种迅速提高法律咨询能力的优势。法律诊所、法律服务中心等的存在不仅意为提供免费的全民法律义务服务,也同时在在校学生当中形成了一股积极参与、服务大众、提高法制与权利意识的良好风气。

2.积极修订实践、实验类课程

首先,应增设专门课程,以提高学生提供法律服务的能力,学生应在整个课程中涉及案件,这些课程应该是理论知识和实践知识的结合,通过这门课程,邀请业界的知名校友、实务界骨干等来到学校与同学面对面,或现场模拟法律服务,或直接展开法律咨询等。专业老师带领学生前往实践实训基地,通过协议明确的项目,逐一开展实际的交流、合作与研讨服务。其次,课程设置的优化与提升。此处提到的并非仅为法学专业课程,还应包括其他相关学科的课程、技能技术等,本着提高法律服务能力的初衷,融会贯通各类交叉学科知识。经济法的研习,就必然会涉及银行业法的内容;而国际经济法的研究,就需要把银行业法扩大到各国的比较,各国的金融法与金融制度便成为拓展学习的应有之义。

3.培养法律思维

法学思维和其他思维方式一样,是本着对真理的遵循,对法律规律的探

寻,行法律之实,护人民之安全。这除了含有法律方法论,还有普遍的法律认知与生涯规划理念。行为规范的统一与维护是法治的基础,而法律思维规则则是法治国家的重要特征。法律思维规则的逻辑中,法律与社会均在其中,再通过法理塑造,将法治精神的要义,体现为法律发现、法律推理、法律解释、法律论证、法律修辞、法律论辩等诸多规则。[①] 法治逻辑是以规范体系和机制体系的运行要求为基础,进而发展内涵思维、系统思维、批判思维和类比思维,以获得对法律的正确理解、解释和运用。尊重逻辑、塑造法律原则、维护法治,不仅是探索法律思维和法治话语表达的基本态度,也是改变传统整体思维和辩证思维的有效途径。[②] 法治中国建设不仅需要法律,而且需要建立在逻辑基础上的法理。法理是法之精髓。没有法理就没有法本身。如果法理消灭,法律自身也会消亡。法理存在于法律之中,乃法之魂。法律不应被随意解释,解释生来就是对目的的表述。任何解释方法都或多或少包含了目的的要素。[③]

法律逻辑对法律思维能力培养的重要作用体现如下:准确掌握和运用法律概念,准确表达观点,识别谬误,驳斥诡辩,提高辩论能力。更新法律逻辑教学内容,激发教师与学生在教学活动中的双向逻辑自律与奔赴,在过程中自然地将自发逻辑思维转化为自觉法律逻辑,激发学生的学习兴趣,将法律逻辑的精神贯穿案例教学法、案例的选择与分析。总之,法律教育必须改革法律逻辑课程,突出法律逻辑在法律服务实践中的理论价值和实践意义。

(二)崇德尚礼,树立学生正确的法律价值观

"我国高等教育发展方向要同我国发展的现实目标和未来方向紧密联系在一起,为人民服务,为中国共产党治国理政服务,为巩固和发展中国特色社会主义制度服务,为改革开放和社会主义现代化建设服务。"习近平总书记如是说。[④] 思想道德修养与法律基础课大多安排在大一伊始,这是大学生树立和形成正确的世界观、人生观与价值观的最重要根基期,在这时引入正确的法

---

① 陈金钊:《探究法学思维的基本姿态——尊重逻辑、塑造法理、捍卫法治》,载《浙江社会科学》2020年第7期。

② 陈金钊:《法律如何调整变化的社会——对"持法达变"思维模式的诠释》,载《清华法学》2018年第6期。

③ 张明楷:《刑法格言的展开》,北京大学出版社2019年第3版,第11~15页。

④ 习近平:《把思想政治工作贯穿教育教学全过程 开创我国高等教育事业发展新局面》,载《人民日报》2016年12月9日第1版。

律价值观不仅合时宜,且成体系。这一教学目标的达成,需要教师持续坚持引导学生发挥主观能动学习,参与互动式课程基础的研讨活动,并多样化教学模式吸引、激发教师与学生根据课程及与课程相关理论的有效互动。[①] 目前各高校正逐步完善推进的课程思政改革与课程思政精品展示,无疑从课程的内容、源头、体系以及效用上确保了受众学生的正确法律价值观。[②] 尽管主要的世界大国都没有与"课程思政"相近似的概念或课程模式,但其数十年前甚至数百年前就建立的通识教育、学术教育、学徒教育和职业教育四种法科教育模式体系,[③]全都深入厚植了一项重要的人才培养理念——专业知识与实操能力相贯通,法律价值观置于普通价值观、人生观的重要位置。

(三)合理设计能力教学平台案件处理机制,切实提升学生解决法律问题的能力

在优化与提升教学平台的基础上,法科学生能力培训系统课程与实践课程必须固定下来,成为整个平台机制的重要组成部分,通过固定机制与灵活的实践指导,努力培养复合型法学学生,就需要培养其不仅具备法律理论知识,同时还应拥有参与法律实务界历练的简历,从培养过程加强其独立解决问题的能力。

1.具有较强的逻辑辨析能力

《法律咨询》课程内容虽大众化,但实践性非常强。其宗旨是要培养学生独立思考、理解、辨析及理论联系实际的能力,从而解决社会实际法律。我们在此强调过多次理论联系实际,是因为无论是职前的实习期,还是正式入职后,法学毕业生都要经过一段不短的时期,重新回炉所学知识来适应自己所面临的真实社会情况。这就要求学生通过法律咨询将理论知识运用到具体案件

---

① 胡荣荣:《研讨型教学模式在法律基础课程中的运用》,载《教育教学论坛》2020 年第 17 期。

② 所谓"课程思想政治教育",是指"以构建全面、全方位教育模式的形式,实现各种课程与思想政治理论课相结合的综合教育理念,树立德育人是教育的根本任务"。按照我国的一般观点,思想政治教育不是一门附加课或一种附加活动,而是一种课程观,它把高校思想政治教育全面纳入课程改革和教学改革之中,以实现道德建设和人与物的充实。上海市委、上海市政府于 2014 年最早提出"课程思政"的概念。参见刘义,周映:《新时代〈宪法学〉课程思政的改革与构造》,载《产业与科技论坛》2021 第 20 卷第 9 期。

③ Anthony T.Kronman,*History of the Yale Law School*,Yale University Press,2004,pp.23-24.

中,作出正确判断,夯实法律知识的应用能力,切实提升由实际操作能力、表达和人际交往能力、服务能力构成的基本素养。[①] 因此,较强的知识储备与分析能力,是学生具备相应的法律事务问题能力的判断标准之一。是否重视引导式、交互式的教学法,是否重视法律逻辑能力的适应性培养,是培养提升法学学生实际解决法律问题的关键。

2.具有法治精神

在 1978 年颁布的美国《法治教育法案》(Law-Related Education Act of 1978)中,法治教育的定义如下:"使非法律专业学生、非法律背景者习得与法律、法律程序、法律系统有关的知识和技能,并领悟以上技能或知识赖以存在的法治基本原则和法律价值,此乃法治教育。"[②]法治教育分为两个层面,第一层级,是针对本科生的通用知识教育,在此期间,学校要引导学生领会法治精神与原则,促使其研习法治思维,获取相关技能并且能够帮助他人更好地应对社会生活。第二层级是专业研究教育,通常是指研究生阶段的教育,此阶段需要加入学术教育的精髓,帮助学生从现象分析内在逻辑,促使其使用各种法律工具或技能,剖析法律事件,并认真地崇尚和信仰法学学科的神圣作用,将其作为一生的精神使命所在。无论哪个层级的学生,在毕业后开始实际提供法律服务时,均应成为实打实的法律理论专业认识,并且同时拥有法学专业实践能力和高尚的法治精神,只有这样,才能最大限度确保社会公平公正,才能保障规范化的法律服务得到社会大众的广泛认可与接受。

3.具有专业沟通能力

如前所述,沟通、交流与表达是具有社会属性的人的根本特征,这也是衡量一个人的社会工作是否成熟的不二标志。法律工作者,不仅要提供法律服务,还要接受法律咨询,更加要针对被服务者、咨询者的不同情况给予意见或提供帮助。这时,高效与良好的沟通,有助于了解事件真相与人物关系以及基本案情;高情商的沟通方式则能够在各类客户面前始终保持专业的形象,并且尊重客户。即使遇到复杂问题,专业的法律工作者也至少能够在接案最初,通过沟通与交流安抚当事人的情绪,再转托更加专业的法律团队协助处理相关

---

① 高扬:《"法律咨询"实践课程路径探讨——以某次大学校园法律咨询实践为例》,载《科教导刊》2020 年第 1 期。

② What is Law-Related Education?. https://www.americanbar.org/groups/public_education/resources/law_related_education_network.html.

问题。因此,法律行业的沟通交流,必须使用精准的法律语言,①对法律案例和问题实施特征性剖析。只有这样,才能从整个法律从业者的层面,提升社会对该行业的理解与信任。由此可见,高校在培养学生的过程中,应着重引导其随时随地参与沟通,给其机会独立分析、辨别法律问题,除专项课程以外,交叉学科的课程设计也应加入教学计划,并邀请具有丰富经验的法律实务工作者来校现场讲解,为学生树立现实形象,帮助其判断、解答并提供专业的现场模拟法律服务。②

(四)规范法学实践能力教学,系统性加强风险防控

合理促进法学本科实践教学考核评价体系的升级。首先,必须建立法律实践教学管理的规章制度,这是教学质量的重要保证和基础。就现状而言,大部分高校对于理论教学体系已经建章立制,但对于实践教学模块仍然处在摸索、探求阶段。在实践教学的日常管理制度、师生评价制度、重点考核制度等方面,仍然需要进行广泛专业调研与研判才能制定教学规范。其次,实践教学的反馈机制和质量信息收集与评估机制也系统性滞后,仅仅依靠任课老师对该门实践课程的教学反馈与课程评分是远远不够的,科学有效的信息反馈结合学生书面及实践活动的反馈报告才能更加全面收集相关信息;教师与学生的互动情况也能客观、真实地反应该门实践教学课程的教学反馈,从而对进一步的教学实践体系研发起到基础性作用。③

法学教育的任务,"不仅是教会学生'像法律人一样思考',而且是让他们学会'像法律人一样解决问题',而这之间相隔的恰是理论与实践之间的鸿沟。实现这一跨越,解决之道在于构建两者间的桥梁。"④"创新法治人才培养机制是一个系统而复杂的工程。"⑤法律人才的培养必须在学界与实务界的共同作用下,"法律界与学术界的分工合作,比较高效又科学的状态,是高校法学院负

---

① 李爱玲:《论法科学生的非诉法律服务能力及其培养》,载《黑河学刊》2013年第12期。
② 吴芊玮、苏月晨、徐川胜等:《论法学学生法律服务能力的培养》,载《科技经济导刊》2018年第11期。
③ 贾国燕:《高校思政实践教学的长效机制探索——以〈思想道德修养与法律基础〉为例》,载《课程教育研究:新教师教学》2012年第6期。
④ 许身健:《完善法学教育:路径与方法》,载《中国法律评论》2017年第3期。
⑤ 刘艳红、欧阳本旗:《创新法治人才培养机制的目标、理念与方法——以法律人个体成长规律为中心》,载王翰主编《法学教育研究》2016年第14卷,法律出版社,第101~114页。

责智力与技能培养,法律实务界负责众多实践实训技能的调教。"[1]

综上可知,法科学生解决法律问题能力的提升,主要依赖法律实践教学的提升,而提升的关键,也是通往广泛的法律职业化的重要途径。因此,创新法律人才培养机制,适时更新与细化法律实践培养模式,为法治教育、依法治国奠定坚实的人才储备,此乃法学教育的初衷。高校法学教育工作者应将这种课程模式的设置方法引入课程教学过程。例如,在法律普及、庭审、见习等集中实习环节,不仅要有见习报告,还要有学生的准备、过程表现、专注程度等,要有成绩评定的范围,在案例分析、法律诊所、模拟审判、毕业实习、策划表现、团队合作、过程设计、探索创新等方面,要提高专业综合素质和综合能力成绩的比重。在公众通识教育过程中,学业成绩评定不仅采用集中考试的方式,而且还采用日常问答和培训的方式。在专业课程中,除了最终的书面报告或文件以及其他评价依据外,其绩效评价的步骤和全局的控制应该是其绩效评价的方面。这些都成为提高法学专业学生运用所学知识解决法律问题能力的重要尝试。

法律专业人才培养必须专业化、职业化、精英化,应对标国外发展近百年的系统化的法律人才培养模式,以新时代中国特色社会主义理论为根本宗旨,努力加强学生法律实践能力和专业素质的短板提升,将法律职业化教育写入高校培养方案的重点。在我国的法律本科教育中,存在着通识教育、专业学习、司法考试等诸多任务,如果仅仅只有专业知识教育,那么在研究生教育阶段培养实践能力的基础则不够,时间和课程设置上也不尽合理。通过问题梳理与实践回顾,在我们发现问题之后,紧密依托国家政策,地方扶持以及各高校的不断有力尝试,希冀通过建立一套完善的法学专业课程与专业实践制度并推广之,符合法学教育教学改革试点的初衷,也有利于未来更多优秀的法学人才的培养,更有利于推进我国法学职业化教育的发展。

2019年教育部高等教育司司长吴岩提出,要全面推进新工科、新医科、新农科、新文科等建设,为2035年建成高等教育强国、实现中国教育现代化提供有力支撑。[2] 在以上精神指引下,课程创新设置方面,应主动探索"线上＋线下"双向教学模式,教师有效利用"智慧树""学习通""雨课堂"等信息化交互平台,规模化地发布有代表性或者有较大、重大社会影响的案例资源;学生首先

---

① 何美欢:《理想的专业法学教育》,载《清华法学》2006年第3期。
② 周毅、李卓卓:《新文科建设的理路与设计》,载《中国大学教学》2019年第6期。

通过平台进行自学与小组分析讨论，而后既可以借助平台向老师在线发问，也可以在线下随时请教老师，系统记录下每一次的师生互动信息数据，让学生能够从信息记录一步步地复盘自己获得知识的过程，以及加强分析、思辨能力的步骤。教师则能通过系统保存的时间线与交互数据，轻松获取每名学生的学习状态路线图，以便于教师在之后的课程中一对一地精准施教，也便于教师更细致、完善地对学生实践能力进行过程式、交互式评价，从而有助于及时发现与纠正学生学习过程中的问题与不足，为下一步教学计划增加实质内容。①在实践课程的优化方面，我们应该鼓励实务部门通过专业培训、科研、技术开发等方式，有目的、有计划、有组织地指导学生参与到实践工作中去，通过教师、学生的"双深入"，努力帮助教师在教学中及时改进和充实教学内容，及时自我充电，同时在实践中检验实践课程的效果，提升学生的实践能力。②

---

　　①　上超望、韩梦、刘清堂：《大数据背景下在线学习过程性评价系统设计研究》，载《中国电化教育》2018 年第 5 期。

　　②　于定勇：《以培养应用型人才为导向的 SPOC 实践与探索——以法学专业课程为例》，载《软件导刊（教育技术）》2019 年第 18 期。

第五章　法科学生的专业辅助能力

引　言

在现今法治社会、经济全球化与文化多元化的世界趋势下，法律从业人员要适应法律职业化的要求，与现实社会、国际接轨，应对前沿问题，学习适用新的法律法规，在提高专业能力的同时，提高处理法律事务尤其是国际法律事务所需要的专业辅助能力，实现法治人才的专业化、职业化。当前我国法律人才市场供求关系产生错位，法律从业人员的专业辅助能力有待提高。从表面看，法学专业人才存在大量供大于求的问题，每年都有大量的法学毕业生找不到对口的专业岗位，只能转行甚至待业，而实质上是相当一部分毕业生的知识、能力、素质不能适应法治国家建设及法律职业人才市场的需要，出现了法律高端专门人才稀缺与市场需求之间的矛盾。① 因此，法律院校应不断完善人才培养体系，培养法科学生深层次、多元的专业辅助能力，并在反复实践中加强实训。

① 郑嘉颖：《卓越法律人才视角下法科生的成长路径探析》，载《厦门广播电视大学学报》2016 年第 2 期。

一、法科学生的专业辅助能力的概念及内容

（一）法科学生专业辅助能力的概念

1.辅助能力的概念

辅助这个词由来已久,比如《淮南子·本经训》:"标林欂栌,以相辅助。"此处的辅助译为支撑、撑住。侯生《哀江南》:"陆师学生派充师范,八股专家辅助讲席,以格言、语录为课本者有之,以夏楚击碎学生者有之。"此处辅助译为把持、主持;《元典章·圣政二·均赋役》:"中书省官人每奏国家应办,辅助浩大。"此处的辅助译为开支、供应。萧德祥《杀狗劝夫》第二折:"他觉来我自辅助他,包你无事。"此处的辅助译为对付、应付。孟汉卿《魔合罗》第四折:"不要你狂言诈语,花唇巧舌,信口辅助。"此处的辅助译为说话不老实、含混搪塞……辅助一词源远流长,含义丰富。本研究中辅助的含义为支撑、辅助。

在本书中,辅助能力是指进行某项任务、某项操作或某件事时需要的辅助性能力,包括操作性技能与内化的能力。众所周知,社会性工作中,仅仅拥有专业能力是不够的,无法满足市场需要。完成一件工作或者实施某项操作不仅需要专业能力,还需要辅助能力。所谓高素质人才,需要各种知识和能力的综合养成,辅助能力是人才养成中不可或缺的一部分。

2.专业辅助能力的概念

对于专业辅助能力,目前尚无较明确与科学的定义,笔者认为专业辅助能力,是相关人员从事一定领域的工作或者处理特定行业事项时,非专业能力的辅助性支持。专业辅助能力可以简单概括为两类:基础性辅助能力和发展性能力。这里的能力为广义的能力,既包括一定的知识,又包括相应的技能以及内化之后的素养。专业能力以及专业理论在实践中,需要和专业辅助能力相融合,利用各种媒介,通过实践,才能符合相应行业及市场的需求。专业辅助能力离不开核心专业能力,而核心专业能力发挥作用时也离不开专业辅助能力的支持。专业辅助能力有利于核心专业能力的应用和创新。

3.法科学生专业辅助能力的概念

本书中的法科学生专业辅助能力,简单来说就是对法学专业学习与发展

的一种支撑辅助能力。它是职业化能力之通用能力的重要组成部分,包括基础性辅助能力及发展性能力两个方面,前者为主,后者为辅。当前我国依法治国、法律职业化进程需要大量法律人才,而法学本科教育培养出来的相当一部分法学专业毕业生,其专业能力经过本科培养基本形成雏形,但是由于专业辅助能力不足仍然无法满足法治社会对法治人才的需要以及法律行业的市场需要,具体体现为:基础性辅助能力方面,计算机操作技能不足,网络与多媒体技术能力欠缺,人工智能应用能力不够,外语应用能力以及理解性阅读能力不足等;发展性能力方面,持续学习能力与创新能力不够。

(二)法科学生专业辅助能力的内容

当前在高中毕业生中有一些错误的看法,以为所有的律师都是腰缠万贯的富翁,或者以为法律院校的学生一毕业都会成为法官、检察官,甚至以为学习并背过法条就可以万事俱备,就这样懵懵懂懂地走上了学法之路。殊不知作为一名法科学生,仅仅具备法学专业素养、专业能力与技能是远远不够的,还应同时具备其他辅助能力与技能,这可以让你更加从容、自信地在法律行业中大显身手。对于法律知识的学习,专业能力的培养是贯穿整个法科学生学习生涯乃至全部职业生涯的全过程,而通用能力的培养会因为本专业学习时间的挤占而被压缩。因此我们建议法科学生可以构建跨学科、多技能的复合型知识结构,学习其他专业也必备的辅助能力,从而塑造自身不可替代的竞争优势。法科学生的专业辅助能力包括基础性辅助能力及发展性能力,前者包括计算机操作技能、网络与多媒体技术能力、人工智能应用能力、外语应用能力以及理解性阅读能力发展性能力包括持续学习能力、创新能力等。其中专业基础性能力是法科学生不可或缺的通用能力。而发展性能力,作为学习和创新能力的一种重要组成,也是需要培养并持续提高的。

二、法科学生专业辅助能力培养的意义

(一)专业辅助能力是对法科学生专业学习的重要辅助技能

法学的每个专业课程背后都有庞杂的专业内容,需要法科学生在不断学

习的过程中,构建系统性的法律知识体系。在学习过程中,理解阅读能力发挥着不可替代的作用,拥有良好的理解性阅读能力有助于将法学知识融会贯通,把法律条文、理论书籍、学术论文、裁判文书理解得更透彻。同时,利用计算机和网络这一工具,可以帮助法律人从海量的法律信息数据中找到自己所需要的部分。此外,人工智能的信息检索功能、信息分析功能也为法律人提供了重要帮助。另外,其他法治国家的法律理论、法律制度设计、立法技术、法律基本价值等都是值得中国法治发展选择性借鉴的重要财富,对他国的法律研究建立在法律从业人员能熟练掌握该国语言的基础之上,这便对法律从业人员的外语应用能力提出了更高的要求。一般地,外文翻译成中文版的法学资料都会或多或少失去其原有的法学思维,因此,笔者建议法科学生尽量阅读外文的原文资料,方可体会作者的法学逻辑。专业辅助能力在法学生学习生涯中担任了不可或缺的角色,其为法学生学习专业知识发挥了重要辅助作用。

(二)专业辅助能力是对法科学生拓展专业思维、扎实专业功底的有力支撑

并非所有法科学生在学习了法学专业知识后,都可以成为合格的法律人。新时代法治人才不仅应当具备扎实的专业功底,还应有专业的法律思维、精湛的业务能力、应用能力和创新能力。在当前的时代语境下,熟练运用计算机的技能,对多媒体和网络有较为专业和全面的掌握;了解并在法律学习和法律实务中运用新兴人工智能技术;尤其是当今全球化背景下,在中国践行共建人类命运共同体理念下,中国所倡导的"一带一路"建设方兴未艾,法科学生学习好法律外语,精通一至几门外语,对我国涉外法律和其他法治国家的法律理论与实务有一定的了解,对于我国推进法治社会的建设进程及扩大与世界广泛的政治、经济、文化的交流意义重大。如果仅有法律知识,但并不能合理应用并加以创新,称为"法律人"就名不副实。法科学生在学习专业知识的过程中,应当注重法学素养和法律思维的培养,实现法学知识应用的"可持续发展"。良好的法学思辨能力、信息检索能力,可以帮助法学生不断深入学习,培养严密的逻辑思维能力。最重要的是,创新能力这一专业辅助能力对于法科学生拓展专业思维、加强与其他学科的联结意义非凡,每个人接受的法学知识都是有限的,广袤无垠的法学学习之涯是没有尽头的,这就要求法科学生终身学习、永不止步,同时做到将已经掌握的知识、能力与技能在实践与应用领域不断创新,并提出合理创新性思路,才是法学人才的最高境界。可以看出,专业辅助

能力是对法科学生拓展专业思维、扎实专业功底的有力支撑,其基础性辅助能力与发展性能力犹如车之双轮,鸟之两翼。

三、法科学生基础性辅助能力的培养

专业辅助能力作为法律人综合素质的重要组成部分,其水平高低直接影响到法律人学习效率、工作效率的发挥,良好的基础性辅助能力可以取得事半功倍的效果。因此法律人应加强基础性辅助能力的学习和培养,不断提高个人综合素质。优秀的法律人才必备的四项基础能力包括以下内容:计算机操作技能,文字和图标处理工作软件、数据统计和分析软件、演示文件制作软件;网络与多媒体应用能力,充分利用信息时代下互联网的作用,合理运用多媒体技术,能够为我所用、展示分享;外语应用能力,尤以英语为重,应当具备外语表达能力,阅读写作能力,以及在专业领域(法律外语)的掌握;理解性阅读能力,对于法律条文的理解以及充分利用需要此能力,可以提高信息筛选收集能力,使得数据库的查询检索更加有效。

(一)计算机操作技能

法学作为一个社会类学科,是研究社会的法律规定、法律现象的学科。计算机、互联网的出现使法学生的培养由"被动学习"转变为"参与性学习"。大学人才培养必然引入传统学科融入互联网下的讨论性培养,极大地促进了培养模式的变化,也为法科学生的创新能力和实践能力培养提供了更广阔的平台。对于法科学生应当掌握的计算机与网络操作技能,笔者认为主要包括掌握操作计算机办公系统和熟练使用计算机规范完成撰写通用公文、法律文书两部分。

1.关于掌握操作计算机办公系统

在以方便快捷和信息共享作为主要特征的"互联网+"时代,计算机作为互联网的主要载体,教育者应根据教学实际情况,将计算机与教学相结合,更新传统教学模式,创新现行教学方式,克服传统教学中的缺陷与不足,进一步扩大法科学生的知识储备,提高法科学生的专业水平,实现教学友好互动。计算机办公系统以信息技术为支撑,利用计算机提供的办公平台实现办公便捷化、简便化,用户通过平台进行办公从而简化办公流程、加强信息共享、方便彼此交流。法学领域有浩瀚的法律知识、案例材料,面对案件能及时掌握相关法律材料、检索相关数据是法律人解决纠纷、维护正义所必备的技能。因此,作为法律人的基础性辅助能力,法律院校有必要建立计算机办公系统进而解决传统教育模式的瓶颈,法科学生也应当掌握操作计算机办公系统从而培养数据检索的能力。

（1）利用计算机办公操作系统来突破传统的法科教育模式的瓶颈。计算机互联网提供了一个广阔的"背面"型讨论平台,解决学生面对面讨论容易出现的干扰、积极性低等问题。"通过碎片化的教学资源学习来缩减学习者网上学习时间,以达到有效学习的目的。同时在不同学习阶段和学习方式中引入不同的评价手段来保证目标任务的实现,借以引导学习者保持积极的学习态度,以促进持续的教学改进。"[1]在减少学生的顾忌前提下"可以有效避免面对面交流过程中学生'耻问'的心理,能够更好地激发学生的学习动力"[2],提高学生的积极性。在这样的背景下,展开"背面"型讨论能够为学生的研究开阔平台。"在满足了学习者的移动学习需求的同时,也大大减少了学习者查找学习资源的时间。"[3]在计算机平台上进行文件检索的同时借用平台及时性、高效性的特性;在研究学习的基础上提供一个讨论的平台,展开具体的学习讨论,并进行记录存储;在这样的基础上建立的师生教学参与平台,具有提高参与度、针对性、问题发掘深入等优势;在学习上提供一个具体、可行的"互联网＋"新型模式;在这样的模式下能够有力地培养学生的法庭陈诉和辩论的能力;在这样讨论的模式下,提高创新能力、实践能力、调动学生的积极性、主动性。

（2）通过计算机办公操作系统来建立新型的法学教育模式。学生参与度得到提高从而展开一种新型的模式,在基于计算机互联网的高效性下,学生展开研究、学习的效率能够有效提高。在讨论、解决问题的阶段,形成一个专题型的环形结构,提倡前后关联性明显的解决思路、方式。在问题上形成苏格拉

①　陈亦兵、卢火艳:《基于 OBE 理念的混合式教学改革研究——以〈互联网应用〉课程为例》,载《教育现代化》2019 年第 6 期。

②　司丹:《"互联网＋"背景下法学专业课程改革探析》,载《当代教育实践与教学研究》2019 年第 20 期。

③　陈亦兵、卢火艳:《基于 OBE 理念的混合式教学改革研究——以〈互联网应用〉课程为例》,载《教育现代化》2019 年第 6 期。

底教学方式,借用互联网的便利性,进行思路引导构建知识体系、框架。以问题为驱动,学生融入问题情境之中去。贴近问题并进行探究,直接参与问题构建、问题分析、问题的解决等环节,形成学生自主的能动性和学习主动性。在提高专业能力的基础上,进一步提高综合素质。学生借用计算机互联网采取"法律诊所"模式进行身临其境的融入式学习,学生带着问题学习,教师为解决问题而授课。法律诊所式教学法以学生实践中遇到的问题为案例,通过分析、讨论,提出最佳的解决方案①。根据学生已掌握的法学专业知识,并在此基础上,通过这样的方式进行职业化技能的培养,培养一种复合型人才,在"法律诊所"中通过提高学生的参与度,将所学的知识进行运用,完成自我体系的构建。"开放教育法律诊所式课程教学由课堂教学和课外教学两部分组成。在课内,教师讲解、分析真实案例;学生小组互动、讨论;师生对谈、模拟训练等。在课外,学生自主学习,在网上充当'律师'、'法官'、'当事人'、'证人'角色,参加网上讨论、网上辩论、网上法庭、网上诊所、代理真实案件活动;教师进行网上辅导、网上测试。"②

(3)通过计算机办公操作系统突出体现法学的实践性和实务性。结合法学学科特色,"法律是一门实践性、应用性很强的学科。法律应用人才的培养,不仅应以知识的获取为目标,更重要的是应以获得法律职业专业能力为目标。"③在基于移动互联网的虚拟法庭情境教学中,充分地运用法律诊所三维的虚拟的教学环境。法学作为实践性极强的学科,案件处理必须依靠有效的实践处理,大学大多采用了模拟法庭的模式,但是这存在无法在整个模拟过程进行证据解读等关键问题,这就难以培养出程序意识。"基于网上模拟法庭的实践教学,学生可以全程参与到每个诉讼环节中,并且在具体案例中应用法律条文和法律原理,通过处理案件和解决问题,丰富自身的实践经验、巩固法学知识,掌握处理案件的技巧和方法,它对强化学生的文书写作能力、诉讼能力、证据运用能力以及思辨能力具有积极意义,符合我国新时期对法律人才的需求"。④ 虚拟法庭在学生进行案件观摩的基础上,自行进行庭审环节、总结环节。在这样的过程中易于培养学生的实践案件解决能力,在这样的庭审基础

---

① 官玉琴:《开放教育法律诊所式网上教学法探究》,载《中国远程教育》2006年第9期。
② 官玉琴:《开放教育法律诊所式网上教学法探究》,载《中国远程教育》2006年第9期。
③ 官玉琴:《开放教育法律诊所式网上教学法探究》,载《中国远程教育》2006年第9期。
④ 刘郆波:《开放教育法学专业网上模拟法庭建设探析》,载《开封教育学院学报》2019年第39期。

上,引入专家、学者的案件意见建议,学生能够有效掌握案件分析方法并养成良好的程序意识。学生在计算机上检索文件的同时,采用互联网的便捷,提供交流讨论、案件处理以及网上诊所等的运用,在此基础上能够有效培养运用法律处理案件的能力,形成自己的知识结构。

2.熟练使用计算机规范检索案件材料,完成撰写通用公文、法律文书

法科学生对法律数据库的使用是巨大的,当前主要是传统的图书馆"书架"模式和现代"计算机"模式。法学学习和计算机网络互动性具有明显的提高,对传统法学图书馆的模式影响巨大。因此我们与互联网的联动性也要提高,当下基本所有法学有关的书籍或者期刊评论都已经录入数据库,并已上网。一个巨大的数据平台已经形成,正如上文所说的集讨论、案件处理等综合性平台已经构成。法科生必备的技能之一是法律检索能力。"律师的成功不是来自学历和天赋,而是来自技能。"[1]。因此,面对浩瀚的法律文件,法律人应当熟练使用计算机网络系统获取信息材料,从而在计算机上完成撰写通用公文、法律文书。

(1)利用计算机系统进行法律检索之证据解读。"而现阶段我们最需要掌握的就是精细检索,利用检索词条以及范围设定找到最符合我们要求的案例。"[2]作为法科学生,证据解读是核心,这些互动性平台的运用能够有效地促进我们实际解读案件、运用法律的能力、解读证据的能力综合培养。实时性讨论,在接触事件上首先取得第一手信息。然而"很多图书馆规模小,硬件和软件设备不达标,不能为学生提供现代化的检索工具,专业的法律检索软件等的配备也不完善"。[3] 所幸的是可以利用计算机,通过这些平台进行讨论,对网上资料进行查询检索。网上资料的录入,打破了传统图书馆或者期刊报纸的局限,做到"无疆界化"和"无闭馆化"。在计算机上查阅电子刊物、公众号等,关注当下的实事热点,关注讨论的问题、查看他人的评论、处理方式等。"近年来,典型的大案要案如湖南高院审理的'唐慧案'、北京海淀法院审理'快播涉黄案'、最高院审理的'海滩救助纠纷案'等。这些案件都是通过网络庭审直播的同步方式审理的,具有开放性、真实性、直观性和代表性等特点,对于大众了

①　柳宪章:《律师执业的基本素养:法律检索》,载《法律文献信息与研究》2009年第2期。

②　张赛赛、陈永旭:《大数据背景下案例检索对律师诉讼的影响》,载《法制博览》2018年第17期。

③　柳宪章:《律师执业的基本素养:法律检索》,载《法律文献信息与研究》2009年第2期。

解学习司法实务知识和树立司法权威具有重要促进作用。"①同时,采用"互联网＋"法科学习的模式,建立专门的平台提供援助、讨论、评价等。

(2)利用计算机系统进行法律检索之指导学术研究方向。利用计算机互联网的高效性、及时性,让法学更加贴近现实生活,为法学研究提供了一个贴近实际的研究方向。"信息技术为法学教育的发展和变革提供了强有力的工具,影响着法律实践,法学教育理应与其保持同步。"②借助互联网的辅助,使法学专业性的论文得到更多的浏览量,通过引用、下载、阅读等数据的记录,使法科学生能够最快地掌握更多法学研究的方向、前沿问题与新情况。

(3)利用计算机系统进行法律检索之提高法律实务水平。"法律调研所需的三个阶段中,分析和确认问题是前提,获取法律信息是准备,表述结论和方案是结果。"③作为法科学生,在运用这些技能的同时开拓自身的知识面。结合自己所了解的实际得出自己的见解,提高法律知识运用的能力。计算机互联网平台的扩大,让学生可接触更多领域与不同层次的法律知识,对视野、视角的扩展具有巨大的作用。法科学生在计算机的操作上除了简单的处理,还应当开展"互联网＋"法学学习,"加强法科学生的信息检索能力、信息运用能力和信息处理能力,是法律人在互联网时代应具备的基本品质。"④如今互联网法学教育趋向一个长尾化,形成一个有效、多方位的法学教育服务体系。法科学生也应当加强自身对隐性知识(隐性知识是指不能通过书面文字、图表、数学公式加以表达的知识,具有默会、个体、非理性等特点)的把握。因此,在互联网大平台下,法科学生的网上浏览学习,除一般了解之外还要加强对隐性知识的把控,将隐性知识转化为显性知识并自我消化、吸收。

法科学生在计算机操作上应充分利用"互联网＋"大平台,将自己融入案件中去,借助平台将知识充分利用形成自我体系,一步步培养自身的程序意识和证据解读能力。利用计算机互联网的高效性,快速了解最新信息,加强对法律及社会问题的看法讨论,强化问题提出、分析等步骤操作。合理有效利用

① 柳宪章:《律师执业的基本素养:法律检索》,载《法律文献信息与研究》2009年第2期。
② 陈来宏:《"互联网＋"背景下法科学生实践技能培养路径研究》,载《黑龙江教育(高教研究与评估)》2019年第8期。
③ 陈来宏:《"互联网＋"背景下法科学生实践技能培养路径研究》,载《黑龙江教育(高教研究与评估)》2019年第8期。
④ 陈来宏:《"互联网＋"背景下法科学生实践技能培养路径研究》,载《黑龙江教育(高教研究与评估)》2019年第8期。

172

"互联网＋"平台提高自身的法律实务水平。

（4）利用计算机系统进行规范撰写通用公文、法律文书。"高校法律文书实践课程即是检验学生运用法律解决实际问题的重要标准。"[①]法律文书是诉讼和非讼过程的载体，当事人表达诉讼请求的书面载体，人民法院查明真相、作出判决的书面载体。"法律文书，又称裁判文书，它记载着人民法院审理案件的过程和结果。"[②]法律文书是法律人的基本素养和必备技能，在信息化时代，依靠计算机系统规范书写法律文书，对于规范诉讼程序、维护司法严肃具有重要意义。然而，法律文书的书写不可避免地会出现差错，利用计算机来进行书写，文本自动校对，则是法律语言书写中的一个重要应用，法律文本的自动校对是应用中文语言处理技术核对文本中的中文错误书写，能够提高法律文书的准确性，体现法律专业性和程序严肃性，拥护司法权威。因此，作为法科学生，应当学习和培养利用计算机系统进行规范撰写通用公文、法律文书的能力，进一步提高自身的专业水平。

（二）网络与多媒体技术

在这个日新月异的时代，科学技术飞速发展，尤其是计算机技术的进步更是方兴未艾，而与计算机发展相伴随的网络和多媒体应用技术也在不断地进步。很多学科在发展过程中抓住了机会，大大加速了自身的发展。作为法科学生，也应当紧跟时代的脚步，抓住学科建设与网络、多媒体应用技术相结合这一大趋势，进一步提升自身应用网络和多媒体的能力，辅助学习法学知识。

1.关于多媒体技术的应用

（1）法学教学和多媒体技术相结合。可以在法学教学过程中引入多媒体技术，如今的高等学校基本上都已经配备了多媒体教学的器材。"多媒体教学作为现代化教学手段，它能通过图文、声像，创设逼真的教学情境，能够吸引学生的注意力，从而调动学生学习的积极性。"[③]既然有了这种优势的设备及技术，就应当物尽所用。

但多媒体在实际教学中也带来一些弊端。过于依赖多媒体教学，令学生

---

① 周婷婷：《高校法律文书实践课程教学改革的思考》，载《法制博览》2018年第5期。

② 刘明洁等：《面向法律文书的中文文本校对方法研究》，载《计算机工程与应用》，网络首发时间：2020-01-0915:36:33

③ 才如曼：《探讨多媒体课件在课堂教学中的有效运用》，载《科技风》2020年第4期。

和教师放弃了传统教学模式的互动性。一方面,多媒体教学的快捷性使学生来不及记笔记,可能造成学生注意力不集中,学习仅依赖拷贝的课件,学生不主动思考,上课不专心;另一方面,有相当一部分教师的课件很死板,让教师课前思考不够,讲授脱离教学大纲,失去传统教学模式中板书与讲课互动的优越性。在当今的法学教学过程中,一些教师虽然将多媒体设备用起来了,但仅仅停留在很初级的层次,只是在 PPT 上面对知识点的大致框架进行一个总结式的板书,被称为电子板书。而真正利用多媒体设备不应止步于此,可以应用信息化的教学工具来丰富案例教学的形式,让学生更加清晰直观地对案例有一个具体的了解,同时这种多重感官刺激的教学方式可以让学生在教师的讲解过程中迅速抓到教学重点,对教学内容有一个更加深刻的理解,因此多媒体教学方式的应用可以有效增强案例教学的效果。例如在课堂上做案例分析时除了以往直接让学生看文字描述案件以外,还可以适当地引入让学生观看与案件相关的播报视频等形式,让学生更加全面了解这个案件的每一个细微的细节,且人脑本身对图片记忆的效率会远远比对文字的记忆效率高。

多媒体技术在教学方面的使用还可以拓展。多媒体教学与案例教学法的融合并不仅仅意味着教师在课堂上直接进行案例展播即可,教师应当选取合适的案例,且应用课堂教学内容对案例进行具体的分析,让学生能够在案例教学的过程中掌握相关法律法规,并通过引导学生进行案例分析来锻炼学生的实践能力。法学专业学生的司法实践能力培养是一个非常重要的过程,体现学生理论学习与实践相结合的重要环节,可以让学生通过对实际案件的庭审获得法律服务的技能。多媒体教学在这个方面应当发挥更好的作用,学生通过观摩庭审纪实、法庭辩论,掌握庭审程序。而多媒体课件的生动表述以及互联网的模拟数字法庭,让学生能够有亲临庭审现场的体会。

(2)巧妙运用多媒体技术备战法考。每一个法科学生都需要为"法考"做准备,有的学生可能只会盲目地看厚厚的法学教材,练习纸质版的题,有一种自己根本学不完那么厚的书的感觉和压力;也有的学生会去网上看一些名家的讲解视频,但是也用着纸质版的真题,依然没有重点地浏览每一个部门法的知识点,很难找出自己在部分法律方面的薄弱之处。

可喜的是,由于现代网络与多媒体技术的发展,出现了备考型软件,"考试类软件以考证为目的,包括教资、司考、考公等,通过开设相关课程及公开课类软件,以 MOOC、TED 公开课、网易公开课为主,这些软件帮助学生更快地获取自己想学习的学科知识,补充专业技能。"①现在已经有了专门的"法考"软件,将历年法考真题汇总形成"法考"题库,备考生可以利用拍照或按关键字搜题的模式答疑解惑,"搜题软件将全国各地、各校、各科的题目都汇总到一起,建立庞大的知识库,为各层次的学生提供学习和练习的基础"。② 这些"法考"软件会先让考生做一定数量的练习题,通过统计考生做错题的知识点分布与做对的题的知识点分布,且会根据做错一道题的频率来对考生的基础情况做出一个综合的分析。"用户点击'练习'按钮后,选择年级、教材、科目、所在地区以及需要学习的知识点等信息。通过题目推荐,作业帮将快速完成对用户知识点掌握程度的判断,并以此为依据给出提升或降低难度的下一阶段题目,帮助用户个性化学习来为你之后的法学知识的复习提供建议。"③软件生成的分析报告会告诉考生哪些内容掌握得比较薄弱,需要花费更多的时间在上面。这大大提高了学习效率和分配复习时间的合理性,在判断完结果以后,它会针对考生知识点的薄弱之处推送相关老师在这方面的讲解情况,在学习完老师的视频后,软件又会提供相关的习题来检验考生是否掌握,这样一直循环直至达到它认为的掌握的标准为止,这也是一种运用大数据根据个人的私人情况做出大数据分析,来为考生的法学学习提供便利之处的网络和多媒体方法。

法律职业资格考试以浩如烟海的知识作为题库来源,对备考生的知识储备提出了较高的要求。而多媒体技术以软件平台的方式将法律知识体系化、法律逻辑系统化,方便备考生记忆和梳理内部逻辑结构,掌握核心知识点,熟练运用理论知识,反复训练历年真题,顺利通过考试,达到事半功倍的效果。

2.关于互联网的应用

(1)传统法律实务中对案件定位方式具有滞后性。在进入法律实务工作后,我们无论是做律师,法官或者公司法务,每天都在与各种各样的案件打交道,遇见各种各样的当事人和案情。"随着社会经济活动的多样化,司法实践面临着不断涌现的新难题的挑战,为法官审理案件带来了不小压力。"④可是

---

① 荣荣:《学习型软件的开发探索与应用》,载《无线互联科技》2020年第17期。

② 陈哲然:《搜题类软件对学生自主学习能力的影响及学习方法改进》,载《科技资讯》2018年第16期。

③ 陈哲然:《搜题类软件对学生自主学习能力的影响及学习方法改进》,载《科技资讯》2018年第16期。

④ 万varchar、蒋静芬:《类案检索机制的构建技术及应用分析——基于法官需求角度的实证分析》,载《山东法官培训学院学报》2019年第4期。

拿到案件后,我们是很难对一个陌生的案件产生准确快速的定位的,诚然,如果你是有多年从事法律实务工作经验的法律人,你可能容易做到胸有成竹地去解决问题。但是对于刚刚进入法律实务工作的新人来说,这个确实会有难度,如果是在过去的话,在了解到案情过后就需要先对案情进行一个准确的法律定位,搞清楚这个犯罪的本质究竟是什么以后,再去纸质案例库翻阅与这个案件犯罪性质相似的案例,"指导性案例因其数量有限、类型单一,无法充分发挥其指导司法实践、统一裁判尺度的价值,现行的案例库检索系统也存在检索设计缺陷,无法为用户提供便捷高效的检索途径。"[1]浏览完这些案例的判决书后,才能大致清楚之前大多数法官对该类案件的看法,以及自己对此案件的脉络和思路。

(2)新型案例检索系统具有先进性。然而随着大数据和"互联网+"的发展,科研人员逐渐完善案例库系统,"基于大数据和综合分析的智慧应急管理案例库系统,涵盖了国内外发生的自然灾害、事故灾难、公共卫生事件、社会安全事件四大类突发事件类型。"[2]现在已经出现了一群人,他们利用网络和多媒体技术把全国发生的大多数案件输入这个系统中,将这些案件的关键词,触犯的罪行还有审判的法官等全部导入其中,分类整理好。"当遇到一个新的目标案例时,系统会根据案例关键要素与历史案例进行对比,寻找与目标案例相近的候选案例,参照候选案例解决方案,直接应用或修改完善,作为目标案例的解决方案,同时将该目标案例作为新的案例保存在系统案例库中,以供后期参考。"[3]案例库系统正逐渐完善和扩大。在从事法务的人员将自己正在办理的案件和受理这个案件的地区输入其中后,它会通过大数据对案件进行分析,再将分析结果与案例库中的资料进行对比配对,看看哪一个案例的相似度最大,给查询者这个案件大概的模拟判决,并且它会将受理这个案件的法官的信息告诉你,还会告知这个法官的上诉率,根据上诉率就大概能够判断这个法官审判案件的能力和判决风格,了解过后再去查看他曾经案件的审判结果,也就能够针对这个法官写不一样的辩词,这样在这个法官主审的法庭上进行辩护

① 万发文、蒋静芬:《类案检索机制的构建技术及应用分析——基于法官需求角度的实证分析》,载《山东法官培训学院学报》2019年第4期。

② 杨青、任晶:《基于大数据挖掘和综合分析的应急管理案例库系统设计》,载《行政科学论坛》2019年第12期。

③ 杨青、任晶:《基于大数据挖掘和综合分析的应急管理案例库系统设计》,载《行政科学论坛》2019年第12期。

时也会更加有优势一些。"对于类案的查找和参照无须法律法规的强制性规定,而是源于法官的主动性,一方面,借鉴类案的审理思路以指导待决案件的审理符合一般法官的思维特点。"[1]这也是法律工作实践中法科学生基本上会用到的东西,作为法科学生,应当掌握好这一技能。"建立类案检索系统,一方面能帮助审判者第一时间获取最前沿的司法实践经验,为其审理相类似的案件提供强有力的参考,提升司法效率,另一方面也有利于统一裁判尺度、准确适用法律。"[2]

综上所述,法科学生不仅仅要在大学阶段学好专业知识和技能,夯实相关基础,顺利通过法考取得这一法律职业准入资格。我们也应当在这个阶段积极学习与法学相关的网络和互联网技能,紧跟时代的步伐,只有这样才能不被这个时代抛弃,成为建设法治国家的高素质的法律人。

(三)人工智能应用能力

"科学技术是第一生产力",科技革命带来了发展高潮和无限创造的可能,由此社会各个领域迸发出前所未有的活力。人工智能作为现代科技产业的新兴产物,将其引入传统领域,将会促进传统领域的技术革新和模式转变。在检察院起诉和法院审判的工作流程中引入人工智能,能够带动司法工作的新变革,创新现有的审判模式。

人工智能在检察审判中迸发出新的活力。基于人工智能在法院、检察院工作中的使用现状,人工智能在"司法信息数据化""文书制作智能化""辅助裁判智能化"[3]方面,显现出明显优势。

"司法信息数据化",首先突出体现在法庭审理阶段。通过使用"语音助手软件"来对法庭审判进行记录,相较于书记员记录,能够直接形成标准的电子版庭审记录,且节省劳动力投入和时间花费,减少记录错误或模糊;相较于传统的系统软件,以 Siri 为代表的人工智能类型的软件,能够快速精准识别各种方言,突破语言障碍,从而拥有更为广阔的适用前景。其次,法院受理案件后,

---

① 万发文、蒋静芬:《类案检索机制的构建技术及应用分析——基于法官需求角度的实证分析》,载《山东法官培训学院学报》2019 年第 4 期。

② 万发文、蒋静芬:《类案检索机制的构建技术及应用分析——基于法官需求角度的实证分析》,载《山东法官培训学院学报》2019 年第 4 期。

③ 张书勤:《人工智能在审判中的应用》,载《上海师范大学学报(哲学社会科学版)》2020 年第 1 期。

利用机器扫描当事人的各种材料,将各种证据信息录入,形成案件数据库,有利于数据的保存和调用,节省保存纸质材料的空间,使司法更加便捷。再次,将常规型、规则型的诉讼流程基本问题通过"司法数据"加以呈现,当事人对"如上诉期限如何计算、诉讼费用如何交纳等"①基本问题有疑问的,可以直接由 AI 进行回答,提高司法效率,方便大众查询,减少司法工作负担,比如"AI 咨询服务、AI 合同定制服务、AI 检索服务"。②

"文书制作智能化",集中体现在对于案件事实清楚、当事人权利义务关系明确、争议不大的案件,以及在法律适用上无争议的具有类型化特征的简单案件,可以利用 AI 系统在案件审理结束时直接生成"法律文书",提高法院工作效率,减轻法院工作压力,提高执行力,及时保障受害人的权利,如"上海法院系统的 AI 系统能通过语义分析实现对起诉状、庭审笔录等案件卷宗信息的智能分析和信息提取,然后按照用户选定的模版,一键自动生成判决、裁定等法律文书,从而大幅减轻法官手工录入的工作量,并保证法律文书与案件信息的一致性"。③

"辅助裁判智能化",具体是指利用人工智能系统,将案件的事实要点根据程序录入 AI 系统,AI 根据先前系统中已经录入的法律法规、典型案例等形成裁判要点,对该案件的裁判形成裁判建议。AI 辅助裁判为法官判案提供相关思路,减少推理阻力,提高裁判的效率和质量。2016 年北京法院推出的"睿法官"就是 AI 辅助裁判系统,AI 完全依据事实和相关法律法规进行裁判,其裁判意见更具有客观性。

人工智能推动着传统司法审判模式的革新,对构建新型司法审判模式有巨大推动作用,可以缓解法律工作者在文书抄写、案卷整理等机械性工作方面的压力,节省人力资源,进而使裁判者对案件进行深入思考、保障案件裁判质量、提高案件审理效率具有重要意义。当前 AI 主要从事统计型、计算型、简易型的案卷记录等的工作,且仍处于推行适用阶段。随着科技的进一步发展,AI 功能将更加健全、系统将更加强大、推理裁判能力将进一步提升,未来 AI 将进一步辅助法院工作,成为新型法律审判模式中的重要组成部分,甚至在某

---

① 张书勤:《人工智能在审判中的应用》,载《上海师范大学学报(哲学社会科学版)》2020 年第 1 期。

② 刘潇忆:《人工智能对法律职业的机遇与挑战》,载《区域治理》2019 年第 44 期。

③ 张书勤:《人工智能在审判中的应用》,载《上海师范大学学报(哲学社会科学版)》2020 年第 1 期。

种程度上对书记员、法官助理,抑或是法官本身的一些工作予以替代。然而,社会的正义是法律的正义,法官裁判案件时,不只是简单套用法律法规和典型裁判要点,还要结合具体情形、考虑社会影响等众多因素,在"情"和"理"之间进行法律权衡。法律不是冷冰冰的制裁手段,它也是社会正义的护航者和人情冷暖的体验者,既要制裁犯罪,也要预防犯罪;既要树立法律权威,也要抚慰众人之心;既要保护公民依法享有的合法权利,又要约束司法,体现国家权力。因此,法官仍是案件的最终裁判者,法官在充分借助 AI 辅助裁判的基础上,根据法律体系中形成的判断进行裁判。

正如全国人大代表周喜玲所说:"人工智能无法代替司法人员的自由心证、侦查判断。"[1]作为法科学生,在提高自身法律素养的同时,也必须紧跟时代步伐,熟练掌握计算机操作这一专业辅助技能,充分利用计算机系统进行法律实务训练。再者,法科学生应当充分了解人工智能系统在法律实务中的运用,以具备应用人工系统能力,使得它在法律实务中能充分借助科技的力量公平公正地进行判决。与此同时,法科学生还应当知晓人工智能系统在审判过程中的不足,提高自身逻辑思辨性,形成自身法律逻辑体系,以弥补人工智能在审判中的不足,纠正其在案件裁判中的错误,共同助力"以审判为中心的诉讼制改革"[2]。

(四)外语应用能力

当前法律服务的国际化背景下,要求法科生精通一门以上外语符合时代和职业发展的需要,培养国家社会经济发展需要的既通晓外语又熟悉法律的高素质复合型人才。"新时代背景下,国家对外开放向纵深发展,法律翻译又一次被推到了时代的前沿,法律翻译人才培养成为新时代中国的一项紧迫任务。"[3]

全球化背景下的中国经济社会发展使得高等教育"为社会服务"的使命更加突出,市场对具有外语技能的人才需求旺盛。但是法学专业的培养模式也因为专业单一性而使学生在外语知识结构、应用能力等方面存在不同程度的

<hr>

① 刘潇忆:《人工智能对法律职业的机遇与挑战》,载《区域治理》2019 年第 44 期。

② 刘潇忆:《人工智能对法律职业的机遇与挑战》,载《区域治理》2019 年第 44 期。

③ 张法连、赵永平:《新时代背景下法律翻译人才培养问题探究》,载《译苑新谭》2019 年第 13 辑。

缺陷。比如,外语水平不足限制了法科学生充分利用外文文献和对外交流合作,解决跨国法律案件等重要工作。"新时代背景下,法律英语是涉外法律工作的落脚点,法律英语翻译成为涉外法律服务的重要内容。法律翻译有丰富的内涵,具有典型的文化特质。法律英语翻译教学是法律翻译人才培养的核心环节。"①法律语言包含着丰富的法律文化,不同国家的法律语言反映了不同的法律文化以及不同的法律文化价值观。因此,在翻译外国法律资料时不仅要进行语言上的转换,也要进行法律文化的转换,所以在进行法律翻译的过程中,传统法科学生难免会因为文化差异或缺乏法律文化知识而遇到各种障碍,因而,学生专业知识的"国际化"优势难以通过语言的"国际化"体现出来,导致学生的实践应用能力得不到充分发展,社会竞争力相对较弱,普遍存在就业困难的问题。不仅如此,随着"一带一路"建设的逐步推进,跨国法律人才的需求也必将越来越大。在自贸区内进行一些多方商务谈判中,不仅需要通晓某一国法律的人才,还需要对其他国家的法律制度较为熟悉。尽管这种需求可以通过团队整合进行弥补,但尝试对优秀人才进行跨多国法律专业培养,不仅可以缩减人力成本,也可减少未来在解决现实性法律难题时的交流障碍等难题。由于法律外语人才中法律英语人才占比高,其他语种的法律外语人才稀缺,人才结构极度不平衡,市场上存在大量涉外法律人才的缺口,但与此同时,法学院系的大规模开设培养了大量法学生,大部分法科毕业生充分就业难度大,法学人才的需求与供给两者之间的矛盾日益凸显。为解决这一矛盾,培养满足社会日益增长的对复合型、应用型人才的需求,同时使学生能够充分就业,学有所用,体现自身价值,提高法科人才的外语技能具有很强的现实性和紧迫性。

首先,要重视多元化的外语人才培养,增加法律外语的种类,除了将眼光投向西方发达国家,更要将目光聚焦于周边以东盟国家为代表的发展中国家。中国—东盟自贸区是世界上人口最多、由发展中国家组成的规模最大的自由贸易区,自 2010 年正式全面启动以来,中国与东盟各国的年贸易额正逐年递增,民间贸易往来也日益频繁。以泰国为例,中国连续多年成为泰国最大贸易伙伴、最大旅游客源国、最大留学生来源国,仅 2018 年双方人员往来已超过 1000 万人次,这就产生了巨大的"泰语＋法律"复合型人才的需求量。随着

---

① 张法连、赵永平:《新时代背景下法律翻译人才培养问题探究》,载《译苑新谭》2019 年第 13 辑。

"一带一路"倡议的不断落实与发展,"东南亚语种+法律"的复合型人才必将在就业市场上赢得巨大优势。

其次,要保证学生的外语学习质量,达到符合国家要求的大学生外语能力水平,使学生具有扎实的外语基本功和较熟练的听、说、读、写、译能力,只有基本功扎实才有可能在学科交叉学习中得心应手。这就要求在外语能力的培养中有所创新,在教学方法上,改变教师为中心的单向度知识传授模式,通过启发式、讨论式教学,增强师生互动性,提高学生的参与度,使得学生的听说能力在课堂上得到充分锻炼,着重培养学生的自主学习能力、协作学习能力等;在教学内容上加强语音训练。讲一口纯正流利的口语是外语人才的基本语言素养,也是学生综合实力的表现。为提高学生语音、语调,日常课堂上应增加语音训练的内容,同时应当推行双语教学,法学的主干课程实行双语教学,可以利用体现外语特色和知识的前沿性和国际化的外语原版教材。在考核方面,可以进行双语论文写作。要求学生分别使用汉语和英语撰写两篇毕业论文,通过开设学术论文写作课程,指导学生写毕业论文,规范论文写作,以提高学生用外语撰写法律文书的能力。

有了外语基础能力,注重综合素质的培养也尤为重要。其一就是注重外国法律文化的传播,法律根植于文化之中,必须有文化的辅助才具有强大的生命力。"法律是一个社会文化的体现。"[①]每个民族都有自己特别的文化,不同的民族文化存在着巨大差异,法律文化也同样如此。中国自秦汉以来就形成了一种以儒家思想为主导地位的伦理文化,这种文化也广泛地体现在语言上,反观起源于地中海的西方文化,受商业文化的影响,其具有较强的独立意识和平等意识,而且法律应当是一个逻辑体系,法律的条文起草、解释和法律的适用是一致的、透明的且具有可预见性,尤其表现在国际经济法中,国际经济法的法律规则的适用特别强调法律的逻辑性、合理性和透明度,否则不同国家的当事人就很难从法律实施中得到公正。中国现代法律虽然继承了较多西方大陆法系的法律,与其有相关联之处,但是中西方法律文化表现出的差异依然是显著的,这给法律资料的翻译、跨国法律案件的交流造成很多困难。"统一我

---

① 胡伟峰:《我国法律翻译"本土化"的困境和出路——以英语翻译为例》,载《江西电力职业技术学院学报》2019年第32期。

国独有的法律制度术语,避免翻译时因为不同表达出现理解偏差。"①因此培养具有跨文化交际意识及能力,能够在涉外场合熟练运用外语进行语言、文化、法律方面的沟通和组织工作,懂得如何在文化差异的碰撞中实现协调和交往的人才才能真正符合市场的要求。其二就是要利用多学科的专业知识,提升学生解读政策的水平,培育学生的社会责任感和人文关怀,拓宽学生的国际视野,使其能够批判地吸收世界文化精髓和传承弘扬中国优秀文化传统,满足全球化背景下的国际交往需求。这一能力,可以通过营造外语交流环境的方式来培养。组织"外国文化节"、阅读"国际政治英文报"、开设"国际模拟法庭"等多种形式的课外活动,鼓励学生积极参加各类外语和专业大赛,为学生提供更多的使用外语的机会。同时增加课外外语阅读书目,建议每学期的课外阅读书目,规定每天大致的阅读量,并在期末考核中加以体现,以确保这些辅助内容的效果。阅读书目中可以既包括不同难度的外文专业书籍,还应包括中外文学名著和传统中国文化的经典书籍等,以此把外语训练、知识体系构建、人格培养三方面结合起来。

再次,职场中律师涉外业务、法官、检察官审理涉外案件都对外语能力提出了严格的要求。在经济全球化深入发展时期,在"一带一路"倡议得到多国响应的同时,"中国企业和公民'走出去'步伐加快"②,"从普通老百姓出国旅游的权利保护,到大型企业的海外纠纷,防范跨境法律风险、化解跨境法律纠纷已经受到政府、企业和社会的高度关注。加强涉外律师队伍建设以应对新形势的挑战迫在眉睫。"③然而繁荣的国际市场贸易不可避免地存在利益的纠纷,面对他国利益挑衅,对外投资的企业的利益需要依靠专业涉外律师维护;面对国际市场的压力,中国企业需要涉外律师的护航。"有统计显示,截至2018年,中国已连续23年成为全球遭遇反倾销调查最多的国家,连续12年成为全球遭遇反补贴调查最多的国家。"④最具代表性的是2016年美国发起的"337调查",美国对中国钢铁企业发起337起调查,试图利用法律优势将中国企业逐出美国市场;在法律博弈中,中国涉外律师积极应诉,体现出专业的

① 胡伟峰:《我国法律翻译"本土化"的困境和出路——以英语翻译为例》,载《江西电力职业技术学院学报》2019年第32期。

② 满洲里市司法局:《守初心 铸匠心 立决心 大力发展涉外法律服务》,载《实践(思想理论版)》2019年第8期。

③ 周叠瑶:《中国涉外律师:为企业"走出去"保驾护航》,载《小康》2019年第31期。

④ 周叠瑶:《中国涉外律师:为企业"走出去"保驾护航》,载《小康》2019年第31期。

涉外办案能力,维护了中国企业的合法权益,全案取得胜诉。"337调查"的胜诉只是中国涉外法律服务的"缩影",无论是面对"337调查"的压力,还是中美贸易摩擦的壁垒,中国涉外律师都需要用法律维护中国海外企业的合法利益,利用法律护航中国国民的利益和中国经济的发展。语言在涉外服务中作为基本技能,成为涉外律师发挥其法律才能的载体;律师只有在精通外语的基础上,了解外国及国际组织的裁判规则,才能消除语言障碍,与对方进行法庭博弈并准确快速找出逻辑错误,维护中国企业、个人的合法权益。法官面对涉外案件,具备外语能力,能更好地基于案件事实,查明案件真相,对案件进行裁判,维护公平与正义。中国经济实力的不断壮大,使得涉外法律工作者在国际中拥有越来越多的话语权,涉外法律业务的精良不仅体现了中国司法体系的完备,也体现了中国法律人优秀的法律能力,维护中国司法主权,拥护司法权威,营造公平和谐的国际贸易规则。中国的涉外法律服务,应当"守初心　铸匠心　立决心"①,而涉外法律服务壮大的立足点在于外语应用能力的提升,具备外语的基本技能才有法律才能发挥的可能。因此作为法科学生,掌握至少一门以上的外语技能,对于拓宽未来的职业道路,增加未来可能的从业方向具有重要的意义。

将外语基本功与法学专业知识、能力和素质结合起来,培养复合型、实用型人才,不断拓宽培养渠道,提升人才规格,创新培养模式,这也是当前我国法学高等教育教学面对日益增加的多元化社会需求的有效对策。"涉外法治人才培养模式改革与机制创新应从培养法律英语复合型人才入手,使其发挥经贸往来'护航员'、文化交流'传播者'、法治精神'弘扬者'的作用,不断拓展涉外法律服务领域,为'一带一路'建设保驾护航。"②

(五)理解性阅读能力

阅读能力是认读、理解、分析、鉴赏、评价,灵活化与原有知识体系联系、融合的一系列处理书面文本信息的系统性综合能力。阅读能力无疑是人类社会性的重要表征,而阅读能力之中最重要、最关键的基础能力则是理解性的阅读能力。

---

① 满洲里市司法局:《守初心　铸匠心　立决心　大力发展涉外法律服务》,载《实践(思想理论版)》2019年第8期。

② 曲欣:《法律英语助推我国涉外法治人才培养体系建设——中国政法大学博士生导师张法连教授专访》,载《中国ESP研究》2019年第10期。

理解性阅读能力对于法科学生是基本学术学习能力与实践实务能力的重要组成部分,法科学生的学习环境、所学的学科特征以及法律实务要求决定了较强的理解性阅读能力,是法科学生构筑自身核心竞争力,提升自身修养,深化对法学综合全面把握的必然要求。为此,法科学生应全面了解理解性阅读能力对法学学术与实务的重要性、必要性、基础性作用,理解性阅读能力的基本内涵,以及如何通过科学的学习和练习提高理解性阅读能力。法学专业的学习对任何法科学生而言,都是法学学术理论学习和法律实践实务操作的有机结合,而理解性阅读能力对上述两方面都有着毋庸置疑的重要作用。

理解性阅读能力在法学理论学习的过程中起着铺路筑基的基础性作用。法学学科的性质决定了法学的学习是一个需要与大量法律法条、中外法学经典著作、司法实务案例等书面文本"打交道"的过程,法学的学习除了教师的授课外,很大程度上也是学生对教材、法条的理解和记忆。要掌握庞杂的法学体系,必然需要通过大量的阅读来实现,而在大量阅读材料的输入过程中,理解性阅读则是高效把握阅读材料内容的基本途径,对法律条文的分析解构,对法学基本原理的灵活使用,对司法解释的正确理解等,都需要理解性阅读能力来"保驾护航"。只有理解性地阅读法学材料,而不是囫囵吞枣,不求甚解地泛泛而读,才能由表入里,从生硬的法条深入法条背后所保护的核心法益、社会关系、国家秩序,才能清楚地明晰各个法学学科的基本原则与指导思想。

理解性阅读能力除了对法科学生的学习与学术起着基础性作用,也是法科学生未来从事司法实务工作的必备能力。绝大多数法科学生最终会投身于司法实务工作,在司法实务领域,随着我国全面推进依法治国,建设中国特色社会主义法治体系,建设社会主义法治国家重大决策的全面落实,立法、司法中的规范性文本的数量和科学性必然逐步提升。面对疑难案件卷宗、法庭裁判文书、中外合同民事商事文本等司法实务中必然涉及的书面文书,良好的理解性阅读能力无疑有助于提高处理法律事务的效率,一针见血地抓住案件纠纷中的核心要点和深层冲突。正确高效的信息输入才能带来优质的信息输出,通过良好的理解性阅读能力分析得出的关键信息,为下一步形成思路、提出专业方案、解决纠纷奠定了良好的基础,从而更好地提升法科学生的司法实务工作能力。

理解性阅读能力主要包含两个相关的子系统,"知识结构系统和能力结构系统,这两个系统直接构成了并直接作用于理解性阅读能力。"[①]"所谓知识结构,就是人在专业学习和实践中,特别是思维过程中形成的知识体系。"[②]在法学学习的过程中,通过法学课程学习或者其他自学途径和生活实践,各种法学知识会成体系有组织地储存在大脑中,在需要时能够及时灵活调用,这就是知识结构系统。在法学视角下,知识结构系统主要包含法律语言知识、中外基本语言知识、法律专业语言知识即法言法语知识;系统还包含了阅读背景知识、法学基本理论知识,其他社会学科与自然学科知识、生活常识等。

法学资料的阅读首先是感知书面呈现的文字,正确认知文字内容,将文字形式转化为语义内涵。具备法律语言知识中的中外基本语言知识是正确认知文字形式的基础,而良好的法律专业语言知识是正确理解文字形式所表达的语义内容的基本前提。法学资料的阅读在正确明晰文字及语义内涵后,阅读背景知识,尤其是其中的法学基本理论知识将会发挥帮助深度解码阅读材料,正确分析所读内容的重要作用。

理解性阅读能力还包含了能力结构系统。孟昭兰所著的《普通心理学》说:"能力是成功完成一项活动必不可少的心理特征。"能力结构是法科学生在面对书面材料时实现材料解读的个性心理特征,包括对法律语言的推理、抽象、概括、类比、联想等理性因素和个人情绪,心理素质等非理性因素。在法学资料的阅读中,知识结构系统和能力结构系统相互关联,紧密联系。知识结构系统是能力结构系统的基础和目的,离开了知识,能力便没有了支撑,也就不可能有效发挥,也没有了发挥的意义。能力结构系统是知识的手段和途径,没有了能力,知识就不可传播、分享和运用。可以说,知识结构系统和能力结构系统这两个子系统共同制约和决定了理解性阅读能力的高低强弱。

通过上述研究可以发现,理解性阅读能力对法学专业的学习有着基础性的辅助作用,那么增强提高理解性阅读能力也就成了深入学习法学的必然要求和应有之义。科学提升理解性阅读能力需要从正确解构理解性阅读能力肌理入手,通过前述研究可知,理解性阅读能力由知识结构系统和能力结构系统构成,提升理解性阅读能力必然要先完善和增强这两个结构系统和其包含的各项知识。

---

①　陈晓湘:《主体的认知中介系统对英语阅读理解能力的影响》,载《外语与外语教学》2001 年第 9 期。

②　王重鸣、严进:《团队问题解决的知识结构转换研究》,载《心理科学》2001 年第 24 卷。

增强完善知识结构能力首先需要加强学习法律语言知识,强化基本的中文、外文语言能力,积极学习基本的语言知识。此外,更加需要注重法律专业语言知识的学习,掌握法言法语,强化法律英语,不断巩固和更新法律专业语言知识。其次,阅读背景知识,尤其是法学基本理论知识是完善优化知识结构能力的重中之重,要重视提升法学基本素养,扎实学习法学主干课程,厘清法学体系脉络。同时,也要广泛涉猎其他社会、自然学科,将法学与其他学科相联系,还要注意对生活常识的把握。

　　优化提升能力结构系统首先需要提升理性因素的相关能力,不断锻炼自身的推理能力,学习相关推理课程,有意识在实践中学习推理,运用推理;加强抽象概括能力,从法学教材、刊物入手,抽象概括文章大意,段落中心等;提升联想想象能力,积极运用发散性思维与批判性思维,定期进行相关练习。非理性因素也应积极强化提升,通过社会实践或其他方式培育自身心理素质,保持良好心态,学会疏解压力,形成健康良好的心理状态。

　　在未来的法律学术研究和司法实务方面,阅读能力依旧是法律人的基本技能。科技时代中的法律,依靠人工智能使得法律服务更加方便快捷。但是,法律人仍需要运用自身的法律能力处理法律事务,运用缜密的逻辑分析案件过程。因此,作为法律基本功的阅读能力依旧是法律人的必修课。法律是时代的产物,需要与时代的发展相契合,对法律学术研究工作而言,法律研究者需要从现有的大量的案例中发现立法漏洞、寻找案件疑点,在大量阅读研究的基础上进行法律弥补,这些都需要法律研究者在有限的时间内大量阅读司法案例和查阅法律资料,经过对比和分析,并且从中找到共同点和差异处,从而确定未来法律学术研究的主要方向,使得法学理论不断加深、法律体系不断完善、公民权利保护不断加强。在司法实务领域,面对现实纠纷,查清案件事实,作出正确裁判,要求法律工作者具有正确分析和裁判的能力,利用已形成的法律逻辑,不断吸收新的法律知识,进行正确的裁断;司法实务中案件众多,为避免"同案不同判"情形的出现,为了裁断能更好地适应时代要求和符合现实状况,司法实务工作者应当学会利用人工智能网络系统检索案件,也应当在大量总结案件的基础上,作出正确裁断。而司法要求的时效性和当事人的时效利益,也要求司法实务工作者及时作出裁判,因此,阅读能力成为司法工作者快速且准确作出裁判的基础。总而言之,阅读能力不论在当下,还是未来,都是法律人必备的基本技能,也是法律人建立自身法律逻辑和体系的落脚点和奠基石。

理解性阅读能力是法科学生必备的基本能力,是法学学术能力和法律实践事务能力的重要组成部分,对法科学生构筑自身核心竞争力,提升法学素养,深化对法学学科全面理解有强大的促进作用,希望广大法科同学积极了解理解性阅读能力的基本构成,认识到其对法学学习的重要性、必要性,努力提升理解性阅读能力。

四、法科学生发展性能力的培养

　　面对博大精深的法律知识系统,新颁布的法律法规、前沿法律问题、涉外法律面临的新情况层出不穷,“学无止境”这四个字对于法科学生而言并不陌生,因为法科学生一直在践行! 持续的学习能力是最强大的天赋。无论现在就读于多么高等的学府,或者就职于多么优秀的公司,都不能停止学习的脚步。学如逆水行舟,不进则退。坚持学习,不断提高个人能力才能让我们走得更远,攀登更高。学习从不封顶,创新应时刻践行! 中国的法律体系并不完善,立法技术还不成熟,需要法律人不断学习,增强创新意识,培养创新思维,提高创新技能,最后运用于法律实践! 对于法科学生而言,发展性能力不可或缺,它作为法律学习生涯中的必备品质,需要不断培养发展。两种发展性技能包括:持续性学习能力和创新能力,两者相辅相成,又各具优势。

(一)持续学习能力

　　1.持续学习新法律法规、法律前沿问题、中外比较法的能力

　　康德指出:“法就是根本理性和各种存在物之间的关系,同时也是存在物彼此之间的关系。”①孟德斯鸠在著作《论法的精神》中也写道:“从最广泛的意义来说,法是由事物性质产生出来的必然关系。”②从事法律行业,如逆水行舟,不进则退。终身学习将成为法律人职业生涯的重要要求。当今社会不断

---

　　①　西方法律思想史编写组编:《西方法律思想史资料选编》,北京大学出版社1983年版,第39页。

　　②　[法]孟德斯鸠:《论法的精神》,商务印书馆1987年版,第1页。

变化,时代不停发展,法律也在不断地适应社会现实的新变化。当前层出不穷的新兴事物,新产生的社会现象,不同于以往的社会关系,往往会催生新法律法规的出现,法律前沿问题的开拓,中外比较法的发展,因此法科学生对新法律法规、法律前沿问题、中外比较法的持续学习能力便成为衡量法科学生是否能成为合格法律人的重要因素。

法律是调整社会关系的规范,在依法治国语境下,随社会发展而来的新型社会现象、社会关系自然应主要由法律调整。实践中,仅 2019 年,全国人大常委会就制定了 8 件法律、修改法律 47 件次,作出有关法律问题决定和重大问题决定 9 件。涉及农村土地承包法修正案,外商投资法,环境保护税法、烟叶税法、船舶吨税法、耕地占用税法、车辆购置税法,企业所得税法和个人所得税法,资源税法草案等法律。国务院也制定了非存款类放贷组织条例,处置非法集资条例,私募投资基金管理暂行条例,排污许可管理条例,地下水管理条例,优化营商环境条例,反走私工作条例,企业名称登记管理条例,未成年人网络保护条例,保障农民工工资支付条例,消费者权益保护法实施条例,城镇住房保障条例,住房租赁条例等行政法规。2020 年,《民法典》已颁布、《档案法(修订)》、《未成年人保护法(修订)》、《预防未成年人犯罪法(修订)》通过并于 2021 年先后生效,还有一些新的法律法规在制定中,可见持续学习新法律法规是实践对法科学生的务实要求。

新的社会事件不断涌现,新的社会关系不断产生,新的法律法规不断出台,法学研究的视野也随之而拓展,法学研究近年来涉及留守儿童的监护问题,家庭成员间隐私权保护制度,虚拟财产的法律保护,房屋拆迁中的公共利益,网络音乐著作权问题探析,地理标志的知识产权保护,计算机软件的法律保护,对未达刑事责任年龄的犯罪人免责制度研究等前沿问题不断被提出,需要法学界提出新的理论予以解决。作为法学研究人才的后备军,法科学生应保持对理论界前沿问题的高度敏感力,对学界正在兴起的热点有宏观的把握,并具体了解,对以往学界已经得出通说的问题有自己的思考。持续关注法律前沿问题,也是对法科学生法律视野的拓展,在课本基础知识的基础上,对相应法理和部分法的问题有更契合时代精神的把握,更新并挑战旧有的知识理论,对新兴的理论有最前沿的了解。

中国比较法自改革开放以来,获得了巨大的发展,"研究推出了一批重大成果。这些成果为中国的立法和司法改革,提供了重要的参考材料和智力资源,有助于中国在法治发展中借鉴国外的法律经验,汲取人类的法律智慧,改进自己的法律制度,并探索中国法治现代化的道路。"①21世纪的基本趋势是全球化,各国间法律部门的相互借鉴成为新的潮流,积极进行国家间和法系间的法律比较,探索中国甚至世界法律的发展方向,积极参与国际间不同国家和法系的法律价值和法律文化交流,推动国家和法系间的相互理解,坚持包容互鉴的比较法基本导向,在全球化不断发展的今天,持续学习中外比较法理应成为法科学生必须掌握的技能。

法科学生要拥有良好的持续学习能力,需提高个人的学习能力,重中之重是信息能力。个体具备基本的学习能力是法科学生持续学习的基础,在学校学习的过程中,注重提高个人的学习能力,不过分依赖授课教师,在课外应自觉推进课程的学习,着重提高阅读和计算能力,积累信息技术方面的使用经验,增强处理较为复杂任务的信息处理技能,拓展自身的思维和视野持续学习;法科学生应以整体和连续的观点看待学习,法学学习非一锤定音,而是百炼成钢,是个整体而连续的学习过程,学习对象的广泛性和延展性要求法科学生以整体和连续的观点面对自己的学习,改变对学习的认识是法科学生发展持续学习能力的关键;法科学子应培养持续学习的爱好与习惯,相比于把持续学习仅仅作为学习能力或技术来看,把持续学习作为爱好和习惯是一件更为困难的事,因为它们不仅是长期积累和沉淀的过程,也需要个人心理的转变,积极参与学校和社会的学习小组、读书会、学术论坛等,养成持续学习的习惯与爱好;除此之外,法科学生应积极使用各种辅助性资源,利用学校提供的各种优质学习资源辅助学习,利用社会上优质的教育、学术资源广泛学习,这些都是持续学习能力的重要支撑。

对于日益更新的法律法规,层出不穷的法律前沿问题,愈发繁多的中外比较法,法科学生持续学习法律法规、法律前沿问题、中外比较法的能力显得至关重要,法科学生只有具备了此项技能,才能适应法律职业化的要求,成为专业化、职业化、规范化的法律职业共同体之一员。

2.持续学习计算机新技术及人工智能的能力

在这个信息化时代,科学技术每天都在发生着深刻的变化,尤其是在计算机技术方面,不断发生着影响人类工作方式和生活的重大变化。因此,与计算机发展相伴随的网络和多媒体应用能力也在不断发展进步。计算机新技术与人工智能在法律领域的重要性前文已详细论述,包括法学在内的许多学科抓

① 高鸿钧:《改革开放与中国比较法学的成长》,载《法学》2018年第8期。

住了这个千载难逢的机遇,大大加速了自身的发展。法学是一门需要终身学习的学科,法科学生作为一名准法律人,要拥有终身学习的理念,才能适应法治社会发展的需要。作为新时代的法科学生,也应当紧随时代的脚步,抓住学科建设与计算机技术与人工智能辅助功能相结合这一大趋势,在学习法学知识的同时进一步提升学习上述专业辅助工具的能力。

(二)创新能力

法学作为一门强调应用性的社会科学始终在发展中保持着其创新性,在全面推进依法治国的时代背景下,要培养高素质的卓越法治人才,必须重视对法科学生创新能力的培养。具体而言可从创新意识、创新思维、创新技能、结合实务案例分析谈创新四个方面着手发力。

1.创新意识

正如日本学者西田春夫所言,相信世间只有一种真理,并坚信自己掌握了真理,无疑是世界上一切罪恶的最深根源。法律作为维护社会秩序的重要工具,必须与社会实际情况紧密结合,法不可朝令夕改,但社会发展的脚步却在不断加快。如何通过立法技术来提升法律与社会实际的匹配性,突出时代发展的前瞻性;如何通过理论革新完善立法体系,提升法制体系的严谨性;如何通过解释技术解释法律,升华法律规范同所调整社会关系的适应性,这诸多问题的解决都离不开法学创新的力量。

法学理论总是在否认既有理论的过程中向前发展,这是一个不断建立理论,推翻理论,再建立理论的螺旋过程。勇于质疑现有强势理论的权威,摆脱现有强势理论的影响,在思考与论辩中使新型的弱势理论成为具有影响力的强势理论,无疑是促进学术研究发展的有效途径。假使某一理论始终处于强势地位,那无疑反映出了学术发展的停滞。法科学生质疑法学理论及法律法规时亦不必束手束脚,不妨大胆发现问题、提出问题,既能实事求是又敢于标新立异,在已有理论的基础上进行突破。要知道学术观点生来就是供他人评判的,对一个观点的批评也正体现出了外界对它的重视,学术观点也正是在批评中被不断修正从而趋于完善。

2.创新思维

学术贵在创新,破僵局者谓之创,勇于革故者谓之新。强调创新不是为了对已有知识进行重复,而是欲展望崭新的未来。近年来专家学者关于如何突出法学教育创新性的讨论从未停歇。"问渠那得清如许?为有源头活水来",

法律职业是强调开放性的职业,如果固守僵化的填鸭式教学,将难以培养学生的创新思维能力,这无疑需要法科学生拥有扎实的法学知识基础,同时要具有广阔开放的视野与多元而缜密的思维。要时刻牢记:问题意识和批判性思维的培养是涵养创新思维的关键。

在这个社会快速发展,价值观点林立的时代,想要避免因急于追赶而流于盲目追逐的命运,法科学生应当独立思考,善于思辨,勤思敏学。培养问题意识的有效方法是时常对社会上的新问题、新关系进行思考研讨,在交流中发现问题症结,在研讨中开拓视野。另一方面,培养批判性思维绝非是简单地要求学生能够发现谬误,浮于表面地去吹毛求疵。恰恰相反,没有肯定的一味否定是片面的,缺乏建设性意见的批判是破坏的。学术的批判能力是在舍弃与坚持中得以淬炼的。

唯有如此方能找到法律人避免沦为法律机器人的救赎之路,以此为径,我们的法科人才更有机会在日后设计出顺应时代潮流,反映民心所向的科学法律,中国法学理论的开拓也才能真正成为世界法治前进的指向标。

3.创新能力

创新能力的培养需要从多方面用功。首先是要多读书,读好书,读经典。书可分为两类,一者谓有用之书,有用之书助我们安身立命于天地之间;另一类谓之无用之书,无用之书助我们于滚滚红尘之中寻找人生的方向。古语有云:"无用之用,方为大用。"要培养创新技能离不开广泛的阅读,通过阅读学习来夯实扎实的法学知识功底,了解新的法律法规和前沿问题,训练缜密严谨的法律思维模式,构建自身系统的法学知识框架体系。

同时,法科学生应有效地利用图书馆、互联网,养成自主获取、更新、应用法学专业知识的学习习惯。在培养过硬的法学知识功底之后,法科学生可根据个人志趣深入研究,在研究分析中了解法学研究的前沿理论和技术方法,洞察现实社会中的法律焦点和疑难问题,既有基础理论知识做支撑,又要不拘泥于课本通说,勇于突破束缚,尝试提出自己的观点。在发展方向日益多元的新时代,法科学生有更多参加学科竞赛的机会,通过参加模拟法庭、模拟仲裁等相关学科的训练营和竞赛,不但可以巩固既有的知识,还可以在竞赛中开拓视野、创新思维,提升个人创新能力。

为学之道本就是为人之道,大师之大,不仅在于其学问之渊博,更在于其眼界之高远,决定法科学生人生发展的高度则在于创新能力。唯有摆脱亦步亦趋、拾人牙慧的窘境,方能迎接中国法治昌盛的曙光。法科学生能在职业化能力培养之路上有所思,有所为,有所成,让创新成为一种习惯,才能在追求卓越的路上不断前行。

第六章　法科学生的沟通能力

▌引　言

　　在职业化能力的语境下,沟通能力是法科学生重要的通用能力之一,对当代法科学生有着十分重要的意义。首先,就作为普通的大学生个体来说,沟通能力涉及大学生的学习与生活的各个方面,既对大学生个体的身心健康有着举足轻重的作用,也在健全大学生个体人格的过程中扮演着不可或缺的角色,同时还对大学生个体在协调和处理周边的人际关系、处理与他人的矛盾和冲突等有着极其重要的意义。可以这么说,沟通能力是考察大学生个体综合能力中一个十分重要的指标。[①] 而在这方面如果不够重视或者有所欠缺,就很有可能给大学生个体带来一系列的困难或者困扰,轻则融入集体或者社会比较困难,重则对自己不能有一个正确的认识和评价,面对超出自身心理承受程度之外的消极情绪无法有效排解,不会、甚至不愿意求助于外力,久而久之,心理问题产生甚至达到心理扭曲的地步,产生了包括马加爵案件在内的一系列校园极端暴力案件。[②] 其次,对于法科学生来说,沟通能力尤其重要:在校学习期间,除了上述影响之外,法学专业的思辨性也要求法科学生要在沟通中学习进步;毕业后进入职场,法科学生的主要就业方向,无论是法官、检察官、律师或者法律顾问,无一不强调要与人沟通、打交道。因此,良好的沟通能力是法科学生日后工作得以顺利开展及取得有效成绩的基石,甚至可以说"沟通的

---

　　① 申华:《成人院校学生沟通能力的培养》,载《中国成人教育》2006 年第 1 期。

　　② 齐蓓:《当代大学生的"软实力"及其培育》,东北师范大学 2007 年硕士学位论文,第 13 页。

重要性不亚于法律技能的重要性"。[①]

一、法科学生沟通能力的概念及内容

(一)沟通能力的概念

1.沟通的含义

关于沟通的含义,可谓众说纷纭,不同的学科基于本学科的研究给出了不同的解释。从"沟通"这一词汇的起源来看,原指开通人工水渠以沟通两个本不相通的河流,[②]后来泛指彼此相通。英语词汇中 communication 则存在许多不同的含义,例如:通讯、沟通、交流、传达、交通等,有外国学者就评价说:"从学术或科学的角度对沟通下定义遇到绕不开的问题时,动词'沟通'在普通词汇中沿用已久,很难将它作为科学用语使用。"[③]正是基于此原因,要如何界定"沟通"概念这个基础的研究起点,也就成为相关领域研究最困难的问题之一。例如,有学者认为沟通是传达者对接受者的影响,即强调我们在沟通的时候,也就是"试图与他人共享信息、思想或态度"。[④] 有学者认为沟通就是一个让信息在彼此之间传递的过程。[⑤] 也有学者强调沟通是符号(或信息)的流动,将沟通概括为用一种特定的方式,包括文字或者其他的方式将各种信息进行交流的过程。[⑥] 有学者进一步认为这个过程是一种信息互动的过程,[⑦]还有学者认为互动的信息包括一切被人类社会认可的意义或者价值。[⑧]

综合上述观点不难看出,沟通是一个有来有往,互通信息、意见和情感的

[①] 陶光辉:《法务沟通的原则与策略》,载《法人》2018 年第 3 期。

[②] 参见《左传·哀公九年》:"秋,吴城邢,沟通江淮。"

[③] 鲁曙明主编:《沟通交际学》,中国人民大学出版社 2008 年版,第 92 页。

[④] 张国良:《传播学原理》,复旦大学出版社 2002 年版,第 3 页。

[⑤] 金盛华、张杰:《当代社会心理学导论》,北京师范大学出版社 2002 年版,第 3 页。

[⑥] 黄萍:《企业内部人际沟通的现状调查及其改善策略的理性探索》,西南师范大学 2007 年硕士学位论文,第 2 页。

[⑦] 成媛主编:《思想政治教育学原理》,上海中医药大学出版社 2007 年版。

[⑧] 陆林:《客户公共关系的沟通研究》,西南师范大学 2003 年硕士学位论文,第 4~5 页。

过程。基于此,笔者将"法科学生之沟通"定义如下:法科学生个体通过文字或者口头等特定的方式,将个人思想等特定信息传递给他人的动态过程。

2.沟通能力的概念

沟通能力是一个十分复杂的概念,沟通能力指挥着的沟通行为也是一个十分复杂的过程。基于此原因,关于沟通能力的概念,不同的学者也给出了不同的答案,主要有以下几种不同的内涵。

学术界有研究将沟通能力界定为个体所具备的跨越不同情景或者领域交流信息的特质,并且这种特质还能够有效地指挥个体进行沟通的行为。[①] 并且有研究进一步认为:灵活性与敏感性[②]是沟通能力中非常重要的两种特点,将两者上升到沟通能力两个评价标准的高度。有学者持相反观点,认为沟通能力不是一种特质,只是我们"平时难以达到的一种状态",[③]并认为"不存在理想的沟通方式,说哪一种方法更好是错误的"。[④] 类似的观点还有,认为判断沟通能力水平的高低是看你的沟通行为是否与你所处的情景相适应,以及实现沟通个体行为目标的程度。[⑤]

也有研究另辟蹊径,定量研究,从大规模的学术文章中梳理出与沟通行为相关的词汇,通过调查问卷的方式,让特定的一群人来对其进行评定,成员包括专家以及普通的一线工作者。然后采用统计学的方法对调查问卷进行处理,从而得出哪些品质是某个特定行业沟通能力所需要的。[⑥] 得出的结论认为沟通能力应包括"沟通理论、动力、非言语、书写、读、讲、听"、"非言语沟通、

①　马湘桃:《大学生人际沟通能力调查研究》,湖南科技大学 2009 年硕士学位论文,第 11 页。

②　Spano,S.J.,Assessing Communication Competence:The Development of a Self Report Measure of Communication Flexibility,*Journal of Communication Studies*,1992 (10),pp.99-108.

③　Ronald,b.&adle,*Interplay the Process of Interpersonal Cormunication*.CBS College Publishing,1986.

④　Ronald,B.Adler George,R,*Understanding Human Communication*,Fifth Edition,1998.

⑤　Kathleen K.R,*Interpersonal Communication Where Minds Meet*,Wadsworth Publishing Company Belmont,California.Division of Wadsworth Inc,1987.

⑥　马湘桃:《大学生人际沟通能力调查研究》,湖南科技大学 2009 年硕士学位论文,第 13 页。

强化、提问、反应、集合归纳、封闭、解释、倾听、自我开放"[1]、"表达、移情说服、对感情的敏感、信息管理者"[2]等内容。

笔者赞同后一种观点,因为其研究方法是一种自下而上的研究方法,而不是单纯地强调情境、对情境的认知以及跨情境的特质对人在具体情境下的沟通行为。另外,自下而上的研究方法应用性特点十分显著,对于本课题在法科学生沟通能力方面的研究具有重要的借鉴意义。

(二)法科学生沟通能力的概念

1.法科学生沟通能力的概念

有的研究从实际定义[3]的角度出发,认为法科学生的沟通能力是指法学专业的学生或者毕业生应当具有的沟通、写作方面的能力。笔者认为,法科学生的沟通能力是法学专业学生或毕业生与人打交道、交流沟通的能力,即包括语言沟通、书面沟通,还包括人际沟通方面的能力,它既有普通大学生需具备的通用沟通能力,也包括法科学生需培养的专业沟通能力,由于其通用性更突出,本书中暂且将它归入职业化能力之通用能力中。

本书借鉴自下而上的研究方法,不去探讨"法科学生的沟通能力"究竟是什么,而是试图说明什么属于"法科学生沟通能力"的范畴,即进行确证(Festsetzung)而非确认(Feststellung)[4]。毫无疑问,法科学生的沟通能力依然属于沟通能力的范畴内。具体来说,主要包含两方面的内容,第一个是通用沟通能力,这是法科学生乃至大学生群体甚至是社会中的每一个具体的人都应该具有的能力,主要内容就是谈判沟通能力方面的内容。第二个是专业沟通能力,这个是法科学生独有的沟通能力,也是法科学生走向工作岗位所必须具备的专业技能,换句话说,也是法科学生走向职场之后的安身立命之本,主要包

---

① Maxwell,Maureen,Diekson David,A An Evaluation of Communication Skill Straining for Physiotherapy Students,*Medical Teacher*,1991,p.4.

② Debra,l.n,Quiek.j.c.,*Five Keys to Effective Supervisor Communication*,in Organization alI South-Western College Publishing,2000.

③ 实际定义是立足于对象语言层面,在特定语言中对所做的关于某个对象做出陈述的一种定义方式,参见 Rolf Wank,Objektsprache und Metasprache,Geltungsprobleme bei Verfassungen und Rechtsgeschaften,Rechtstheorie 13(1982),S 465,471ff。转引自雷磊:《定义论及其在法典编纂中的应用》,载《财经法学》2019 年第 1 期。

④ 二者的区分参见 Han Joachim Koch und Helmut RuBmann Juristische Begrundungslehre,S15,24。转引自雷磊:《定义论及其在法典编纂中的应用》,载《财经法学》2019 年第 1 期。

括口头表达能力、通用文书写作能力、法律文书写作能力等三个方面的内容。下面将分别详细展开论述。

2.法科学生沟通能力的特殊性

法科学生的沟通能力有着其特殊性,具体来说主要包括以下几个方面:

(1)主体的特殊性

法科学生沟通能力的主体自然不同于一般主体,而是涉及具有法学专业背景的学生或者毕业生,这是一切研究的基础,也导致了法科学生沟通能力内容的特殊性。如果不强调这个主体身份,自然就会落入一般人的沟通能力这个范畴内,泛泛而谈。

(2)内容的特殊性

因为法科学生未来就业的方向多会与法律服务类行业有关,这决定了法科学生的沟通能力必须置于法律这个背景之下,如其谈判能力多变为基于法律规范的谈判能力、文书写作能力加入了法律文书写作能力。

二、法科学生沟通能力的具体内容

(一)法律谈判沟通能力

1.法律谈判沟通能力的概念

有研究认为谈判沟通不仅是一种能力,更是一门艺术,甚至将其上升到一门学科的重要程度。而培养这种谈判沟通能力对身处市场经济发展日益加速背景下的大学生群体而言更是十分重要。[①] 而法科学生培养谈判沟通能力的标准就更高了,因为法科学生所要谈判沟通的内容要超出一般谈判沟通的范畴,往往夹杂着法律谈判沟通的内容,进入职场,无论是从事法官、检察官、律师或者法律顾问,皆是如此。而本书认为法律谈判沟通就是在现有法律法规的约束之下,采取一种更加理性、经济的解决方式来解决当事双方或者多方的矛盾冲突,从而在现有法律法规框架下最大化实现矛盾冲突当事人的利益,以

---

① 张海锋、李青青等:《市场经济体制下大学生商务谈判能力构建研究》,载《商场现代化》2014 年第 2 期。

期恢复"法律准平衡"①的状态。换一种说法,法律谈判沟通就是一种理性、经济的矛盾冲突化解方式,而法律谈判沟通能力就是一种能够推动理性、经济、文明地化解矛盾冲突的特质。

2.法律谈判沟通能力的重要性

如上文所述,法律谈判沟通就是一种理性、经济的矛盾冲突化解方式。法科学生注重自己的法律谈判沟通意识构建和法律沟通谈判能力培养,既关系到法科学生自己未来职业发展中的成长成才,也关系到法科学生综合素质协调发展,还关系到社会主义和谐社会的构建,其重要性不言而喻。

(1)法律谈判运用越来越频繁

首先,法律谈判是基于法律的谈判,是"由律师代理当事人参加,运用法律知识和诉讼经验对各种可能后果进行全面评估后,借助律师技能和谈判技巧实施的庭外博弈"②,它"关注的是利益而非立场"③,因此法律谈判"通过考虑新的可能性和变通办法避免和解决争端"④,为纠纷各方提供合法合理的优先选择,而且是基于"纠纷各方考虑了所有的因素而做出的,而且这个合意对于纠纷各方来说比放弃合作是要有利的"⑤。而在法律谈判沟通过程中,矛盾冲突的各方都会或多或少作出一些让步,并基于此设定新的谈判目标并提出新的矛盾冲突解决方案,以期尽快解决矛盾冲突。⑥ 另外,法律谈判沟通在民事法律冲突中的应用还会影响到民事法律规范干预的边界,甚至对法律判决的结果也是显而易见的,并且在法律谈判沟通的过程中形成了新的法律规范或原则。⑦ 这种法律诉讼所不具备的优势使得法律谈判沟通的应用极其频繁,并且必然会越来越频繁。

(2)优异的法律谈判能力有事半功倍的效果

---

① 裴蓓:《法律谈判:和谐社会构建过程中的重要纠纷解决途径》,载《思想战线》2007 年第 4 期。

② Larry L.Teply:Legal Negotiation,Thomson west 2005,pp.3-5.

③ 戴安娜·特赖布:《法律谈判之道》,高如华译,法律出版社 2006 年版,第 9 页。

④ 戴安娜·特赖布:《法律谈判之道》,高如华译,法律出版社 2006 年版,第 9 页。

⑤ Herminia Ibarra Lyle Sussman an Deborah M.Kolb. Negotiation, *Harvard Business School Case Selections*, Harvard Business School Publishing, 2001, pp.4-5.

⑥ 罗伊·J.列维奇、布鲁斯·巴里等:《谈判学》,廉晓红等译,中国人民大学出版社 2006 年版,第 6 页。

⑦ 范愉:《代替性纠纷解决方式(ADR)研究——兼论多元化纠纷解决机制》,载北大法律网,http://www.http://chinalawinfo.com/,访问日期:2006 年 11 月 18 日。

对于法科学生来讲,优异的谈判沟通能力可以帮助其在与谈判方沟通时清晰地表达自己的观点、帮助包括自己当事人及对方当事人、其他人等理解本方话语中的意思、拉近彼此的距离、使彼此之间产生基本的信任,从而促进本方的意图得到实现。可以这么说,谈判沟通能力是法科学生沟通能力中相当重要的组成部分。法律职业群体包括法官、律师、法律顾问和检察官等,这些法律职业群体的日常工作中,谈判所涉及的领域几乎无所不包,已经或者正在成为社会的风尚。

(二)口头表达能力

1.法科学生口头表达能力的概念

口头表达能力对于法科学生个体来说,就是通过口头这种特定的方式,将其个人思想等特定信息传递给他人的一个动态过程,从而实现自己的目的。口头表达能力是展现法科学生能力的一种具体体现和综合反映。

对法科学生来说,"良好的口才,是律师代理获胜的一个非常重要的因素"[①]、"口才——律师从业金钥匙"[②]。有调查研究表明,"对法律职业来说,口头表达能力和写作技能被认为是最重要的必需的技能。"[③]但是法科学生口头表达能力的内涵不仅仅是增加"法科学生"这一主体那么简单,而是增加了法律语言这个大背景,并给口头表达能力带来了十分丰富的内涵,虽然依旧还是用口头语言来表达自己的思想、情感,但是工作时的口头表达不得不加入法律方面的专业语言,尤其强调法律从业者用口语解释法律专业术语并传达给当事人的口头表达能力。

2.口头表达能力的重要性

(1)口头表达是法律学习的基础

当今社会,无论国内还是国外,法律体系都已经发展成为一个具有严密逻辑体系的庞大系统。在成文法系国家,包括我国,法律体系更是一个由基础概念搭建成的严密逻辑体系。因此,法律学习需要学习者本身具有相当程度的口头表达及语言理解能力,二者本身一体两面,互相影响,互相促进。除此之外,法律作为调节社会关系的手段,想要取得绝大多数人的支持,必然自立法

---

① 李五一:《律师口才》,蓝天出版社 1997 年版,第 3 页。

② 李五一:《律师口才》,蓝天出版社 1997 年版,第 3 页。

③ 董青梅:《论法科学生口语表达能力的培养》,载《内蒙古电大学刊》2008 年第 12 期。

之初就要反映绝大多数人的愿景,代表绝大多数人的利益。所以一个科学的立法过程本身就是不同阶层乃至不同阶级、不同利益群体的谈判沟通过程,对于参与其中的人而言就有着较高的口头表达能力的要求。基于以上客观原因,想要培养出能够独立胜任法律工作的法科学生,培养其出色的口头表达能力是一项必不可少的工作,因为法律适用必须建立在对法律学习、理解和领悟的基础之上对法律具体的应用。[①] 可以这么说,没有任何一个法律学习者能够在不掌握、不进行口头表达的情况下学习法律专业知识。

(2)法律专业就业需要良好的口头表达能力

现在的法学就业市场竞争压力巨大,再加上法科学生求职时所普遍面临的面试环节,决定了法科学生必须具备良好的口头表达能力。有数据显示,在本科专业的就业排行榜中,法学专业在 2017 年、2018 年以及 2019 年中,连续三年成为就业红牌专业。[②] 而红牌专业就意味着法学专业的本科毕业学生整体失业量较大,且无论是就业率还是获得的薪酬,抑或是对自己就业的综合满意度都比较低。虽然该数据反映的是全国总体情况,各省区、各高校情况可能会有差别,且受到就业大环境的影响,但是"2018 届本科毕业生就业率为 91.0%,与过去 4 届相比略有下降"[③]这个结论反映出目前法学专业就业的整体状况是比较严峻的。

本科法学专业连续三年成为就业红牌专业可以从以下统计得到一部分解释:在 1977 年最初恢复法学高等教育的时候,全国开设法学专业的高校一共只有三所,且加起来每年一共招生人数仅仅 200 多人;而目前开设法学专业的高校全国一共超过 700 所,每年毕业的法科学生总数达数十万人。但是我国约有 2.4 万家律师事务所,能够吸纳的法科毕业生人数相对总毕业人数非常有限,而法院系统、检察系统等每年能够吸收的法科毕业生也非常有限,导致了供大于求的局面。[④]

除此之外,即使是顶尖政法院校,法学专业学生就业形势也同样严峻,以

---

① 武小凤:《略论法学专业教学中对学生口头表达能力的培养》,载《甘肃政法学院学报》2004 年第 2 期。

② 麦可思研究:《2019 年中国大学生就业报告》,http://hn.cnr.cn/hngbxwzx/20190612/t20190612_524647162.shtml,访问日期:2019 年 8 月 21 日。

③ 麦可思研究:《2019 年中国大学生就业报告》,http://hn.cnr.cn/hngbxwzx/20190612/t20190612_524647162.shtml,访问日期:2019 年 8 月 21 日。

④ 马丽:《关于高校法学专业学生就业问题的思考》,载《新西部》2019 年第 1 期。

中国政法大学为例,有研究表明,"2004—2010 年中国法学专业本科毕业生的就业率分别是 70.63％、73.22％、71.33％、69.62％、65.04％、72.78％、71.07％。2004 届为中国高校扩招后的第二届毕业生,其就业率为 70.63％,且 2005 年中国政法大学法学本科毕业生就业率为 3.22％,增幅为 2.59％。而 2006—2008 年法学本科毕业生的就业率逐年下降,降幅分别是 1.49％、1.71％、4.58％,其中 2008 年降幅最大。"①

上述数据给法科学生的警示非常值得注意:自身能否有一个相对较好的就业岗位固然会受到外部大环境的影响,如 2020 年突如其来的新冠疫情就给所有大学生毕业的就业工作带来了前所未有的挑战;但是很大程度上跟法科学生自身的综合能力和就业观念相关。② 有调查显示,"从学生个人角度出发,通过调查毕业生了解到,个人的综合能力是影响法科学生就业的首要因素,达 42.20％之多"。③ 这还给了所有法科学生一个重要的启示:当下的法科学生就业形势相当严峻,想要在激烈的竞争中脱颖而出,必须在就业面试之处就一鸣惊人。④ 要想做到一开始就一鸣惊人,无论参加公务员考试,还是律所、公司等求职,面试环节都是重要的突破口。而这其中,法科学生良好的口头表达能力无疑会起性到决定性的作用。

(3)法律职业更需要高度的口头表达能力

首先可以肯定的是:语言是交际的工具,拥有良好的口头表达能力毫无疑问能极大地促进交际的成功和深入,更能相对容易赢得别人的信任与钦佩。即使在 21 世纪的人工智能时代,人类的沟通交流手段得到了极大的丰富、提高,科学技术有了极大的发展,但是口头交流依然牢牢地占据着当下交流方式的榜首,某种意义上来说,其他技术手段都只是辅助我们口头交流,让口头交流尽可能地顺畅、自由,并不是取代了口头交流。虽然可供法科学生选择的职业多种多样,既有相对自由的律师及公司法务,也有检察院、法院等司法机关,还有高校从事理论研究的学者,抑或是其他法律工作者,但是只要工作内容是

---

① 康伶俐:《中国法学本科毕业生就业问题研究》,中国政法大学 2011 年硕士学位论文,第 11 页。

② 贾新岚:《法学专业毕业生就业质量分析——以 2017 届青海民族大学法学院毕业生为例》,载《武汉冶金管理干部学院学报》2019 年第 29 期。

③ 龚文豪:《法学本科毕业生就业困境研究》,载《教书育人(高教论坛)》2018 年第 24 期。

④ 武小凤:《在专业教学中培养并提高学生的口头表达能力》,载《甘肃政法成人教育学院学报》2003 年第 4 期。

围绕法律展开,那么解释应用法律不可避免。如前文所述,法律是一个由高度精确概念组成的庞大的、严密的逻辑体系,即使是高度专业化的法律人士面对部门繁多的各种法律知识时也难免力有不逮,何况是一般的社会民众。而提供法律服务的从业者,其工作内容的本质就是对当事人的矛盾冲突进行删繁就简,剔除事实上多余的"枝叶",留下法律关系的"枝干",然后将其与法律法规相连接,最终达到适用特定法律、解决问题的目的。法律服务的从业者自身完成这一系列过程必须使用高度专业的法律知识;而如何对当事人介绍、解释该过程,就需要法律服务的从业者良好的口头表达能力,必要的时候,必须由法律服务的从业者向当事人对专业的法律知识或者条文进行专业的阐释,且达到当事人可以理解的程度,如此才能取得当事人的认可和支持。可以说,高度专业的法律知识与良好的口头表达能力两者缺一不可。现实生活中,无论是律师、法律顾问还是检察官、法官,皆是如此。如若不然,矛盾自会产生:律师无法取得委托人的理解、诉讼的策略得不到理解、诉讼的结果不被认可;法律顾问得不到业主单位的认可,法律意见书以及相关策划方案迟迟得不到通过;法官、检察官无法得到当事人的理解,案结不了,甚至引发信访、"重复访"等一系列问题。因此,法科学生在校学习专门的法律知识开始,就必须将它与对法律知识的口头表达结合起来,这种法律专业自身的特殊需要就是法科学生所应当着重培养并提高学生口头表达能力的必要性所在。

(三)通用文书写作能力

1.通用文书的概念及分类

"公务文书也称'公文'。它分为专用公文和通用公文两种。专用公文是指由专门职能领域和机关制成,又有特定内容和格式,只能在特定范围内运转和起作用的公文,如后文着重强调的司法文书就是专用公务文书的一种。"① 关于通用文书的定义,学界虽然有所争议,但是大体上这种观点得到普遍的认可:通用文书是党、政、军各机关和企业、事业、团体在日常公务活动中普遍使用的文书。② 笔者也赞同此观点。目前,为公众所熟知且获得公认的通用公文类型主要有计划、总结、命令、指示、决定、报告、请示、函等,它们基本上分别

---

① 刘汉:《通用公务文书的写作》,载《固原师专学报》1990 年第 1 期。
② 松世勒:《文书学基础》,中国人民大学出版社 1984 年版。转引自郑彦离:《关于通用公文定义问题的思考》,载《中州大学学报》2002 年第 2 期。

体现行政管理的上述某方面职能或与某方面职能有关。具体来说，全部规定可见我国 2012 年发布的《党政机关公文格式》（GB/T9704—2012）。可以说，此次新版《党政机关公文格式》的发布，有力推动了党政机关公文处理相关工作的"科学化、规范化、制度化"。[①]

2.通用文书写作能力的重要性

法科学生在走上工作岗位后，由于自身工作的特殊性，接触到的公文种类非常繁多，需要法科学生撰写的公文种类也不在少数。这就决定了法科学生必须掌握一定的通用公文写作能力，才能适应今后工作的要求。除此之外，通用公文自身的特点，也具有高度的专业性，如具有"策见性、权威性，很强的实效性，严密的程式性，致使公文的语言显示出确切、质朴得体、简要概括、庄重和模式性等特点"。[②] 因此，虽然现实工作中已经有许多智能办公系统，甚至包括"有起草、修改、注销、审核、审批（签发）、制作、发布和归档等权限"[③]的通用公文流转系统，但是具备通用公文写作能力对于法科学生来说依然具有十分重大的意义。

（四）法律文书写作能力

1.法律文书的概念及分类

法律文书的概念属于法律文书学的范畴，其内涵如何理解，学界依然有争议，本书认为法律文书是一种由特定法律关系主体制作的，具有特定法律效力的公文。相比较于通用文书而言，法律文书的制作主体更加广泛。

判断一种通用文书是否构成法律文书，一般有以下四个标准：第一要看该通用文书的制作主体，法律文书的制作主体并不局限于国家机关，还包括一般社会成员，如民事法律文书中的民事起诉状就由一般民事主体制作而非国家机关制作。第二要看该通用文书的内容，一般法律文书主要包括立法内容、执法、守法、用法四个方面的内容，具体包括国家有权机关制定法律的活动、国家有权机关的执法活动、国家有权机关及一般社会成员的守法、用法活动等，例如有我国国家权力机关及其他有权立法的机关的立法类之法律文书、我国国

---

①　刘文森：《公文格式国家标准新议》，载《办公室业务》2013 年第 16 期。

②　张礼勋：《浅谈通用公文的语言特点》，载《贵州师范大学学报（社会科学版）》1992 年第 2 期。

③　张瑞良：《通用公文流转系统模型分析设计》，载《贵州大学学报（自然科学版）》2007 年第 6 期。

家行政机关即政府及其组成部门的行政类法律文书、我国司法机关的司法类法律文书,还包括一般社会成员的法律应用类的民事法律文书等。这些概念并不是绝对彼此对立的,有一些是有交集的。第三要看该通用文书的制作要求,无论是什么类型的法律文书皆有特定的制作要求,经过特定的程序。第四要看该通用文书具有的效力,法律文书必须具有一定的法律效力或者传达出一定的法律意义。[1]

至于法律文书的分类,学术界也有一定的争论,本书认为对其分类要更加注重其实用性,而非空洞的理论探究。例如,有研究从规范性的角度出发,将法律文书分成规范性法律文书和非规范性法律文书两大类,[2]极大程度上方便了简化了某些法律文书的制作要求,也更加规范了某些法律文书的统一要求。还有研究从制作主体这一角度出发,根据制作主体的不同而分成上文提到的立法与司法行政等几大类法律文书等。这些分类无不从实用角度出发,不局限理论,极大方便了制作主体及适用主体。

2.法律文书写作能力的重要性

(1)法律文书写作现状堪忧

"法律文书的说理,包括写作主体如何认定案件事实、如何确定案件性质、如何分清是非(或如何定罪量刑)、如何进行法律推理等内容。在法律文书中,说理的内容被称为法律文书的'理由。'"[3]然而现实却是"根据几年来在教学实践中对法律文书写作情况的考察,发现学生在法律文书公文写作方面存在一些问题,很难写出符合要求的规范的法律文书。第一种情形是,有的学生对文书格式不清楚,即不知道或不熟悉文书的格式、不知道如何下笔。第二种情形是文书格式清楚,但不能正确理解案情或不知如何叙述事实、阐述理由。第三种情形是文书格式清楚,知道如何书写事实和理由,但在叙述和阐述时不到位。学生写不出规范的、高质量的法律文书固然有不熟悉格式或写法等因素,更多的则在于平时缺乏对文书写作的实践。大多数学生在学习法律文书时,只看格式和写法,却不注重实际动笔。"[4]

(2)人工智能技术的发展不能完全替代人工写作

① 何文燕主编:《法律文书写作学》,中南工业大学出版社1997年版,第11页。
② 于大水:《法律文书的概念和分类再探》,载《求实》2001年第3期。
③ 赵朝琴:《多向度的法律文书学方法论研究》,载《法律方法与法律思维》2008年第1期。
④ 程凤琴:《法律文书写作的现状及思考》,载《辽宁省社会主义学院学报》2006年第5期。

近年来,人工智能技术的发展取得了长足的进步,这些技术的成果也逐步应用到法律领域,产生了一系列"人工智能＋法律"的跨界应用成果,例如在江苏法院系统内广泛应用于庭审的智能语音系统、在北京法院系统内广受好评的大数据研究平台等。这些人工智能法律系统的应用与推广确实为法官节约了大量的时间,甚至可以"一键式生成判决书、裁定书"[①]等,而且只要在最初信息录入时保证信息的准确,就能够全流程保证案件信息的准确与一致,不会产生之前出现当事人信息错误的现象。加之法律文书在很大程度上具有较为统一的标准格式,社会开始出现一种论调:人工智能在制作法律文书方面完全可以替代人工写作,有学者甚至提出人工智能可以在整个法律诉讼环节取代人工。然而现实却是无论是国内还是国外,人工智能依然处于弱人工智能阶段,即依然需要指令输入式学习,根本无法实现"百分之百的智能"。[②] 无论"人工智能＋法律"的跨界应用成果在设计之初如何尽善尽美,依然不能脱离人自行学习,无法从复杂的案情中概括、抽取出简洁的法律关系,在许多地方依然需要法律服务提供者"对电脑提供适当的解释"。[③] 也许未来人工智能能发展到高级人工智能的阶段,能够有"力量来解决自己造成的问题",[④]但现实是当下法律服务提供者必须自身掌握法律文书写作这项基本技能。

　　(3)法律文书写作是法学实践及理论发展的重要部分

　　法律文书写作除了本身具有极强的现实应用的价值之外,还在一定程度上承担起法学理论发展的意义,有的学者赋予其"再造法学的理论生命力"的理论价值。[⑤] 也有学者提出,法律文书写作本身的语言应用制式化、理论化、理性化的程度,本身就代表着我们建设法治国家、法治社会的完成程度。[⑥] 换句话说,法律文书写作本身的制式化、理论化、理性化包含了远超形式主义的法律价值。因此,要从法律文书的每一个词语的运用,每一个句子的表达做

　　① 高鲁嘉:《人工智能时代我国司法智慧化的机遇、挑战及发展路径》,载《山东大学学报(哲学社会科学版)》2019年第3期。

　　② 马治国、刘宝林:《人工智能司法应用的法理分析:价值、困境及路径》,载《青海社会科学》2018年第5期。

　　③ 拉伦茨:《法学译丛:法学方法论》,陈爱娥译,商务印书馆2003年版,第115页。

　　④ 李慎之、何家栋:《中国的道路》,南方日报社2000年版,第3页。转引自康添雄:《专利法的公共政策研究》,华中科技大学出版社2019年版,第369页。

　　⑤ 周萍:《以法律文书写作学回归法学为视角的法学发展趋势》,载《西南农业大学学报(社会科学版)》2008年第3期。

　　⑥ 贺卫方:《中国法律教育之路》,中国政法大学出版社1997年版,第87页。

起,使每一个司法技术趋于合理化。①

法科学生沟通能力的内容不止上述四部分内容,但是上述四种能力却具有极强的代表性,整体上分属口语沟通能力(法律沟通谈判能力＋口头表达能力)与书面沟通能力(通用文书写作能力＋法律文书写作能力)两个部分,这是法科学生极其重要的能力。

三、沟通能力对于法科学生的意义

虽然法科学生之沟通能力的价值和意义受到了普遍肯定,但是,在目前的法学教育中,培养法学专业沟通能力的内容和方式还都比较欠缺。法科学生在接受正规的法学教育之后,大多是在实践中依靠独自摸索或言传身教等非系统方式提升专业沟通能力。因此,大多数法科毕业生至少需要 3 年左右的时间才能够在一定程度上适应法律顾问实践对沟通能力的要求。至于商务谈判等非诉业务则需要更长时间的磨炼。为了减少与法律顾问实践的磨合期,法学教育应当重视专业沟通能力的培养。沟通能力也是法律思维能力的重要环节。将培养法律思维作为主要目标的法学教育,自然也应当将专业沟通能力视为自身的重要内容,而培养和训练法律沟通能力的具体措施可以从教育形式和教育内容两个方面得到体现。

(一)沟通能力对法科学生成长的重要性

1.沟通能力是法学教育的重要内容

如前文所述,法律体系已经发展成为一个具有严密逻辑体系的庞大系统。在成文法系国家,包括我国,法律体系更是一个由基础概念搭建成的严密逻辑体系。但是法律体系的严密逻辑特质并不能掩盖法律应用的经验特质,恰如那句被中外法学家奉为真理的法律名言"法律的生命历来不是逻辑,而是经验"。② 所以,为了实现法学教育的宗旨,包括美国在内的法学教育领先的国

---

① 龙宗智:《律师应该向谁陈词》,中国法制出版社 2001 年版,第 194 页。
② Oliver Wendell Holmes Book Notices: Landell and Arson on Contract, *American Law Review*,1880, Vol.14, from Martin Lyon Levine, *Legal Education*,Dartmouth,1993,p.26.

家无不大力推广具有强烈实践性色彩的课程,包括"法律诊所式课程"①、"法庭辩论课""律师职业道德""律师文书写作课"②等实践型课程,因为"法律学生要想真正成为有真才实学的职业家就必须像医生那样经历临床实习培训"。③ 而上述课程所重点培养的能力正是本书所着重强调的法科学生应具备的通用及专业沟通能力。

2.沟通能力是法科学生进入职场前的必备技能

在法律教育与职业二重性的特点之下,法律职业成为了一种深受实用主义哲学和现实主义法学派的影响的职业,法律职业向法科学生提供的就业岗位无一不要求法科学生关注法律实践,特别是司法实践。但是现有的法学专业开设的课程更加偏重于法学理论的学习,对于具体法律实务的学习以及判例的研讨学习都相对偏少,根本不足以满足司法实践对法科学生的要求。

这个问题困扰每一个开展法学教育的国家,即使是有着悠久法学教育历史的欧美发达国家培养出来的法科学生也面临着沟通能力不足的困境:随着律师和诉讼案件数量激增,法律院校毕业生的实际执业能力与法律职业所要求的能力之间的差距越来越突出,对法学教育的批评也就越来越多,甚至批评"法学院校培养的法科毕业生连最基本的合同文本都不会起草"。④ 基于这种批评,"越来越多的人要求重新检讨法学院课程设置和讲授方法"⑤,法学院系应当为在校的学生提供真实的执业环境,以使学生在真实的环境中学到法律职业的真才实学。

---

① "诊所式法律课程"是由英文 Clinical program 直译而来。虽然其名称不尽如意,但却也难以找到恰当的词汇来表述这一新型的课程故暂且用之。参见王晨光:《法学教育的宗旨——兼论案例教学模式和实践性法律教学模式在法学教育中的地位、作用和关系》,载《法制与社会发展》2002 年第 6 期。

② The American Bar Association Section of Legal Education and Admissions to the Bar, long-Range Planning For Legal Education In The United States,1987,p.8.

③ Judge Jerone Frank, Why Not a Clinical Lawyer School? University of Pennsylvania Law Review, 1933,Vol.81, from Martin Lyon, *Levine Legal Education*, Dartmouth,1993,pp.186-189.

④ The American Bar Association Section of Legal Education and Admissions to the Bus Report and Recommendations of the Task Force on Lawyer Competency, *The Role of the Law Schools*,1979,p.9.

⑤ Jay M. Feinman, The Failure of Legal Education and the Promise of Critical Legal Studies, *Cardozo Law Review*,1985, Vol.6 p.11.

(二)沟通是法科学生未来就业的重要职场能力

由于大多数法科学生将来主要从事法官、检察官、律师和法律顾问这四个行业,其中检察官主要涉及刑事案件,在一般民事纠纷中出场率比较低。因此这里以法官、检察官、律师、法律顾问这四类职业群体为主,分析法律沟通能力的重要价值与意义。

对于所有法科学生而言,有一个问题必须要有清醒的认识:具备高超的法律谈判沟通能力,一方面的价值意义在于现实社会的需要,另一方面的价值意义则在于加强法科学生自身综合素质的需要。[①] 作为诉讼当事人在法律争端解决过程中的代表,律师和法律顾问应当具备相关的业务素质,特别是谈判能力;作为解决当事人纠纷的仲裁者,法官、检察官同样应当具备相关的业务素质。

1.法官

首先应当明确,法官不只是熟练运用法律技术的法律人,同时也是社会人,无法甩开传统和文化而进行司法活动,不可能高坐在法庭之上,作蒙上眼睛的忒弥斯来维持正义。因此司法过程中,强调对多方主体意志的包容和接纳,对纠纷的实际解决更具现实意义。

(1)有效的沟通能缓解"人少案多"之矛盾

中国各级法院一直被"人少案多"的矛盾困扰着,这一点在基层民事法官上体现得尤其明显,每年审理的案件可能超过 400 件,有效的沟通能促进顺利结案,缓解"人少案多"之矛盾。"有效的沟通有助于赢得当事人信任,顺利实现案结事了,消除可能出现的不利因素",而且能"有效提高案件的调撤率和一审服判息诉率,提升当事人的满意率,切实增强司法公信力"。[②] "仅就个案裁判结果而言,在查清事实的基础上判决可能获得更高的效率,但就整个裁判活动而言,有效的沟通更利于纠纷的完全化解,相较法院判决之后更多的释明、答疑,通过有效沟通解决纠纷显然更具效率。"[③]

(2)沟通能促进"案结事了"与法律适用的统一

---

① 张伟强、李莉:《法律思维视角下法律谈判能力的培养》,载《科教导刊(中旬刊)》2013年第 6 期。

② 刘善霞:《法官的沟通艺术》,载《人民法院报》2017 年 5 月 19 日,第 6 版。

③ 薛剑祥:《略论法官沟通能力的养成与实现》,载《法律适用》2013 年第 3 期。

法官通过有效的司法沟通有利于当事人合理预期案件的裁判结果,选择正确的沟通解决路径,即使在调解不成的情况下,也能够认可司法裁判结果,实现"案结事了"的目的。有学者概括了法律争端解决中法官与当事人沟通对话的重要性:"不是当事人的陈述,而是法官与当事人之间进行的法律和事实方面的对话在诉讼中占据了核心地位。"①除了法官与当事人之间的沟通之外,法官群体之间的沟通也非常重要,因此这对法律适用的统一非常必要,这种沟通不仅限于同一合议庭或同一法院的法官群体,也及于整个法官群体。

　　(3)沟通是"情理法"之间的必然选择

　　中国有着漫长的熟人社会的历史,熟人社会下的治理有着强烈的"情理"色彩,延伸到现代法治社会中,就在某些方面造成了"情理"与法律的冲突。我们需要认识到的是,"情理"与法律并非全然不可避免,因为遵循"情理"的中国人依然有着其朴素的价值观,并指导着其行为模式。而这种价值观的内核与中国特色社会主义法律体系下的法律内核是一致的,需要法官群体及其他法律行业从业者做的是,如何将中国人所遵循的"情理"背后的价值观内核与中国现行法律背后的价值内核做到有机结合,并且通过与当事人有效沟通的方式取得当事人的理解。这个工作需要每一个法官及其他法律行业从业者共同努力,因为从某种程度上来说,人们对司法审判结果正义与否的判断直接由其个人价值观或社会普遍价值观支配,甚至一定程度上来说直接取决于当事人和社会一般人的承认。② 这些结论在许多法学家的研究中得到了支持:无论是强世功先生提出的"权力在乡村(权力的末梢)借助情理变得强大的过程",③还是苏力先生关于习惯法对制定法以及司法实践关系时提出的"法官在面对习惯法与制定法相冲突时会采取一些策略穿梭在制定法与修改之间,尽量获得一个双方都能接受的妥协的案件结果,来避免矛盾激化,达致安全结案的目的"。④ 抑或是高见泽磨先生提出的"说理—心服"模式:即中国法官面对法律冲突当事人必须要同时满足"合法律性这一国家的正义"以及"复仇情

　　① 　鲁道夫·瓦塞尔曼:《从辩论主义到合作主义》,载米夏埃尔·施蒂尔纳编:《德国民事诉讼法学文萃》,赵秀举译,中国政法大学出版社 2005 年版,第 371 页。

　　② 　吴英姿:《"乡下锣鼓乡下敲"——中国农村基层法官在法与情理之间的沟通策略》,载《南京大学学报(哲学·人文科学·社会科学版)》2005 年第 2 期。

　　③ 　强世功:《调解、法制与现代化——中国调解制度研究》,中国法制出版社 2001 年版。

　　④ 　苏力:《送法下乡——中国基层司法制度研究》,中国政法大学出版社 2000 年版。

感这一正义感情"的两难选择。^① 因此,社会人群的多极化、诉求的多样化、立场背景的复杂化,都给有效沟通带来很大难度,这就不可避免地要求法官通过情、理、法,实现有效的沟通与交流。

2.检察官

(1)检察官是法律职业共同体的重要组成部分

检察官制度源起于代行起诉职权的专职人员,其起源说明了检察官制度带有一定程度的行政权力色彩。在中国,检察官依法行使国家检察权,^②但是依然有着法律精神、独立意识等职业伦理方面的要求,^③这也是将检察官纳入法律职业共同体的应然要求。过往的一系列法律实践及理论研究表明,法律职业共同体内部一体化意识的形成必然需要法律职业共同体内部不同群体的有效沟通,缺乏有效的沟通机制是造成律师、学者与法官、检察官等专业判断不一致的重要原因。专业判断的不一致又反作用于上述法律职业群体的关系,使得不同群体的有效沟通进一步丧失,乃至矛盾重重,某种程度上来说甚至造成了"司法过程的配合与制约势必变成不配合、互相制约"。^④ 从这个意义上来说,检察官掌握沟通交流的能力,其重要性不仅仅局限于其职业本身,更关系到整个法律职业共同体以及中国法治事业的大局。

(2)沟通是检察制度的明确要求

沟通不仅仅是出于检察官自身综合素质发展的需要,也是明确纳入我国法律规定之中的,例如出于"明确争议焦点、提高庭审质量"^⑤的目的,将控辩庭前意见交流制度明确规定在了我国新《刑事诉讼法》之中。控辩双方就案件事实、证据和法律适用在庭前互相交流看法,除了有助于实现诉讼的公平和效率外,还有助于实现法律效果和社会效果相统一、提高司法机关的公信力等。当前,"法律效果与社会效果的统一是现阶段我国司法的基本原则和司法政策"^⑥,控辩庭前意见交流制度,无疑有助于更全面地考虑问题,得出结论,促进某些疑难复杂案件的解决。

---

① 高见泽磨:《现代中国的纠纷与法》,法律出版社 2003 年版。

② 张文显、卢学英:《法律职业共同体引论》,载《法制与社会发展》2002 年第 6 期。

③ 张文显、卢学英:《法律职业共同体引论》,载《法制与社会发展》2002 年第 6 期。

④ 贺卫方:《司法的理念与制度》,中国政法大学出版社 1998 年版,第 230 页。

⑤ 金雅蓉:《刑诉法转型视野中的检察控辩庭前交流机制之构建》,载《犯罪研究》2012 年第 4 期。

⑥ 肖扬:《中国司法:挑战与改革》,载《人民司法》2005 年第 1 期。

3.律师

从法治发达国家的实践来看,通过非诉讼的谈判方式来解决纠纷已经成为当代法治的发展趋势。在当事人不具备相关的法律知识与法律思维的情况下,律师就应当代表当事人进行谈判和沟通,这也是促进调解顺利进行的最重要因素之一。另一方面,具备高超谈判能力的律师在相关的法律实践中有着自身独特的优势。律师和法律顾问等在商务谈判方面的优势表现在以下几个方面:知识结构,谈判经验,超脱的地位,灵活的战术,身份影响,其他非诉业务,例如律师见证、出具法律意见书、证券业务等,也都是律师和法律顾问发挥其法律谈判能力的领域。由此可见,具有谈判能力的律师在诉讼业务和非诉业务中都有着相当的优势,而谈判能力的高低直接决定着律师和法律顾问的业务水平,对其执业能力和经历有着重要影响。从以上社会需求和自身优势两个方面的分析可以看到,律师具备相关的法律谈判能力是相当必要和重要的。因此,法学教育也应当顺应这种需求和趋势,提升法科学生在法律谈判方面的能力和水平。这不仅是培养法律思维、提高我国法学教育水平的需要,更是维护法律职业群体的社会形象,进而推进中国法治进程的要求。

不同的行业对律师的要求也不同,例如"医疗纠纷案件本身具有自己的特点,医疗损害的发生,是以过失损害为前提,因此,和解解决双方争议,更符合医疗纠纷案件的特点,且能使各方的诉讼利益达到最优化的目的"。[1]而刑辩律师"最主要的还是在司法机关的协调下与受害人及其家属的沟通上"。[2]但是拥有丰富的谈判经验则是共通的、普遍的能力要求。经过大量谈判实践的历练,对谈判案例的归纳和研究可以从感性经验升华为理性自觉,加上系统性的谈判战略和谈判技巧的学习和培训,使得谈判的实践经验和理论知识形成了双向互动和良性循环,有利于提高谈判的质量和成功的概率。

4.法律顾问

法律顾问有不同的分类,"按照企业内法务与业务的远近程度,法务工作可分为辅助型的交易法务、保障型的合规法务以及纠纷解决型的诉讼或仲裁法务。这种分类方式是一种较为新型的分类。它更好地反映了法律(广义的法

---

① Claassen N.Mediation as an Alternative Solution to Medical Malpractice Court Claims, *South African Journal of Bioethics and Law*,2016,Vol.9,No.1,p.1.

② 王巡生:《刑辩律师的沟通作用》,载《上海法治报》2017 年 12 月 18 日 B05 版。

律,包括政策、社会责任等)在企业中的不同运用,突出了不同的专业属性。"①三种法律工作,距离业务的关系在逐渐减弱,法律专业性在逐渐增强。不同种类的法务工作,要求不同的沟通方式,这是分析法务沟通技巧的核心。

要有效沟通,法务不仅要把握原则,还要掌握一些具体的沟通策略,诚如某知名中国互联网公司法律顾问所述:"在企业做法务,至少要做到'四面玲珑',学会跟业务团队沟通、学会跟管理层沟通、学会跟自己的团队沟通、学会跟外部律师沟通,这样你做法务工作绝对得心应手。"②具有高超沟通能力的法律顾问在沟通或者谈判过程中还应重点注意以下问题:第一,避免一开始就敌对。作为法律顾问,在谈判场合需要时刻注意的讲究技巧地说服对方永远是自己主要的目的,所有的谈判策略与技巧皆是为了这个主要目的服务的。而为了达成这个目的,一开始就让对方陷入敌对状态是一大忌,在谈判学的理论中,这也是一个十分重要的谈判策略。第二,要避免使用太多的专业术语。如上文,法律体系已经发展成为一个具有严密逻辑体系的庞大系统。在成文法系国家,包括我国,法律体系更是一个由基础概念搭建成的严密逻辑体系。一般人很难理解每一个专业法律术语,法律顾问需要做的是在谈判中将专业的法律术语以对方听得懂的语言表述出来,如此才能达到事半功倍的效果。

四、法科学生沟通能力的培养

(一)完善法科学生沟通教育体制

1.法科学生沟通教育体制现状

当前,我国法科学生沟通教育体制现状堪忧,存在着多方面的问题:第一,高校不重视沟通能力培养课程的设置。如前文所述,当前高校法学教育的重点集中于法律知识的讲授,无论是实践课程还是其他沟通能力培养课程主要集中于学生的课外实践,造成这种局面固然一方面是基于其客观条件的限制,但是教学理念的偏差依然不容忽视。针对法学本科专业学生的培养方案,依

---

① 陶光辉:《法务沟通的原则与策略》,载《法人》2018 年第 3 期。

② 苏云鹏、张雨涵:《公司律师 BEST 沟通法则》,载《法人》2019 年第 5 期。

然普遍存在将谈判沟通等通用能力的培养当成是专业知识学习之外的次要任务,相关课程设置随意性较大,只有少数高校将相关课程纳入了专业选修课的范畴,绝大多数高校仅仅只是以公共选修课的形式来教授相关的课程,教学质量和内容都很难得到保障。第二,关于沟通能力培养理论教学与实践教学之间联系不够紧密。沟通能力培养是一门实践应用性很强的课程,因此在沟通能力培养课的设置中实践教学应具有十分重要的地位。目前,在沟通能力培养的课程设置上,大部分的高校都存在一些类似问题,如实践教学环节的课时数占总课时数的比例很少且迟迟缺乏调整;相关教学内容的设置上更新速度较慢,创新性内容偏少,且缺乏前瞻性甚至落后于现实的要求;课程内容的具体编排上多集中于理论讲解、案例讲解,枯燥乏味,情景模拟教学缺乏,沉浸式教学更是无从谈起。第三,课程设置不够贴近实际,缺乏针对性。高校在培养学生的谈判能力时,应该结合自己学校的教育特色,课程设置需有针对性,如法科院校开设谈判课时,更侧重于法律谈判与商务谈判策略与技巧,因为谈判沟通能力培养类的相关课程是一个跨多学科的课程,我国相关课程的开设历史较多、经验较为缺乏,但是由于经济社会发展迅速,短时间内需求量激增,对于相关人才的数量和质量都有着极大的需求。

2.完善法科学生沟通教育体制的建议

(1)沟通教育应当纳入法科学生培养体系

当前,想要完善法科学生沟通能力培养教育的体制机制,首先是要提高对相关课程的重视程度,将法科学生沟通能力的培养教育纳入法科学生培养体系中来,让其真正登上大雅之堂,而不是如前文所述,仅仅只是开设一些教学质量难以得到保障的公共选修课,甚至是通过一些简单的讲座或者专题报告的形式加以代替。① 因为对于法科学生而言,无论是法律知识的教育还是沟通谈判能力的培养,必须经历一个系统化的过程,课堂教学应该都是主战场,然后辅之以具体的法律实践课程,如此才能借用多种培养方式,加强法科学生综合能力的培养。具体来说,法科学生基础理论的学习中,要结合教学目的,完善教育培养方案,设置多种教学形式的课程,包括但不限于法律文书课程中的法律文书起草、案例研讨课程中的模拟庭审与模拟法庭辩论、法律谈判课程中的谈判实践等;同时更加注重法科学生实践课程的质量,各法学院系设置法律实践基地,要注意及时总结反馈,对于法科学生的实习,要将其从事务性工

---

① 马湘桃:《大学生人际沟通能力调查研究》,湖南科技大学 2009 年硕士学位论文,第 33 页。

作中解放出来,全面接触所在行业的核心业务,尤其是涉及与当事人直接沟通的核心工作,要让实习的法科学生全面参与,即使是以观摩者的身份存在,也能训练和提升法科学生在法律沟通谈判的技巧、能力和经验等方面的水平。还要适当地增加实习课程的时长,如此方能达到实习的真正目的。除此之外,培养法科学生沟通谈判的综合能力,需要关注和加强的能力还有很多,例如法科学生的综合心理素质、高压状态下的临场反应能力、案例的研究总结能力以及贯穿整个过程的信息获取能力等,都可以在法科学生培养体系的课程中有所侧重设置。

(2)丰富现有的谈判课程的教学形式和考核方式

当前,关于法科学生沟通谈判能力的培养课程主要围绕商务礼仪与谈判展开。至于谈判课程的主要教学内容,主要分为四大部分:第一就是理论教学部分,主要是关于谈判课程的相关理论内容;第二部分是案例分析,一般内容就是经典谈判案例的研讨分析;第三部分就是模拟谈判,这部分内容主要是给学生提供具体实践的机会,因为谈判技能的掌握是很难仅仅通过"听几场讲座就真正体会到谈判的气氛和情境的"。[①]

关于谈判课程的教学形式的丰富,首先要从丰富授课教师的构成开始。如前文所述,要让学生更好地体会和理解谈判的学问与技能,仅仅依靠纯粹理论的学习是远远不够的,如果相关课程的授课讲师全部由专职教师组成,实践经验必然就相对缺乏甚至是缺失。此时就需要实战经验丰富的业内谈判专家的加入,以充实谈判课程的授课教师队伍。其次要丰富具体教学的形式。谈判课程必须加入大量的模拟谈判乃至真实谈判实践。最后就是谈判课程的考核方式,要摒弃理论考试为主的课程考核方式,大幅度提高模拟谈判及具体谈判实践的占比。因为"以统一的理论考试来对学生的学业进行考核,忽视了对学生能力的培养,根本无法达到全面检查学生学习效果的目的的,这是对学生的不负责任,辜负了社会对教育者的期盼"。[②]

(3)沟通教育应当纳入法学专任教师及辅导员能力培训体系

新事物的出现必然需要更多有实际经验的老师的参与,也必然会有越来

---

① 成婧:《应用型院校国际商务谈判双语课程的实践教学研究》,载《江西师范大学学报(哲学社会科学版)》2016年第3期。

② 孙桂兰、高浩等:《能力导向下的民办高校国际商务谈判课程实践教学改革探讨——以国际商务专业为例》,载《教育现代化》2017年第2期。

越多的人要求重新检讨法学院课程设置和讲授方法。

　　但是当下我国法律院校教师队伍的实际情况是老师同时在学术和实践经验上都具备适当条件的不多,因而建立一支稳定的师资队伍是当务之急。"沟通类课程教师要建立科学的教学内容。在内容设计上,突出话题组织、思维能力、听众分析、语言的逻辑性与艺术性等方面内容。鼓励学生关注实事,关注生活,体悟生活,发表演说;同时教师自己要有较强的口才与沟通能力,成为学生的典范。"①除此之外,诊所式课程需要有关老师花费大量的时间和精力联系案源、指导和训练学生,但是由于教师解决职称问题需要有研究成果,这就和诊所式课程的投入发生矛盾,使诊所式课程的教师在职称问题上处于不利地位。因此这些教师的培训和提高、诊所式课程经验的总结和探索是我国法学教育改革中一项新的课题,而当前我们对此尚未有明确清醒的认识,也没有相应的培训提高的方式,任其自生自灭,极其不利于它的深入发展。

　　此问题的解决是推广诊所式课程、培养法科学生沟通能力的关键前提。在这个问题上,可以考虑参考外国法学院的做法,将沟通教育纳入法学专任教师及辅导员能力培训体系。除此之外,还可以针对诊所式课程的教师制定独立的职称晋升标准和程序。总之,诊所式课程的设置需要探索符合我国国情的模式和采用全新的教学理念和方法,这是一个需要花费长时间、大力气及较大投入的系统性工程。

(二)自主培养沟通能力

1.法科学生应当主动培养沟通意识

　　当代的法科大学生处在一个包括法治在内的各方面都急剧转型的社会环境里,这样的社会必然是一个充满竞争的社会,且竞争极其残酷。一定程度上也导致了"在中学阶段,由于一切为了应试,学生、家长、教师、学校都要追求高分数。沟通是在很有限的条件下进行的,沟通能力的训练明显不足"。② 为了克服这种后天不利的影响,法科学生要自我主动培养沟通意识,例如加入辩论社、谈判协会等。通过参加社团活动,法科学生培养自己的语言表达能力、沟通能力、谈判技巧的运用等,提高自身的实践能力;除此之外,还能同时通过模

---

　　①　刘雪峰:《美国高校大学生沟通能力的培养及启示》,载《当代教育科学》2014 年第19 期。

　　②　张尔升:《大学生沟通能力培养教育探索》,载《经济与社会发展》2008 年第 1 期。

拟谈判大赛扩大谈判的影响力,增强法科学生自身对谈判知识的学习和谈判意识的培养。

2.法科学生应当锻炼角色换位沟通能力

当代大学生大多数是独生子女,具有以"自我为中心"的情结,而法科学生亦是如此。基于此社会实际,锻炼角色换位沟通能力就成了法科学生一门很重要的课程。所谓角色换位沟通是指沟通中的双方或者多方当事人,能够通过共情等方式,去体验对方所处的地位、处境,尽可能地理解对方作出的选择及其背后的原因,从而"将事情看得更透彻,消去思虑之中的差异性"。① 角色换位意识应用于法律谈判中将极大提高谈判成功率。因为无论何种谈判,即便是法科学生面临的普通沟通与劝说,了解对手或者工作的对象都是十分重要的。正所谓"知己知彼,百战不殆",而了解对手心理又是了解对手信息的终极目标。因为心理指导着决策行为,而一些成功的谈判是可以影响对方的心理的,从而达到影响对手决策行为的目的。

3.法科学生应当培养双赢沟通能力

如前文所述,当代法律诉讼等法律争端解决方式中,调解占据了相当的比例,居中调解者为了更好地促成双方和解,一般都会劝说双方进行适当的退让,以缩小双方目标的差距。这其中,双赢沟通意识就发挥了极其重要的作用。何谓双赢沟通意识?"把双赢作为双方沟通的原则,在沟通过程中自觉地把对方的利益融合在意识之中,形成一种沟通境界。"②现有的法律实践决定了法科学生必须要培养双赢沟通意识:例如,不论是国内还是国外,在面临强制执行的问题时,无数次的案例一次又一次证明了和解才是最优解,才有可能促成双方利益最大化。除此之外,民事诉讼乃至部分刑事诉讼,和解都在其中发挥着关键作用,真正达到案结事了的效果,"减少了案件的复发和公民矛盾的激化。"③因此,对于准备从事法律职业的法科学生来说,必须培养双赢的意识以及双赢沟通的能力。切不可只想着通过诉讼来打击竞争对手,换个角度,也许能为当事人节约大量的资源,也为自己的职业发展扫除诸多障碍。

---

① 王舜清:《45度角的沟通北京》,当代中国出版社2002年版,第15页。

② 马湘桃:《大学生人际沟通能力调查研究》,湖南科技大学2009年硕士学位论文,第33页。

③ 包冰锋:《我国民事诉讼和解制度的反思》,载《西南政法大学学报》2005年第6期。

第七章　法科学生的自我管理能力

引　言

现代管理学之父彼得·德鲁克在《21世纪的管理挑战》一书中指出："像拿破仑、达·芬奇、莫扎特这样伟大的大人物都是深谙自我管理之道的。这在很大程度上也是他们功成名就的源泉。"[①]。自我管理能力是个体实现身心健康、事业成功、人生幸福的重要素质。大学阶段是提升自我管理能力的黄金阶段，法科学生应当积极学习自我管理的相关知识和方法，在实践中锻炼和提升自我管理能力，最终实现个人的成长和发展。

高校大规模扩招使我国的高等教育由精英化转入了大众化发展阶段，高等教育已不再是少数人才能拥有的"奢侈品"，高校毕业生人数逐年递增，大学生的就业问题日益成为重要的民生问题。2020年以来，在新冠疫情和经济下行的叠加影响下，大学生就业形势不容乐观。法学专业因为"失业量较大，就业率持续走低，且薪资较低"[②]而被作为高失业风险型专业多次亮"红牌"。法科学生只有努力学习专业知识与技能，努力提升职业化能力，才能在未来不断变化的社会竞争中处于有利地位，最终实现自身价值。其中，自我管理能力为法科学生职业化能力的通用能力之一，它有着其他学科共有的普遍性，更有着法学专业的特殊性。自我管理能力是法科大学生成长成才的需要，也是其未来从事法律职业或其他职业培养核心竞争力的重要要求。

---

①　[美]德鲁克：《21世纪的管理挑战》，机械工业出版社2009年版，第9页。

②　史俊洋：《大学生就业难的理性考量——以法学专业为例》，载《云南社会主义学院学报》2012年第3期。

法学教育能否切合法治社会的需要，满足法律职业化对法科毕业生的需求，是考验法学教育工作者的重要指标。从职业的角度来看，法科学生毕业后主要在法院、司法行政、检察、国家安全、海关、税务、工商等国家机关，律师事务所、银行、保险、金融等企事业单位和社会团体中从事行政、司法、法律服务、教育科研及相关工作。由于职业的特殊性，法律工作者在职业生涯中，不仅要与时俱进、不断学习，而且要适应工作的快节奏、高压力，学会与形形色色的人打交道，妥善处理社会上的各种矛盾和纷争，因此自我管理能力日益成为法律工作者的必备核心技能之一。为了今后的职业发展和事业成功，法科学生必须重视培养自我管理能力。

一、法科学生自我管理能力概述

（一）法科学生自我管理能力的内涵

自我管理的内涵非常丰富。《教育大辞典》认为，"自我管理（self-management）是指人自己管理自己的能力，包括支配、调整自己的生活的能力，树立人的长远目标和短期目标，进行自我激励的能力。"①彼得·德鲁克认为，"自我管理就是指个体对自身的想法、情感、心理和行为，对自己的长期和短期目标进行的管理。"②

笔者认为，自我管理能力是指个体为更好地适应环境，积极寻求发展，实现既定的目标而主动地对自己进行管理的能力。具体到法科学生的自我管理能力，是指法科学生为了实现德法兼修的高素质法治人才的培养目标，为了满足社会与法律职业对法学人才的需求以及自身发展的需要，充分调动自身的主观能动性进行自我管理、自我督促，卓有成效地整合自我资源，在德智体美劳等方面全面发展，实现自身价值所应具备的能力。它是法科学生职业化能力之通用能力的一个重要组成部分。

---

① 顾明远：《教育大辞典增订合编本（下）》，上海教育出版社 1998 年版，第 117 页。
② 张乃奎：《崔雪梅·德鲁克的管理秘籍》，光明出版社 2011 年版，第 3 页。

法科学生的自我管理能力包括以下几个维度:时间管理能力、人际管理能力、情绪管理能力、学习管理能力、职业生涯管理能力。后两个维度在本书其他章节有所涉及,本章仅围绕前三个维度进行阐述。

(二)法科学生自我管理能力的现状

　　现阶段,我国法科学生的自我管理能力整体上比较好,但也有部分法科学生存在自我管理能力偏弱的情况,主要表现在以下方面:

　　第一,人生目标不明确,缺乏自我规划。在大学的培养模式下,大学生在时间支配上享有更大的自由度。大学生活可谓丰富多彩,如何科学安排时间对不少大学生而言是一个较大的挑战,法科学生也不例外。部分法科大学生人生目标不明确,对学业、职业等重要事项缺乏合理的规划,缺乏自我管理的意识和能力,不会合理利用业余时间,将绝大部分课余时间都用来上网、娱乐、谈恋爱,个别学生甚至沉溺其中荒废学业。临毕业时看到其他考研通过或者已经就业的同学收获满满,自己方为蹉跎青春而感到懊悔或茫然。因为缺乏核心竞争力,也无法从容走上社会,参与激烈的人才竞争。

　　第二,自我管理能力弱,出现适应不良问题。众所周知,健康的身心对大学生素质的全面提高以及个人成长发展有着非常重要的作用。自律意识不强,自我管理能力差的少数法科学生不能较好地适应、融入大学生活,不能自觉上课、自主学习,不能正确地处理身边的人际关系,不会有效地排解负面情绪,进而影响到个人身心健康和全面发展。相关调查显示,当今高校存在不同程度心理问题的大学生的数量呈逐年上升趋势,法科学生也不例外。之所以出现心理问题,主要是因为部分大学生情绪管理、人际关系处理等自我管理能力低下,无法对自我进行正确认知和把控,难以驾驭和调节自身的情绪,缺乏人际交往的能力和沟通技巧。

　　第三,金钱支配盲目随意,个人消费浪费攀比。当代大学生的日常消费名目繁多,学习、娱乐、交往、旅游等都需要金钱。与中学时代不同的是,在校大学生可以拥有较大数额的生活费用,在生活用度管理上有着相对独立性,父母一般较少过问和干涉。一些缺乏自我管理能力的法科学生,在支配金钱上缺少合理规划,带有很大的盲目性和随意性,存在铺张浪费、攀比成风、非法校园贷等不良现象。

(三)法科学生自我管理能力现状的成因分析

造成我国部分法科学生自我管理能力较弱的原因主要有以下几个方面：

第一，在教育理念上，更多强调"服从"，缺乏独立人格教育。在法律院校教育和法科学生的家庭教育中，部分教师和家长过于强调用权威和规则让学生服从，较少考虑激发学生的自主思维，缺乏独立人格教育。

第二，在教育内容上，更加侧重文化知识，忽略了学生的综合素质提升和自我管理能力培养。我国传统法学教育模式以应试教育为主，教学内容主要是文化知识，较少涉及情感教育，同时，对学生的综合素质及自我管理能力的培养也着力不够。

第三，在教育方式上，学校教育中更多的是老师的单向灌输，学生的自主参与较少；家庭教育中部分家长以说服教育为主，代办包揽过多，较少关注子女的自我管理能力的训练和培养。

(四)法科学生自我管理能力的养成路径

因法学专业的专业特性，更强调严谨、求实、自律、笃行，因此，一方面，法律院校应当从思想政治课程的教学中，如《思想道德修养》《法律职业伦理》等，由任课教师结合法学专业的特点及未来法律职业的特定要求，对学生进行正确教育，引导法科学生担当起未来服务法治国家建设的重任，以主人翁的意识努力学习专业知识，心系天下，自律自强，提高自我管理的能力，为成为一名优秀的法律人，一名对社会和国家有用的人而不断提升个人综合能力。另一方面，法律院校应从制定和实施严格规范的学生管理制度方面，从学生日常管理方面，从评先评优方面，学生管理工作者及辅导员致力于塑造优秀的学生干部及先进学生代表、团队，树立自我管理的先进典型案例，辅导员通过主题班会、谈心谈话等激励学生，从制度建设及育人实践两个方面来正确引导法科学生自觉养成自我管理的意识、习惯，以点带面，带动全体学生以加强自我管理为荣，以消极散漫"躺平"为耻，积极引导法科学生群体重视提升自我管理能力，全面发展，成长成才，为早日成为具有职业化意识的高素质法律工作者而持续学习，不断进步。

二、法科学生的时间管理能力

（一）时间管理的概念

对于每个人而言,时间都是非常重要的资源。时间具有不可或缺、无法逆转、不能调配等特点。时间的特殊性决定了既不能对它开源,也不能对它节流,而只能对它进行管理。时间管理是指运用特定的方法对时间进行有效利用,从而更好地实现自我目标。时间管理的本质是人的自我管理,即个体在正确的时间管理意识及时间价值观的指引下,提高对时间的规划、分配以及监控能力,从而提高时间使用效率,完成更多工作内容。

时间管理能力不仅对个体的学习成绩和工作业绩有着十分重要的影响,而且还与个体的身心健康以及幸福感有着紧密联系。在经济全球化背景下,随着科技的进步和竞争的加剧,人们日益重视时间管理。正如世界时间管理专家、美国哈佛大学阿兰·拉金教授所言:"时间就是生命,它不可逆转,也无法取代。浪费时间就是浪费生命,而一旦把握好时间,你就掌握了自己的生命,并能够将其价值发挥到极限。"①现实中,许多事业成功者在时间管理方面都有着过人之处。鉴于时间管理能力如此重要,主流商业管理教育(如EMBA、MBA)将其作为企业管理者的基本能力包含在内。

法学专业培养系统掌握法学知识,熟悉国家法律法规及相关政策,能在国家机关、企事业单位和社会团体,特别是能在立法机关、行政机关、检察机关、审判机关、仲裁机构和法律服务机构以及涉外、涉侨等部门从事法律工作的高素质专门人才。这就要求法科学生不仅要具备扎实的理论基础,还要有较高的综合素质以及较强的适应能力。一方面,法科学生不仅要系统掌握内容繁杂、博大精深的法学知识,还要广泛涉猎经济学、社会学、管理学等多学科的知识;另一方面,法科学生也要积极投入社会实践,将理论和实践结合,不断提高自身综合素质和解决问题的能力。法科学生毕业之后大多从事法律相关职业,在工作中不仅要面对繁重的脑力劳动,还要与时俱进、终身学习,如何节省

---

① 　高鸿雁等:《匡亚明先生传略》,载《兰台内外》2007年第1期。

时间、高效完成工作、学习及其他任务,对他们而言是一个必须回答的问题。因此,培养良好的时间管理能力对法科学生而言非常重要,有利于提高学习、工作效率,夯实专业基础,拓宽知识面,提升综合素质,进而实现人生目标,体现自我价值。

(二)时间管理的主要方法

1.GTD(Getting Things Done)

GTD指的是"完成任务"。很多时候,我们的压力和焦虑不是来源于任务本身,而是任务在大脑中的堆积、混沌。GTD的核心理念是清空大脑内存,将所有未尽事宜收集在大脑之外的文件系统中,然后再把任务和项目具体化为可以执行的行动。GTD具体包含以下四个方面的步骤:

(1)收集。如果我们将需要做的每件事情都存放在大脑里,不仅会占用太多大脑内存,而且也会耗费大脑大量精力来提醒我们该做什么。相反,如果将未尽事宜放入收集箱,就可以解放大脑,使大脑能够轻装上阵,心无杂念,专注于眼前工作,从而提高效率。因此,GTD的第一步是"收集",即首先罗列所有需要做的事情,然后将其放入专属收集箱。这里的收集箱既可以是实体的文件夹、手帐等,也可以是虚拟的手机App、邮件收件箱等。

(2)整理。收集箱中的未尽事宜可能数量众多,且五花八门。我们在将未尽事宜放入收集箱的时候,需要有意识地按照未尽事宜的类型进行归纳整理,以免收集箱杂乱无章、不堪重负。放入收集箱的未尽事宜大致可以分为两大类,一类是参考资料,一类是将来任务。

首先,针对参考资料,需要进行分门别类的整理和标注,目的是确保任何参考资料都可以在最短时间之内找到。比如法科学生在整理专业学习资料时,可以按照部门法分门别类建立一级文件夹,然后在一级文件夹之下再按照法律法规、典型案例、读书笔记等进行归类。某些时间管理经验丰富的法律职业人也是资料收集、整理的高手,比如有些法官习惯按照"日期—张三 V 李四—文件名"的格式来命名诉讼材料,这样就可以对文件的基本情况一目了然,便于查找。

其次,对于将来任务,可以根据任务特点进一步细分为三类:下一步行动清单、委托清单、未来清单。下一步行动清单即下一步将要开展的工作。值得注意的是,对于能够在两分钟之内完成的事项,比如回一个电话、通知一件事情等,可以根据"两分钟原则"立即完成,不放入收集箱,目的是为收集箱减负。

委托清单指的是需要委派他人去做的工作。未来清单即未来打算做,不过尚未明确完成时间的工作。小技巧:如果我们用不同颜色来标注不同类型的任务,那么就可以让各种类型的任务一目了然。所选用的颜色因个人的喜好而异,但是最好控制在三种以内。例如,在某政法类高校的学生组织"法律诊所"担任部长的大二法科学生小张,在利用GTD进行时间管理时,将自己下周二要参加的法律检索训练营(即下一步清单)标注为绿色,将打算安排法律诊所的干事完成的宣传海报设计任务(即委托清单)标注为蓝色,将撰写职业生涯规划书的任务(即未来清单)标注为橙色。

(3)回顾。通过定期回顾及检查清单上的所有事项并根据实际情况进行调整和更新,以优化收集箱,确保GTD系统的高效运作。通常需要每周进行回顾与检查,当然也可以根据实际情况适当减少或增加回顾频率。

(4)执行。根据所处环境,时间多少,精力情况以及重要程度等因素,逐一处理清单上的事项。

用GTD管理自己的时间,重要的不是工具,而是思维与习惯。掌握GTD的有效方式是正确地理解GTD思维,并培养出对应的行为习惯,即"收集,整理,回顾,执行"。GTD的常见工具有Doit.im,高效Todo,印象笔记,邮箱,便签,等等。

2.六点优先工作制

美国的效率大师艾维·李认为,每个人的精力都是有限的,如果每天能够完成最重要的六件大事,就可以成为高效率的人。六点优先工作制所包含的时间管理法则有:目标管理、优先原则、一次做好一件事情、时间限制、今日事今日毕、复杂的事情简单化以及简单的事情模式化。具体而言,六点优先工作制的主要内容如下:

第一,在前一天晚上写下第二天要做的全部事情,注意化整为零,把大的、艰难的任务拆解为小的、容易的任务。

第二,仔细考量,筛选出最重要的6项任务,并根据这些任务的优先级进行排序,按照优先级从高到低依次标为"1"到"6"。所谓"最重要",就是当天非做不可,其他一切事情都应该让位于这6件最重要的事情。

第三,在第二天按照任务优先级的顺序,首先高效完成优先级为"1"的事情,然后再做优先级为"2"的事情,以此类推。

第四,养成"今日事今日毕"的好习惯,不拖延,重要的事情从"现在"就开始做。

实际使用"六点优先工作制"方法时,可以将其与思维导图结合起来,这样既能体现要事第一的原则,又能有整体的规划部署与执行,做到优势互补。

3.帕累托原则

帕累托原则,也就是人们常说的"二八定律",是由意大利经济学家帕累托发现的。帕累托认为,在任何一组东西中,只有大约 20% 是非常重要、能够产生关键效益的,剩下的 80% 则不太重要。帕累托原则对我们进行时间管理的启发是:避免平均用力,抓住主要矛盾,把时间和精力投入关键的 20% 的事情上。

帕累托原则是一种行之有效的时间管理方法,可以被运用到日常的工作、学习和生活领域,帮助我们提高效率,起到事半功倍的效果。具体来说,我们可以根据重要性程度对事情加以区分,分为不同级别,然后将主要精力放在能带来最大收益的最高级任务上。对于其他级别的任务,我们要提醒自己尽量投入较少精力,最好在碎片时间完成,或者交给他人帮忙完成。比如法科学生小郑,为了更好地应对某法学专业评级为 A+ 的重点大学的研究生入学考试,对于一些可以委托别人完成的事情,比如复印、打印、购买相关复习资料,代寄代取包裹等,他就请跟自己私交很好的学弟代劳,从而节省了大量时间和精力。在复习内容的把握上,小郑结合拟报考专业的重难点以及历年考题,决定采取"捡西瓜丢芝麻"的策略,即选择性放弃一些低频且分数占比很低的考点,有意识地将主要精力花在分值占比较大的高频考点上,进行针对性的复习,也就是常说的"好钢用在刀刃上"。

4.时间管理"四象限法"

时间管理"四象限法",指的是根据紧急性和重要性两个维度,将我们要做的事情分为四大类,即:重要且紧急,紧急但不重要,重要但不紧急,既不紧急也不重要。为直观起见,我们可以建立一个二维坐标,横轴表示事情的重要程度,纵轴表示事情的紧急程度,然后根据每件事情的轻重缓急将其放在四个象限中的不同位置上。在具体处理事情时,遵循以下优先顺序:

第一,"重要且紧急的事情"最优先,需要第一时间尽快处理。

第二,"重要但不紧急的事情"可暂缓,但要给予足够的重视,这类事情是最应该偏重做的事,要确保把主要的精力和时间放在处理这类事情上。要尽量避免将重要不紧急的事情变成重要而紧急的事情,把我们从不断"救火"的窘境中解救出来。

第三,"紧急不重要的事情",不太重要,但需要尽快处理,可以考虑是否授权或委托别人去做。

第四,"不重要且不紧急的事情",不怎么重要,而且也不需要立即处理,我们可以选择不做,或者延后再做,或者请他人代为完成。

比如法科学生小徐,从大一伊始就立志报名参加某大学的"卓越法律人才(学术)夏令营",争取保送该校法学硕士方向的研究生。该校夏令营项目中法学硕士方向的入营门槛较高,不仅要考查本科阶段的学业成绩、外语水平,而且还要求申请者具有良好的法学研究素质、浓厚的学术兴趣和从事高水平法学研究的志向。小徐知道,想要证明自己的法学研究素质、学术兴趣和研究志向,最好能够在本科期间主持或者参与法学专业相关课题,发表跟专业有关的论文。根据时间管理"四象限法",这件事情属于不紧急但非常重要的类型,所以为了避免将重要不紧急的事情变成重要而紧急的事情,小徐决定从长计议,从大一开始就每天抽出半个小时的时间着手做这方面的准备:阅读相关的专业书籍和论文,请教任课老师,咨询参加过科研项目或发表过论文的学长学姐,进行专业小论文写作练笔,等等。功夫不负有心人,小徐在大二上成功立项校级专业科研课题,并于大三上学期顺利结项,为成功保研奠定了必需的基础。

5.麦肯锡30秒电梯理论

麦肯锡30秒电梯理论的核心要求是直奔主题,即在30秒内表达清楚事情的要点,而且为了方便对方记忆,最好将要表达的事情归纳在3条以内。关于如何进行有效的时间管理,麦肯锡30秒电梯理论有七条建议:第一,各个击破,不要同时处理多项任务。相关实验表明同时处理多项任务反而需要多花30%的时间,而且失误率会增加1倍。第二,不要接触太多新信息,因为不断接触新信息反而会抑制创造性。第三,保持自制,做到集中精力、过滤信息、适当休息。第四,找到自己的"独处时间"。第五,不回复抄送邮件。第六,打电话胜过邮件。第七,放弃凡事都须事必躬亲的幻想。

擅于管理时间的人,在实践中大多会运用麦肯锡30秒电梯理论。例如,某大学的法科二年级学生小李,曾被评为校级"最佳辩手"。在辩论赛中小李所向披靡的秘诀之一就是能够巧妙地运用麦肯锡30秒电梯理论,在最短的时间内表达清楚要点,做到言简意赅,主题突出。又如,为了拓展人际关系网,有些律师会根据"电梯演讲"理论对自我介绍进行反复"排练"及"演习",以便让接触的"重要陌生人"在短时间内对自己产生深刻的印象。

6.莫法特休息法

莫法特休息法,也叫连续分段时间管理法。根据人的大脑左右两半球的不同功能,莫法特休息法按照工作内容的性质将其区分为"连续"和"分段"两种,并交替进行,即"连续—分段—连续—分段……",这样就可以使左右大脑轮流获得休息,减轻紧张感,祛除疲劳,从而提高工作效率。这种时间管理方法和农业上通过"间作套种"来提高农作物产量的原理非常相似。我们知道,大脑左半球负责人的语言、逻辑、序列等思维活动;大脑右半球负责人的知觉、直觉、感情等形象思维方面的活动。连续性的工作,如长时间思考问题、写文章、订计划,用的是左脑。而可分段进行的工作,如复印材料、打电话、发传真、抄写、统计、记账等,用的是右脑。莫法特休息法的要义是:经常使工作充满新鲜感。每隔一段时间,我们应该改变一下工作环境和工作方式,让不同的新鲜信息刺激大脑,使大脑的兴奋中心不停地转移,从而避免某一区域因长时间兴奋而过于疲劳和迟钝,以达到提高大脑工作效率的目的。

莫法特休息法主要有以下 5 种类型的时间分配模式:第一,按抽象与形象来分配时间。研究理论问题可以和阅读形象的、具体的内容交替进行。比如,在我们研究法学、哲学、历史学等问题感到疲劳时,可以阅读或欣赏半个小时的小说、诗歌、图片等,以便缓解大脑的疲劳程度,调节我们的思维和注意力。第二,按研究问题的不同角度分配时间。即使是不更换研究对象,只是改变研究角度,同样也会引起大脑新的兴奋点,从而达到提高工作效率的目的。只要我们善于寻求变化,同一种工作,可以每次从不同侧面、不同部位着手进行,这样就会引起新鲜的感觉,提起我们的兴趣。第三,按动静结合来分配时间。比如,当我们长时间保持一个坐姿阅读时,会非常容易感到疲倦。为了提高学习效率,这时我们可以试着改变读书的姿态,变化读书的地点:在教室里坐着读书一小时之后,到校园的湖边或者小亭子里边走边读。第四,按体力与脑力来分配时间。体育锻炼对提高工作效率大有好处,因此我们可以把学习工作与体育锻炼交替进行。第五,按学习工作和娱乐休闲交替分配时间。适当的娱乐可以放松大脑,驱除疲劳,因此可以在学习工作的间隙穿插一定的娱乐。

俗话说:"张弛有度,事半功倍。"法科学生在应对专业学习、期末考试及法律资格考试等的时候,需要理解艰深、繁多的法条,吃透每一部实体法与程序法的立法精神、理论体系以及在法律实践中的应用,难度可谓相当大。为了提高学习效率,可结合莫法特休息法的原理,将各门专业课程与其他通识课程的学习与复习穿插进行;也可以在教室复习几个小时后,到校园里散散步,边放松边用手机听一听英语对话;还可以在感觉压力比较大的时候,给自己放一会儿假,去看看电影、听听音乐、锻炼锻炼,这对放松紧张的大脑皮层,松弛神经,消除疲劳是大有好处的。在愉快的休闲中,我们不仅可以消除疲惫,有时甚至可以获得某种启示,唤醒某些灵感,有可能还会产生惊人的创造力。

(三)时间管理的技巧

1.开始

有很多时候我们拖延,原因可能在于这件事情令我们讨厌或者不愉快。对于不喜欢的事情,人们常有两种态度:一是视而不见,尽量拖延;二是尽快动手,早日解脱。对于讨厌或者不愉快的事情,我们应当持前面提到的第二种态度,迅速迈出第一步,强迫自己现在就去做,以免一直拖延,徒增心理负担和损耗。我们要做的第一件事情就是开始,每天都从 time list 中选出最不想做的事情先做。万事开头难,当我们勇敢地迈出第一步后,惯性会引领我们继续前行,接下来的事情就变得比较简单了。

2.设定明确的目标

一个好的目标,可以帮助我们更好地管理时间。根据 SMART 原则,好的目标必须满足这些条件:具体的、可衡量的、可实现的、有关联的以及有截止期限的。

3.做好时间日志

心理学实验证明,人的时间感觉是最不可靠的。如果完全靠记忆,我们很难准确地知道自己的时间是怎么消耗的。管理时间的前提是正确掌握时间的使用情况。因此,我们有必要制作自己的时间日志,对每天的时间使用情况进行详细记录,比如洗漱、早餐、更衣、阅读、完成作业、开会、运动健身、人际交往等事项各花费了多少时间。值得一提的是,为了确保我们能够如实掌握时间耗用的实际情形,必须在处理某一项工作的"当时"立即加以记录,而不能在事后根据记忆进行补记,因为记忆很可能会不太准确。记录完成后,我们应该仔细分析自己的时间使用情况,找出哪些事情根本不必做,做了也完全是浪费时间;哪些事情可以委托或授权别人完成而并不会影响效果。然后根据不同情形采取相应的对策,做到最大程度合理使用时间,提高工作效率。时间日志和记账是一个道理,有助于帮助我们了解和分析时间使用情况,只有当我们找到浪费时间的根源,才有办法加以改变。

4.批量处理来电、电子邮件、微信短信等

现代通信技术带给我们许多便利的同时,也使得我们随时都处在来电、电子邮件、微信短信等信息的重重包围中。如果我们每天都是随机或第一时间处理来电或电子邮件等信息,那么我们的学习和工作时间将变得支离破碎,很难高效率地做好事情。因此,为提高效率,我们可以把电子邮件、来电、微信短信等信息的检查和回复工作集中在某个时间段一并处理。

5.安排"专心致志"的时间

有些复杂的、连续性的工作,比如写总结、改论文等,需要利用相当多的整块时间去完成。如果每次所花的时间少于这个极限,或者频频被其他的事情打断,那么就很难做好这些事情,有时候甚至得从头开始。因此,我们有必要根据工作需要和自身实际,在每天留出一部分完全不被干扰的时间,比如早晨刚起床的半个小时或者晚上睡觉前的一个小时,在这些相对安静的时间段集中精力学习或者工作,这样就能大大提高时间利用的效率。比如有些时间管理能力比较强的律师就善于安排"专心致志"的时间:每周确定一天时间,不安排会客,专心做一些需要高度集中精力的工作,如完成法律文书、制订工作计划、组织疑难案件讨论分析等。

6.进行排序

要对时间进行有效管理,需要将工作按照优先程度进行排序,并严格规定完成期限。我们应该理解事情紧迫性和重要性之间的差异,并按照这两个标准对需要做的事情进行分类、排序。遵循二八定律,花最多时间做最重要的事。为了在最短的时间内完成尽可能多的事情,我们有必要设定每件事情的完成期限。

7.学会留白

如果我们习惯于将一天的日程安排得满满的,那么我们很可能没有思考,回顾,提前做准备和计划的时间。另外,无论我们如何精心地规划时间,总免不了遇到一些突发情况。为了应对这种情况,我们需要给每天的安排适当余下一点空闲时间。学会留白是非常有必要的,能给我们的时间管理带来意想不到的帮助。我们可以在每天晚上利用半个小时左右的时间对当天的学习和工作进行总结、反思,并制订第二天的学习和工作计划。或者每天可以用85%的时间处理日常工作,余下15%的时间用来总结、规划,或者处理意料之外的事情或者紧急情况。

8.善于利用碎片时间

"碎片化"时间虽然短小、琐碎,但被聚合后却能产生巨大的效能。时间管理高手一定是善于高效利用"碎片化"时间的人。在移动互联网时代,不少法科大学生选择把"碎片化"时间用在智能手机上,如看新闻、玩游戏、翻朋友圈、刷微博等。其实,"碎片化"时间可以用来做其他更有价值、更有意义的事情,比如法科学生可以背外语单词、看法学专业精品课程视频等。有些律师坦言,之所以能在工作上游刃有余,很大程度上就是因为善于利用"碎片"时间,比如在等红灯、等人、等待开庭的碎片化时间里,思考案件,构思法律文书思路,或者用语音输入的方式写东西。

9.排除干扰

现代社会,我们面临着越来越多的干扰,在某种程度上干扰是"时间的第一大盗"。要想提高学习和工作效率,必须排除干扰,学会对学习与工作之外的事说"不"。如果想提高学习和工作效率,需要确保自己不被干扰,最简单易行的方法就是在工作或学习的专属时间段,远离电话、电视、网络以及其他任何让我们分心的东西。比如有的法科大学生在备考法考或研究生的阶段尤其是最后冲刺时,常常会卸载 QQ 甚至微信,确实有必要的事情用电话或者短信处理,目的就是减少不必要的干扰,强迫自己专注于学习。此外,遇到别人委托时,不能一味充当"老好人",而是要根据实际情况,学会说"不"。当然,我们也要换位思考,时刻提醒自己不要随便浪费别人的时间。比如,我们可以诚恳地问问周围的人:"请您想想看,我有没有做一些浪费您的时间而又没有产生效果的事情?"

10.遵循生活节律

节律是时间的一个重要特性,每个人都有自己的"生物钟"。心理学按照节律,将人们分为:早晨效率比较高的百灵鸟型、晚上效率比较高的夜猫子型、上下午各有一个效率高峰的麻雀型以及一天有几个学习效率高峰的混合型。法科学生专业知识的学习要面临庞大的知识体系以及名目繁多的法条,应根据自己的"生物钟"特点,合理安排学习以及娱乐休闲,以便更好地管理和驾驭自己的时间,达到事半功倍的效果。有些法科大学生可能对自己的时间节律不太了解,不清楚自己的"生物钟"。他们可以试着记录一至两周自己的状态:哪些时间段精力最充沛,效率最高;哪些时间段没有心思学习、工作,容易分神或者想睡觉。找出自己状态最佳的时间段,并加以充分利用,在这段时间做需要集中精力才能胜任的工作。当今社会节奏较快,人们很容易处于过度疲劳的状态。我们要时刻对自己的身体保持觉察,当感到自己的状态下降到正常水平的一半时,应该先好好休息。只有安排好放松和恢复的时间,照顾好自己,我们才有精力做好事情。

三、法科学生的人际管理能力

(一)人际管理的概念

人际关系是指人们在社会中通过与他人交往所形成的人与人之间的各种社会关系的总称。我国古语云:"天时不如地利,地利不如人和。"美国著名教育家戴尔·卡耐基指出:"一个人事业上的成功,只有百分之二十是由于他的专业技术,另外的百分之八十要靠人际关系、处世技巧。"心理学研究也表明,和谐融洽的人际关系不仅可以让人们感到轻松愉悦,更是人们身心健康、事业成功、生活幸福、成长发展所必不可少的。

人际关系实际上就是各种外部资源的载体,所以,个体会立足于自身所处的外部环境,通过各种途径和方法,不断地建立、调整和维护自己的人际关系,有意识地增加自身的人际吸引力,努力减少不利因素,从而营造有利于自身成长和自我人生目标实现的和谐人际氛围。个体处理人际关系与人际交往的过程就是通常所说的人际管理。人际管理能力是一个人的知识、品行、修养以及各种心理能力的综合,是衡量一个人能否适应现代社会需求的重要标准之一。法科大学生毕业之后所从事的工作大都需要与人打交道,常常会面对社会上的各种矛盾纷争和形形色色的人。如何妥善地处理纷繁复杂的人际关系是法律工作者的必修技能之一。大学期间是人际管理能力提升的关键时期,法科大学生应当有意识地培养和提高自己的人际管理能力,为将来胜任法律及相关工作做好充足准备。

(二)人际管理的构成

1.人事记忆力

简而言之,人事记忆力就是记忆人际交往当中的人和事的能力。世界上没有完全相同的两片叶子,每个个体也是千差万别的,因此在人际交往中,人们会有意识记住交往对象的个体特征,如性别、年龄、身高、体形、衣着、口音、神情、性格等等。同时,人们也会尝试记住交往活动中的相关信息,比如交往的时间地点、交往的内容、当时的情景等。

2.人际感受能力

人际感受能力包含两个方面,一是觉察他人内心活动以及心理状态的能力,二是感受和评估自己的言行举止对他人造成何种影响的能力。人际感受能力是人际管理能力的基础和前提。

3.人际想象力

人际想象力指的是设身处地为对方着想,从对方的角度、立场、境遇思考问题,进而合理客观地评价对方的思想、情感以及行为,也就是我们常说的"换位思考"。

4.人际理解力

人际理解力指的是个体理解交往对象的所思所想、心理状态与行为举止的能力,也就是我们常说的"善解人意"。人际理解力通常包含两个方面:一是深入地理解他人的想法、情感、行为甚至背后动机的能力;二是有效地倾听,并向对方准确描述和反馈自己想表达的内容和情感的能力。人际理解力是人际管理的关键。法律职业中,法官的人际理解力尤为重要,直接影响到对于公诉人、当事人、辩护律师在诉讼行为中的法律关系、法律表达的准确把握。同样,人际理解力的高低对公诉人与辩护律师也必然发挥着重要的作用。

5.风度和表达力

风度和表达力指的是人们在人际交往时表现出来的言谈举止、风度做派,以及真诚、和善、包容、谦逊、富有感染力的表达。风度和表达力是对人们人际管理能力的进阶要求。

6.合作能力与协调能力

合作能力与协调能力是人们适应环境、立足社会的必备能力,在经济全球化的大背景下其重要性日益凸显。合作能力和协调能力是人际管理能力的高阶要求。

(三)人际管理的原则

1.相互和自我保护原则

人际交往是人与人之间的一种交流和沟通,有着双向、相互的特点。人际交往中的亲近和疏远,喜欢和讨厌都是相互的。人们有自我保护倾向,会自然而然地喜欢和亲近那些向他们表达善意、尊重和肯定的人,而讨厌和疏远那些充满恶意、轻视和否定他们的人。

2.交换原则

人际交往是一个社会交换过程。人们在日常交往中常常会自觉不自觉地遵循一种对等、交换原则,故古语有"来而不往非礼也","人敬一尺,我敬一丈","投之以桃,报之以李"之说。个体通常会希望人际交往能给自己带来某种价值,这种价值可以是物质的,也可以是精神的。人际交往中,如果只有一方获得好处,那么这样的人际关系是不能够长久维系的。

3.平等原则

平等是社会进步的表现,是人际关系的前提。每个人都有被别人平等对待、受他人尊重的希望和需求。在人际交往中,我们应秉持平等原则,无论身处什么地位和场合,都应该保持不卑不亢的姿态,跟别人平等交往,也要学会尊重他人。正如乌克兰教育家苏霍姆林斯基曾经说的,不要去挫伤别人心中最敏感的东西——自尊心。

4.相容原则

相容原则指的是人们在人际交往中对别人的接纳、宽容和谦让。人际交往中难免会产生误解和矛盾,要体谅他人,遇事多为别人着想,对非原则性问题不斤斤计较,即使别人犯了错误,或冒犯了自己,也要以德报怨、谦让大度、克制忍让,不计较对方的态度、不计较对方的言辞,做到"宰相肚里能撑船",并勇于站出来承担自己的责任。俗话说"退一步海阔天空",包容忍让体现的是度量和风度,有利于建立和谐友善的人际关系,收获更多的友谊。在人际交往中,我们应主动出击,多交朋友,而且要有意识地与不同的人交往,学会求同存异,懂得包容和谦让。

5.诚信原则

诚信,即诚实信用,指一个人诚实、不欺、信守诺言。自古以来我国传统文化特别重视诚信,"人无信不立""一言既出、驷马难追"等耳熟能详的俗语就是最好的诠释。现阶段,"诚信"是我国社会主义核心价值观个人层面的基本准则之一。诚实信用原则是一项古老的道德戒律和法律原则,是大陆法系民法中重要的基本原则,被称为"帝王规则",《中华人民共和国民法典》第七条就对此作出了规定。在现代社会,诚信是公民的第二个"身份证",失信之人寸步难行。

在人际交往中,我们与守信用的人交往常常会有一种安全感,与言而无信的人交往内心则会充满焦虑和怀疑。没有什么比失信更能迅速地破坏人们之间的关系。诚信是做人的关键,诚信是成功的前提。建立在诚信基础上的人际关系是能够经受时间考验的,良好的诚信本身就是个人的一笔丰厚资产。我们与人交往时要以诚相待,言必信、行必果,不卑不亢,端庄而不过于矜持,谦虚而不矫饰诈伪。

6.理解原则

理解原则包含了前文提到的"人际想象力"和"人际理解力"两个要素,要求我们在人际交往中,能够换位思考,充分理解对方言行及其背后的动机,深入了解对方的期望和需求。比如律师在与当事人的交往与沟通中,应站在对方的立场,理解其真实的诉求与想法。

(四)人际管理的技巧

1.善用 PAC 人际交往理论

PAC 人际交往理论由沟通分析之父艾瑞克·柏恩于 20 世纪 50 年代后期提出。柏恩认为人有三种心理状态:一是父母状态,常常表现为领导、教导人的权威作风。同时,父母状态也包含着对子女的关爱包容。二是成人状态,以理性和客观为标志,用商讨的方式与对方交往,双方处于平等的地位。三是儿童状态,以感性和感觉为标志,常常表现为自觉服从。我们每个人身上都会同时包含这三种心理状态,只是表现方式、所占比例不一样罢了。

在人际沟通中,僵化的心理状态是不可取的,我们要学会根据场合和时间灵活转化自己的心理状态。法律职业中以法官为例:职业法官必须具备深厚的法律专业知识、娴熟的法律职业技能和优秀的职业道德操守等基本素质,因此在工作中法官们多以"成人心态"为主,展现刚正、廉洁、求实、严谨等职业形象,理性、客观、冷静地做好分内的工作。在与同事的日常相处中,除了商讨、平等的"成人心态",法官们还会辅之以适度的"父母心态",包容对方的缺点和不足,关心体贴对方。在业余生活、团队建设中,除了"成人心态",不少法官可能会多一些"儿童心态",活泼、放松,积极融入集体当中,跟别人打成一片。

2.有意识管理人际关系网络

人际关系网络是在人际交往过程中形成的以人际关系管理主体为核心的情感纽带,一般包括亲戚关系网、同学关系网、同事关系网、朋友关系网等等。人际关系网能够给我们提供情感支撑、物质支撑、信息机会等,我们应该有意识维护和管理人际关系网。首先,列出自己的人际关系清单,明确自己应该维护和管理的人际关系的对象及重点,做到心中有数。列清单时,可以将自己作为圆心,按重要性程度,将自己的人际关系对象从内圈到外圈依次排列。其次,遵循"二八定律",根据人际关系对象的重要性程度,投入相应的精力加以区别管理和对待。可以有意识地制订人际关系网络维护计划,如日常交流、节假日问候、闲暇拜访聚会等,并严格执行计划。最后,对人际关系进行动态梳理和调整,对人际关系网络管理计划的执行情况进行反思和总结。

职场人士一般都非常重视人际关系网络的管理。比如,对于律师而言,客户关系是其人际关系网络中的重要组成部分,是律师的重要无形资产,客户管理日益成为律师竞争优势的重要砝码。客户管理并非一时之事,一日之功。律师不仅要具备相应的专业知识和社会阅历功底,还要具备一定的客户管理思维和管理技巧。许多优秀律师是客户管理方面的佼佼者,他们深知客户资源如同金钱一般,也需要管理、维护、储蓄和增值。如果管理不当,已有的客户人脉资源就很难发挥应有的作用。相反,如果运筹管理得当,则能够使客户人脉资源库迸发出巨大的能量。因此,他们会有意识通过客户资料卡、客户数据库等方式,详细记录客户的重要信息,比如职业职位、所在单位、家庭状况、收入状况、教育背景、兴趣爱好、价值观等,以便更好地了解客户情况、掌握客户需求。同时,他们会在此基础上,动态梳理客户信息,对客户进行分类、排序,寻找、锁定法律服务需求量大的关键客户,将自己的主要精力花在与这类客户的联系、沟通上,通过工作走访、日常交流、节日问候、闲暇小聚等方式不断加强已经建立的良好合作关系。

3.培养同理心

同理心也可以称为换位思考,是指在人际交往过程中,能够设身处地地体会他人的情绪和想法,感同身受地理解他人的立场和感受,并站在他人角度思考和处理问题的能力。同理心包含着温暖与关爱,是人际交往的基础,是个体人格成熟的重要标志。拥有同理心的人,在跟别人发生冲突或者误解的时候,会把自己的意见和忠告放到一旁,认真倾听他人的想法,细微体察他人的需求,把自己放在对方的处境中去体会和理解他人的情绪和感受。对他人内心世界的深入体恤,能让个体的人际关系产生爱的连接,使一个人时时刻刻被爱所环绕、所温暖。相反,如果缺乏同理心,在人际交往时往往会主观、武断地把自己的想法强加给对方,这样会给对方造成伤害,不利于建立和谐的人际关系。

培养同理心,一般有以下几个要点:第一,内观体察自己的感受。同理心的起点是先收听自己的感受,如果我们无法触及自己的感受,那么也就无从体会他人的感受。因此,我们必须学会收听自己的情绪信息,体会不同感受的心理状态。第二,学会倾听,准确体察对方的感受。倾听是理解和体会他人情绪的基本功,在倾听中可以理出他人"情绪逻辑"的线索,找到其中的特点和规律。我们在倾听时不仅要了解对方的言语信息,还要体会言外之意。第三,用体谅来回应他人的感受。倾听他人感受时,要积极做出适宜的反应,实现情绪上的互动,要让对方感觉到自己被听到、被懂得、被支持。

　　同理心是人际和谐的润滑剂,是人际交往的基本功。法律从业者在工作中经常要与不同对象打交道,每个人都会有自己的立场、角度和需求。法官、检察官、律师面对的当事人当中,有些甚至可能是带着"委屈"、憋着"怨气"来寻求最后的司法救济的,他们或许曾经经历了愤懑、无奈、失望、绝望等负面情绪,甚至一度对法治产生怀疑。人际管理能力突出的法律从业者,在跟这些当事人打交道时,会设身处地地体会当事人的情绪和想法,真诚地对当事人的遭遇表示同情、关心、理解;会留心观察当事人叙述时的音量、语速、表情变化等所透露出来的点滴信息,在细节中挖掘矛盾的根源症结所在;会积极关注、认真倾听当事人陈述,在倾听时适时注视当事人的眼睛,用语言(如"嗯""是的")或非语言(如点头)有温度地回应当事人,及时、恰当地解答当事人的疑惑和问题,见机把当事人想表达的内容和自己的感受简明扼要地表达出来,让当事人感受被听到、被理解、被尊重;会站在当事人角度思考,给出合适的建议和意见,让当事人感受到被支持。司法实践证明,通过运用同理心,就能最大可能地与当事人产生心灵上的碰撞,尽可能地与当事人保持高度的一致性,从而促成良好人际关系的建立,有利于高效高质地解决纠纷、化解矛盾。邹碧华法官就特别重视同理心在法庭情绪管理中的作用,他举例说,当事人提及家人去世或重病时,法官如果适时表现出强烈的同情心,说一声"你经历这一切,一定很不容易",就会很容易被当事人接受或认同。[①]

　　4.学会微笑和赞美别人

　　营造和谐人际关系的要素之一是在人际交往中传达积极情绪。积极情绪一般是由语言信息和非语言信息营造的,微笑是其中重要的非语言信息,而赞美则是不可或缺的语言信息。

---

①　邹碧华:《论法庭情绪管理》,载《法律适用》2011年第8期。

微笑是行走全世界的通行证,是世界上最美、最容易感染人的语言。在人际交往中,微笑常常能取得语言无法比拟的效果。不论是故旧或新交,一张有表情、有笑容的脸孔,会使人如沐春风;微笑能够传达善意,消除紧张氛围,让彼此放下戒备、更加放松;遇到难以回答或者不便回答的问题,可以一笑而过;用微笑来拒绝对方的不合理要求,会减少对方的尴尬;当谈判陷入僵局时,微笑可能是打开局面的"润滑剂"。

赞美是永不过时的交往艺术,是人际关系的润滑剂,可以使人际关系融洽和谐。就像渴望得到别人的尊重一样,人们也希望被别人赞美和肯定。我们在人际交往中要能够满足别人人性的渴求,懂得赞许、善于赞许。赞美别人要注意分寸,恰到好处。实事求是、恰如其分的赞美,可以帮助营造友好和谐的氛围。

5.提升自我价值

某种程度上,人脉是价值的交换,也是对背后资源的整合和利用。俗话说:"物以类聚,人以群分。"如果自己足够优秀,自然会吸引其他优秀的人向你靠拢。保持上进心,持续处于学习状态是提高自身价值的重要手段。越是成功人士越会主动学习。这也不难理解为何众多的企业家喜欢报名各种名校培训班,因为除了能结交更多领域的朋友外,还可以通过学习提高自己的眼界、格局和能力。努力本身就是一种才能,且人人具备。"深度学习"、"深度工作"已经成了当下体现高效率的代表词语,努力也需要有深度。

6.完善自我人格

在人际交往中,人格因素至关重要,不良的人格特征或人格缺陷容易让对方有不愉快的感受,从而影响人际交往。常见的人格缺陷有:自私自利、奸诈虚伪、报复心强、过分苛求、骄傲自负、孤僻固执等。上述人格缺陷会严重影响人际关系。因此,在人际交往中,不断完善自我人格非常重要。

四、法科学生的情绪管理能力

(一)情绪管理的概念

情绪是个体对外界刺激的主观有意识的体验和感受,具有心理和生理反应的双重特征。个体的基本情绪包括喜、怒、忧、思、悲、恐、惊七种,其中,痛苦是最普遍的消极情绪。情绪无处不在,伴随并左右着我们的一生。情绪是中性的,没有好坏之分,然而由情绪引发的行为以及行为的后果却有好坏之分。我们不可能完全消灭情绪,但可以对其进行有效疏导和适当控制。情绪管理是指个体充分挖掘情绪智商,培养驾驭情绪的能力,准确觉察自己和他人的情绪,以最恰当的方式表达和调控情绪,使之适时、适地、适度,确保个体和他人保持良好的情绪状态。

随着社会的多元化、经济的全球化以及竞争的加剧,人们越来越重视情商的作用。现代工商管理教育如 MBA、EMBA 等均将情商及自我情绪管理视为领导力的重要组成部分。对法科大学生而言,良好的情绪管理能力对学业成功、人际和谐、综合能力提升、身心健康以及未来发展有着举足轻重的作用,尤其是法律工作者从事法律实务的"严谨、求实、审慎"要求其用良好的情绪管理能力进行适宜的自控,方能使法律实践更加缜密与理性,因此法科学生必须打磨和提高自己的情绪管理能力,掌握情绪管理的基本方法,学会管控负面情绪,保持积极乐观的心态。

首先,有效的情绪管理有助于法科大学生在学业上取得成功。心理学相关研究表明,当个体处于积极正向的情绪状态时,通常会更加乐于学习、善于学习,获得更佳的学习体验,取得更好的学习效果。反之,当个体处于消极负向的情绪状态时,容易缺乏学习兴趣,甚至产生厌学情绪,极大地影响学习效率。

其次,有效的情绪管理有利于法科大学生建立和谐的人际关系。法科学生在学习、校园活动、社会实践、生活、交友、恋爱等各个方面都需要处理各种各样的人际关系。正确地运用情绪的信号功能,恰如其分地表达自己的情绪,并读懂对方流露出来的情绪,能够在很大程度上促进法科大学生人际关系的和谐。

再次,有效的情绪管理有利于法科大学生的身心健康。情绪包括正向情绪和负向情绪,正向情绪可以使个体处于最佳的状态,能够促进身体健康,而负向情绪则刚好相反。大学时期是消极情绪出现的高峰期之一,因此,法科大学生要努力提升情绪绪管理能力,不畏挫折失败,积极调整心态,突破情绪困扰,自信地面对压力和困难。

最后,有效的情绪管理有利于法科大学生未来的职业发展。在工作中,外界对法律工作者的期许是:温厚稳重,情绪稳定,表现冷静、理性的专业态度。

由于职业的特性,法律工作者常常要面对远高于普通职业人群的工作压力和长期高强度的工作负荷。因此,为了维护专业的职业形象,保持良好的工作状况,确保身心健康,法律工作者必须懂得情绪管理和调适。情绪管理能力是法律工作者必备的核心能力之一。

(二)情绪管理的基本形态

情绪管理的最基本形态有四种:拒绝、压抑、替代和升华。

第一,拒绝,即拒绝接受某些事实的存在。尽管个体面前的所有证据都指向某些事情确定无疑地发生了,比如重要亲人的死亡,但个体却拒绝承认和面对现实,坚持认为某些事情不是真实的。拒绝是一种极端的情绪防御形式。创伤后应激障碍临床症状之一的回避和麻木,就是一种比较典型的"拒绝"反应。

第二,压抑。受个性特质、所受教育、既往经历等的影响,个体认为有些情绪(比如怨恨、愤怒、难过等)不应该存在,不能够表达,从而选择忽视、压抑这些情绪。适当的压抑是一种积极的努力,个体把那些威胁他的东西排除在意识之外,或使这些东西不能接近意识,使得个体更好地适应周围的环境,起到自我保护作用。但是,过度的压抑是有害的,会带来较大的副作用。那些被压抑的负面情绪,并不会凭空消失,如果没有进行有效疏导,会不断积累,变成"内伤",甚至有一天最终爆发出来,带来极大的破坏力。

第三,替代。指的是个体将某种负面情绪和冲动传导到某个不会给他带来威胁的目标物上。"替代"的其中一种表现形式是迁怒,也就是我们常说的"踢猫效应",在生活中这样的例子比比皆是。比如,作为律师的丈夫因为自己代理的案子败诉而情绪不佳,晚上回家后抱怨妻子做的饭菜不可口。妻子觉得自己为了这个家劳心费力却不被理解和尊重,甚为委屈,转而在辅导孩子功课时朝孩子发脾气。"替代"有好坏之分,我们应该思考如何找到好的替代,从而建立一种良性循环,达到有效疏解情绪又不伤及无辜的目的。

第四,升华。升华是情绪管理四种基本形态中最为正向和有效的。因为只有升华,才能够将负面情绪和冲动转化为可以被社会所接受的行为。例如,某法科学生在一场模拟法庭比赛中,感觉受到了评委的不公正对待,觉得十分委屈和不满。如果他把攻击性的冲动直接指向评委,那么将会陷入困境。但是,如果把这些冲动升华为打球放松和苦练技能,就可以被接受。在升华的过程中,他不仅释放了负面情绪和冲动,而且还化不满为力量,提升了自己的专业技能。

(三)情绪管理的构成

每个人都会有各种各样的情绪,想要做到有效的情绪管理,通常需要具备以下几种能力:

第一,觉察自我情绪的能力。指个体能够了解和认识自己的情绪、动机、欲望等内心想法和心理倾向。情绪觉察是情绪智力的关键所在,学会观察和感受自己的情绪是情绪管理的第一步,是自我理解和心理领悟力的基础。当遇到情绪问题时,我们可以试着让另一个"我"从身体中分离出来,作为旁观者或者第三人,观察和感受自己的内心活动。不妨通过提问的方式进行自我情绪探索:当下自己有什么样的情绪呢? 为什么会有这样的感受呢? 记忆中有过相同或者相似的内心感受吗? 当时是什么样的场景,有什么人在场,发生了什么事情呢? 当时的自己,有着什么样的内心感受呢?

第二,调控自我情绪的能力。指个体控制自己的情绪活动以及抑制情绪冲动的能力。情绪的自我调控能力的高低,会影响一个人的工作、学习与生活。情绪调控能力欠佳的人,会经常性地处在不良情绪的旋涡中。反之,拥有良好的情绪自我调控能力的个体能够对各种情绪进行自我协调,有效地摆脱厌恶、悲伤、恐惧、焦虑、沮丧、愤怒、烦恼等消极情绪,适当地控制、调节自己的行为,抑制冲动,抵制不良诱惑,从挫折或失败中迅速调整、重整旗鼓。我们要善于根据自己的不良情绪应对经验来选择适合自己的调节方式,通过转移、升华、宣泄、倾诉等方式,调整情绪,保持心态平和、积极乐观。当遇到情绪困扰、压力过大时,不妨问问自己:怎么做能够让我好受些呢? 曾经尝试过哪些调节负向情绪的方法呢? 效果如何? 那样做有没有在其他方面给自己带来更大的伤害呢?

第三,自我激励的能力。指个体能够调动与指挥自己的情绪,做到自我鞭策、自我鼓励、自我说服、自我劝导,保持高度热忱、专注自制,从而高效地完成目标。法科学生经过法学教育的长期培养,要想成长为一名具有核心竞争力的高素质的法治人才,必须学会集中注意力,学会自我激励、自我监督,尽力发挥自己的创造力,对情绪进行有效的自我调节与控制,在必要的时候延迟满足自己的需要,压抑自己的某些情绪冲动。

第四,识别他人情绪的能力。指的是个体能够设身处地站在他人的立场,快速、准确地识别和判断他人的各种感受,了解他人的情绪、性情、动机、欲望、需求等,并做出合适的反应。识别他人情绪的能力是影响和调节他人情绪反应的前提,是情绪管理能力的高阶要求。邹碧华法官在《论法庭情绪管理》一文中提道:法庭实践中,有的当事人从快声快语到沉默不语时,可能处于沮丧、绝望、愤怒的爆发点或者平静等不同的情绪状态,如果法官不能正确识别和评估当事人的情绪状态,就容易违背情绪规律,导致出现火上浇油或者错失良机的结果。[①]

第五,调节他人情绪反应的能力。指个体善于调节与控制他人的情绪反应,并能够使他人产生自己所期待的反应。个体的合理情绪表达能够感染和影响对方,使得人际交往朝着顺利并且深入的方向发展,因此调节他人情绪反应能力的关键之一是做到正确地向他人表达自己的情绪情感。我们可以用"因为……(陈述事实),我感到……(表达情绪),我希望……(说出期望)"这样的三段式句式,在尊重事实的基础上,适当表达自己的情绪,说出自己的内心感受和对对方的期望。比如法科大学生小王约了小张周二晚上一起听自己仰慕已久的法学学者梁慧星教授的民法讲座,小张却迟到了。于是小王对小张说:"因为你来得比我们约定的时间晚了半个小时,我特别担心错过梁老师的讲座,感到有点着急和生气,希望下次你能早点出门噢。"在这个例子中,如果小王感情用事,过度指责小张,就是错误的做法。因为这样会引起小张的负面情绪,让他启动防御机制,而没有办法站在小王的立场体会小王的感受。

(四)情绪管理的方法

1.消除"认知偏差"法

提出合理情绪疗法的美国临床心理学家艾利斯认为,引发个体最终情绪和行为反应的并不是最初的诱发性事件,而是个体对这一事件的解释和看法。比如,对于没有通过法律职业资格考试(以下简称"法考")这一事件,不同的法科学生会产生截然不同的情绪和行为反应:甲同学觉得法考太难了,自己再怎么努力也没有用,所以决定以后不再报考;乙同学认为法考是"天下第一考",第一次考试不通过很正常,下次考试更要认真准备,如果有必要的话可以报个法考培训班。

大量调查和研究显示,人们的大多数情绪问题都来源于自身的认知偏差。

---

① 邹碧华:《论法庭情绪管理》,载《法律适用》2011 年第 8 期。

心理学家韦斯勒认为常见的认知偏差主要有以下几种：一是绝对化要求，即以自己的意愿为出发点，对于他人或事物怀有认为其必定发生或者必定不会发生这样的不合理信念。比如"别人必须对我好""父母必须理解我""我必须考上研究生""我必须比别人优秀"等。二是以偏概全的思维方式。比如法科学生小陈认为与室友关系不好的原因是自己学习成绩不够好。三是糟糕至极，认为一件不好的事情的发生将带来非常可怕的后果。比如法科学生小杜觉得"如果这次不能通过法考，我的大学就白读了，人生将陷入一片黑暗"。

树立正确合理的自我认知和社会认知，是法科大学生培养和提高情绪管理能力的关键所在。法科大学生应当学会客观、理性地审视自己的认知偏差，并觉察、探究这些认知偏差和不良情绪之间的关系，认识到不是事件本身而是认知偏差导致自己体验到糟糕负面的情绪。那么，如何改变认知偏差呢？首先，可以不断用适当的语言重复合理信念，从而在一定程度上消除不良情绪。比如，"父母虽然很爱我，但不可能时时事事都理解我"；"跟室友关系处不好是因为我们之间还需要互相磨合"；"没通过法考其实也没有那么糟糕，我还有其他选择"。其次，可以通过与他人讨论或实践检验的方法来帮助自己转变思维方式，与不合理信念进行辩论，最终用合理信念取代不合理信念。不合理信念一旦消除，依附于其上的情绪困扰也会相应减少或者消除，我们会变得更加正向，更倾向于采取合理、积极的行为方式。

2.心理暗示法

心理暗示法指的是个体通过语言、形象、想象等方式，对自身施加影响的心理过程。自我暗示一般可以分为消极自我暗示和积极自我暗示两种。通常，消极的自我暗示导致消极的行为，而积极的自我暗示则刚好相反。消极的自我暗示，如某法官走上工作岗位后第一次开庭时暗示"我第一次庭审在公开场合发言肯定会紧张得哆嗦""我总是这么胆小"，会强化个性中的弱点，唤醒潜藏在心灵深处的自卑、怯懦、嫉妒等，从而产生消极负向的情绪。积极的自我暗示，如"我能行""我可以的""我能做好""尽管是第一次开庭"，但今后将是我的常态化工作，对我而言都是小菜一碟"等，能令我们保持良好的心情、乐观的情绪，让我们更加自信，在不知不觉之中对自己的意志、心理以至生理状态产生积极的影响，帮助我们最大限度地调动自己的主观能动性。

言语蕴含着神秘的力量，对人们的心理状态和情绪有着暗示、指导和调节作用。因此，当我们在生活中遇到情绪问题时，可以用积极的语言对自己进行心理暗示，以缓解不良情绪，保持心理平衡。比如在遇到人际冲突时，我们可以在心里默想或用笔在纸上写出下列词语："淡定""三思而后行""退一步海阔天空""将军额上能跑马，宰相肚里能撑船""每个人都是不完美的"。通过以上方式进行积极的自我暗示，能帮助自己逐渐化解不良情绪，最终平和心态。

3.注意力转移法

注意力转移法，就是把注意力从引起不良情绪反应的刺激情境，转移到其他事物上的自我调节方法。注意力转移法，一方面阻断了不良刺激源，防止不良情绪的泛化、蔓延。另一方面，个体通过参与自己感兴趣的活动增进了自身的积极情绪体验。当我们出现情绪不佳的情况时，可以把注意力转移到自己感兴趣的事情上，如：看电影、打游戏、读小说、听音乐、练书法、踢球、找人聊天等等，这样有助于情绪逐渐恢复平静。此外，在调节他人情绪反应时，也可以利用这个方法。比如，在法院庭审过程中，不少当事人都有情绪的"引爆点"，有些话题可能会导致其产生强烈的情绪反应。有经验的法官在庭审中会对此加以留意，如果观察到当事人已经濒临情绪决堤的边缘，就会立即有策略地切换话题，转移当事人的注意力，避免激化矛盾。

4.适度宣泄法

过分压抑只会使情绪困扰加重，而适度宣泄则可以释放和缓解不良情绪。宣泄是心理学中提倡的积极心理防御机制之一。在采取宣泄法来调节自己的不良情绪时，必须区分场合对象，采取合理方式，以免造成不良后果。比如，在遭遇不公、感到委屈时，我们可以向信任的亲朋好友尽情倾诉，取得他人的支持和理解；在面临较大的考试或者工作压力时，可以通过打球、游泳、跑步、做家务等方式放松心情，疏解压力……我国高校越来越重视大学生的心理健康，很多法律院校设立了心理宣泄室，法科大学生可以利用其中的器材进行宣泄，释放压力和冲动，缓解不良情绪。

5.自我安慰法

自我安慰法指的是当个体遇到不幸或挫折时，为了缓解内心痛苦，而找出一些理由来说明或辩解。这种自我安慰的方法，对于帮助人们在挫折面前接受现实、保护自己是非常有益的。比如，某位法律工作者在工作中遭遇不公平、不合理对待时，在心里默默安慰自己："一切存在的都是合理的，今天职场上看似的不公平和不合理，都是化了妆的祝福，正是因为有了这些经历，自己才能变得更加成熟、睿智、沉稳。"我国俗语当中的"胜败乃兵家常事""塞翁失马,焉知非福""失败乃成功之母""失之东隅,收之桑榆"等,常常被人们用来进行自我安慰,以缓解挫败感,消除焦虑与失望,保持情绪的安宁和稳定。

6.交往调节法

良好的人际交往可以满足法科大学生归属感与安全感的心理需要,消除孤独寂寞,增强自信心和自尊心,增进友谊,获得支持,对法科大学生情绪和情感的稳定与发展具有重要作用。实践表明,在我们情绪不稳定的时候,如果积极争取亲朋好友的辅助和帮助,主动地找信任的亲朋好友聊聊天、谈谈心,就能够在一定程度上减轻压力,缓解紧张,平复情绪,获得力量。同时,这种人际交往还有助于交流思想、沟通情感,增强自己战胜不良情绪的信心和勇气,使我们能够更理智地去对待不良情绪。比如,小周是某律师事务所的实习律师,刚刚开始实习的时候,因为对业务不熟悉,所负责的工作经常出错,小周一度对自己的能力产生怀疑,从而对前途感到迷茫。人生艰难处,小周想到了向自己的指导律师文律师求教。文律师坦诚地向小周讲述了自己执业初期遭遇的困境,充分肯定了小周的优势,并诚恳地指出了小周应当加强和改进的地方。经过交谈,小周卸下包袱,重拾信心,朝着成为优秀律师的目标一步步前进。

7.升华法

升华,指的是改变不为社会所接受的动机和欲望,使之符合社会规范和时代要求。升华是对消极情绪的一种高水平的宣泄,能够将消极情感引导到对自己、他人和社会有利的地方。生活中,最常见的升华就是"化悲痛和愤怒为力量"。比如,一个法科大学生因向某女生表白被拒而痛苦万分,但他没有因此萎靡不振、自暴自弃,而是把注意力转移到学习和工作上:努力夯实专业基础,学业成绩连续六个学期排在专业前 1%;大学期间主持 2 个校级、省部级科研项目并顺利结项;担任校"法律诊所"主任,在带好团队的同时,用专业知识服务他人,在实践中全面提升综合能力。最终,该同学如愿成功保送某知名学府的法律研究生。

第八章　法科学生的职业生涯规划与职业生涯发展能力

引　言

　　台湾生涯咨询领域大师金树人教授曾说:"一个人若是看不到未来,就掌握不了现在;一个人若掌握不了现在,就看不到未来。"①一个人的职业生涯规划对于其成长成才具有十分重要的意义,良好的职业生涯规划是其前进路上指引方向的明灯,助其越行越远。高素质法治人才的法学人才培养总目标和法律职业化要求法科学生尽早确立清晰的职业生涯目标,有未来成为法律职业共同体一员的希冀与行动将引领法科学生成长成才。本章主要阐述法科学生职业生涯规划及职业生涯发展的相关内容,具体包括法科学生职业生涯规划及职业生涯发展能力的概念,职业目标定位、职业生涯规划、职业能力展示、法科学生职业选择与发展、建立和适用社会关系网络的能力等。

一、法科学生职业生涯规划与职业生涯发展能力的概念及内容

　　首先,我们要了解什么是职业生涯规划(career planning),它是指一个人对自己的兴趣、爱好、能力进行自我了解以后,在围绕各种工作成功所必须具

---

　　①　金树人:《生涯咨询与辅导》,高等教育出版社2007年版,序言。

备的条件和要求进行分析、总结的基础上,结合时代特点,确定职业目标,并为实现这一目标所进行的一系列安排。

职业生涯规划和生涯规划不尽相同。生涯规划是从出生到死亡,它统合了人一生中的各种职业和生活角色,是一个人一生所表现出来的个人独特的发展形态。职业生涯规划要根据个人的理想、梦想和社会条件,给自己的整个人生规划出实现成功与发展的路线图和时间表,两者在方向、目的、时限、范围等方面都有所不同。另一方面,职业生涯规划又是生涯规划中不可或缺的一个部分,生涯规划的外延要广于职业生涯规划,后者的内涵要深于前者。

法科学生的职业生涯规划能力就是个体要清楚地了解自己,了解自己的兴趣、爱好、能力、职业倾向、资源及限制,以及形成这些特质的原因;也要知道法学专业的相关工作成功所必备的条件和要求、就业机会、发展前途和待遇等;同时要实实在在地推论以上两组事实之间的相关情形。由此来确认自己的发展方向,确立职业目标。

法科学生职业生涯发展能力是一个综合性的概念,它是指法科学生在职业生涯中综合运用自己的专业知识、技能和态度以促进自身职业生涯不断向前发展的能力,具体内容包括职业能力展示、法科学生职业选择与发展、建立和适用社会关系网络的能力等三个方面。

二、法科学生的职业目标定位

明确职业目标定位是进行职业生涯规划的第一步,任何学科专业的学生都要对自己未来的职业目标有一个清晰的认识,法科专业的学生亦不例外,只有对职业目标进行全面了解,才清楚自己未来的职业走向和职业发展。法科专业近年一直受到高考毕业生的热捧,每年的专业录取人数约30万人,但限于人才市场的需求以及大学毕业生的职业价值观、自身素养等各方面的差异,导致法律专业的就业率连续被亮红牌。传统的法律职业岗位容易存在就业饱和的问题,但新型的法律职业岗位在一定程度上也并未获得毕业生的青睐,法科毕业生由于传统的思维观念加之盲从的行为致使他们不清楚自己的职业目标,从而也就无法制订出完善的职业生涯规划,缺乏明晰的奋斗目标。因此,法科学生要善于寻找、分析职业目标,并根据职业目标做行动规划和相应准备。

(一)了解职位

据不完全统计,法律专业毕业生近年来主要从事以下职业:法律专业人员,如法官、检察官、司法鉴定人员、律师、书记员、公证员、公司法律顾问、法学科研教学、警察、公务员等。[①] 按照法律毕业生的学位划分,一般大部分的法律本科生和硕士研究生主要流向法院、检察院、律师事务所以及公司法律顾问,而法学博士研究生则主要流向法学科研教学,故对于职业目标的定位与法律专业学生的学历也存在一定的关联,但上述法律本科、硕士、博士的毕业生职业目标走向仅代表大多数法学专业学生的职业选择,不具有绝对性和固化性。假如职业目标定位是制定职业生涯规划的第一步,那么了解法律专业的相关职业岗位就是做出正确职业目标定位的前提。了解法律职业应当从有关职业岗位的目前状况、发展前景以及基本要求等方面入手,我们以法官、检察官为例,来展示这种职业岗位的相关具体情况。人民法院和人民检察院历来是法学专业学生就业的主要领域,也是法学专业学生"专业对口",实现职业理想的重要目标。[②] 从行业现状和发展前景来看,人民法院和人民检察院一直备受社会的尊敬,在法学毕业生的心目中,法官和检察官是正义的化身,是将法律条文付诸实践的执行者,并且作为国家政府机关之一其地位举足轻重,受到毕业生的追捧。但随着人民法院和人民检察院内部编制趋向饱和以及员额制改革,法学毕业生入职人民法院和人民检察院的竞争愈发激烈,无法成为员额制的法院和检察院人员在晋升、薪资待遇等方面都要远远落后于员额制人员。从基本要求方面来看,人民法院和人民检察院均要求毕业生通过法律从业资格考试 A 证,个别地区放宽至 C 证。[③] 由于法院和检察院是法律实务操作性很强的政府机关单位,需要具有丰富的法律知识和扎实的法学理论、精良的逻辑思辨能力和较强的语言表达能力、深厚的人文素养和宽广的科学知识。在这样的条件下,经济发达地区的大部分法院、检察院将毕业生的学历要求上升至硕士研究生或者博士研究生,律所中大多数的"红圈"所也将入所的门槛提高到硕士生以上。法官、检察官、律师是法律实务操作性很强的法律职业,需要职业化能力较强的毕业生,也就是要求毕业生具有丰富的法律知识和扎

---

① 解廷民、蔡荣生:《法律专业学生求职选择》,法律出版社 2007 年版,第 11 页。

② 解廷民:《法学专业大学生职业发展与就业指导》,高等教育出版社 2008 年版,第 4 页。

③ 解廷民、蔡荣生:《法律专业学生求职规划》,法律出版社 2007 年版,第 63～64 页。

实的法学理论、较强的逻辑思辨能力和语言表达能力、沟通能力和深厚的人文素养。

因此，有志于将法官、检察官、律师等法律职业作为职业生涯目标的法科学生，应当着重培养以上职业化能力，提高职业胜任力。

（二）自我认知

希腊圣城德尔斐神殿上有句著名箴言——认识你自己。自我认知就是了解自己、认识自己的过程，也就是一个人通过对自己的不断觉察和了解，对自己的性格、兴趣、价值观、技能进行充分了解和探索的过程。只有了解自我，才能发展自我、实现自我。在确定职业目标定位时，法科学生也首先要学会自我认知，在繁多的职业岗位中选择最适合自己的位置，避免毫无目的地盲从和跟风，一切从实际出发，只有这样才能积极地投身于未来的职业发展当中去，实现自我价值与社会价值，否则，就会出现对未来职业产生懈怠、厌烦甚至持续性跳槽的不利后果。那什么是自我认知？如何进行自我认知呢？自我认识就是要正确、全面认识自己的优缺点，正确认识自我与社会、个人与集体的关系。[①] 只有当我们正确认识自己的时候，我们才能在自己热爱的职业岗位上扬长避短或者为了自己喜欢的职业岗位补短板，比如说硕士研究生学历 A 同学的职业目标是能进入高校当一名大学教师，因而，A 同学需要着重考虑自己在攻读硕士学位时是否具备相应的科研能力和学术素养来完成博士阶段的学业，如果 A 同学不具备一定的科研能力和较高的学术素养，极有可能在攻读博士学位阶段陷入延期毕业的窘境，甚至出现荒废学业、对学术钻研出现抵触情绪，最后辍学的不利后果，不仅浪费了时间和青春，更多的是错过许多就业的机遇，得不偿失。又如 B 同学的职业目标是进入某省的省高院或省检察院，职位要求必须通过法律从业资格 A 证，同时具备硕士研究生学历，B 同学发现自己在学术科研方面欠缺兴趣与潜力，就计划尽早进入社会就业，于是经过权衡利弊，B 同学选择了某大学两年制的法律硕士专业（侧重实务培养），为日后实现职业目标做准备。通过上述两个案例的分析，足见自我认知对大学生未来职业目标的定位具有重大的影响，既可以有助于找准前进的方向，又可以成为推动力。有学者将自我认识进行细致化的分类，包括兴趣、人格、能力、价值观等方面，笔者要重点阐述兴趣的自我认知。著名心理学家叶奕乾曾言：

---

① 　吴隽：《大学生职业生涯规划与创业教育》，高等教育出版社 2014 年版，第 21 页。

"兴趣是个体力求认识某种事物或从事某项活动的心理倾向,它表现为个体对某种事物或从事某种活动的选择性态度和积极的情绪反应。"[①]以 2019 年上海市高考生严一粟同学为例,该同学高考 618 分(满分 660 分),全市排前 50 名,他拒绝了北大清华的邀请,选择了哈尔滨工业大学探测制导与控制(航空方向)专业。当被问及为何做出这样的选择时,严同学回复说自己有从事航天工作的理想,这里的理想其实就是兴趣。因此,"兴趣是最好的老师"这句话影响着一代又一代的学生做出自己喜爱的职业目标定位。自我认知的方法也是多种多样,有自我总结法(又称自我归纳法)、360°评估法、橱窗分析法、职业测评法、专家咨询法等,[②]这些方法并不复杂,一般通过自己构图或者现成的图表就能完成测试,在此不再一一赘述。

(三)实践出真知

邓小平同志曾在中共十一届三中全会上提出"实践是检验真理的唯一标准",职业目标的定位也需要不断地通过实践来检验自己的职业目标是否适宜。实践的阶段可以按照年级的不同进行类别化的设定,以法学专业本科教育为例,大一至大四的学习过程可划分为认识实践、专业实践、学术实践和就业实践四个部分。[③] 认识实践是指法学专业学生在大一时,实践的内容要更多地侧重于认识社会、认识人际交往、认识校园活动,因刚升入大学,对大学专业理论知识的掌握尚处于基础阶段,无法进行专业方面的实践,所以,学生要更多投入其他领域的实践当中,不断积累在社会中生存所需要具备的条件和技能,总结经验教训,为后期的职业目标定位做好准备。如 C 同学在大一阶段参加了各种校园社团组织开展的实践活动,社交能力和语言表达能力都获得较好的训练和提升,为日后成为一名优秀的律师打下了坚实的基础。

专业实践是指法学本科生在大二或大三年级经过专业课程的锤炼后,对专业知识的掌握拥有了一定量的积累后,利用假期或者业余时间走出校园,走进社区,参与各种形式的法律服务活动,将自己学到的理论知识应用到社会实践中,不断地检验自己掌握的法学理论知识,弥补理论上的不足或更好地消化

---

① 黄东斌、黄琳:《大学生职业生涯规划与自我管理》,人民邮电出版社 2017 年版,第 52 页。

② 王璐、李翠萍、朱秀芬:《大学生职业生涯规划》,高等教育出版社 2018 年版,第 44～47 页。

③ 高桥、葛海燕:《大学生生涯与职业规划》,清华大学出版社 2007 年版,第 157～158 页。

与吸收复杂的法学系统知识,当然,法律专业的学生要充分把握好到法院、检察院、律师事务所和公司进行专业实习的机会,加快对不同法律职业岗位的认识与了解,为职业目标的定位提供更好的指引。学术实践是指有志于继续深造的同学应当在大三年级对法律热点问题或颇具学术争议的观点进行系统化、专业化和理论化的论述,对实践中的问题进行法律层面的阐述,或者对法学领域的争议观点发表自己的看法,而这一过程也更能折射出法科学生是否具备日后成为法学专业教学科研人员的潜质。就业实践是指即将毕业的大四学生根据自己的喜好、能力选择合适的单位进行实习,这一阶段不同于学校组织的专业实习。大四意味着一名学生应当掌握了该学科的基本理论,能够较好地运用所储备的知识解决社会中出现的问题。这一阶段的实习更多的是与就业接轨,经过四年的大学生活,可能每位学生的职业目标都会处在变化之中,除考研的同学之外,大多都会在毕业前要做出一个较明确的决定,而大四阶段的就业实习很大程度上起到了决定性的作用,很多同学会在毕业实习的最后时刻决定是否进入同类型的单位,这也就印证了"实践出真知"的真理。

三、法科学生的职业生涯规划

职业生涯规划是大学的必修课程之一,大多数高校都开设了大学生就业指导和职业生涯发展的课程,我国每年近 2/3 的大中专毕业生会在毕业后直接选择就业,而提前做好职业生涯发展规划是进行正确职业选择的关键环节。职业生涯发展规划是指结合自身条件和现实环境,确立自己的职业目标,选择职业路线,制订相应的培训、教育和工作计划,并按照职业生涯发展的阶段实施具体行动,以实现职业目标的过程。[①] 大学期间是青少年价值观、人生观、世界观发展的关键时期,影响着他们人生的走向,同时也对他们未来的职业选择产生深远影响,除了学校和社会提供形式各样的理论学习和实践操作的机会外,更多的还需要大学生自己做好职业生涯规划的准备,主动解决未来职业选择中可能出现的各种问题。

---

① 黄东斌、黄琳:《大学生职业生涯规划与自我管理》,人民邮电出版社 2017 年版,第 34 页。

(一)法科职业生涯规划的制订

法科职业生涯规划同其他专业学生的职业生涯规划制订大体相同,但在测评的内容选取方面侧重点不同,法科职业生涯规划的制订一般要考虑两个因素,即内部因素和外部环境。内部因素一般包括个人的兴趣爱好、专业技能、性格、能力等,外部环境包括国家政策、用人单位的需求、学校的知名度、人脉关系等。法科职业生涯规划的制订要按照以下几个步骤完成:

第一,自我认知。全面地认识自己,包括缺点和优势,这是确定职业目标的前提,只有找到适合自身特点发展的职业岗位,才能最大程度地发挥自己的作用。第二,评估法科相关的职业环境。大学生在四年的学习过程中,职业目标会随着外在环境和自身能力素质的改变而变化,可能四年的时间就会出现几个不同的职业目标,这属于正常的现象,对于每次重新定位的职业目标,都要进行相关的环境因素评估,包括组织环境、政治环境、社会环境、经济环境等。① 第三,形成行动方案。目标一旦确定,就要针对该职业目标制订详细的实施方案,这一步骤是职业生涯规划中最为重要的部分,因为这一阶段属于实践操作程序,一切都要落实到具体的行动当中。当然,可以将职业生涯规划行动方案的时间进行分割式安排,即把长期目标分割成数个短期目标,每个短期目标的实现时间根据自身的实际情况加以确定。第四,评估、反馈、调整。辩证唯物主义认为"运动是绝对的,静止是相对的,一切事物都处于运动变化之中",社会环境和人类发展同样如此。所以,大学生要在职业生涯行动方案的基础上有意识地搜集相关信息和评价,总结经验教训,深化对自我的认识,修正职业生涯目标,调整职业生涯策略。② 目前,大学生职业生涯规划设计的主要方法包括自我规划"五步法"(又称为5W),即你是谁、你想做什么、你能做什么、环境辅助或能允许你做什么、你的职业生涯规划是什么;SWOT 分析法即 Strengths(优势)、Weaknesses(劣势)、Opportunities(机会)、Threats(威胁)等,无论采用哪一种方法进行测评,都是围绕职业生涯规划的制订而展开的,职业生涯规划的制订对大学生未来的职业选择和就业岗位会产生诸多积极影响,比如增强个人实力、提升成功的机会和就业实力等。③

---

① 陈兰云、胡继兰、王芳倩:《大学生职业生涯规划》,科学出版社 2016 年版,第 41 页。
② 陈宝凤:《大学生职业生涯规划》,北京大学出版社 2016 年版,第 36 页。
③ 吴隽:《大学生职业生涯规划与创业教育》,高等教育出版社 2014 年版,第 98 页。

（二）法科职业生涯规划的原则

法科职业生涯规划的原则具有整体性、宏观性和指引性的作用,作为法科职业生涯规划的重要组成部分,应当贯穿于法科职业生涯规划的始终。法科职业生涯规划的原则一般包括以下几点:

第一,明确性。法科学生在制订职业生涯规划时,职业目标一定要具体、明确,不能存在模糊、界定不清或者笼统的现象。职业生涯规划实施的时间分配和内容划分也要详细化,要有标准可以衡量,这样才能每天按照职业生涯规划进行实践化操作,防止因各项内容的不明确性导致自己无法按部就班地开展学习工作。

第二,适当性。每个人在家庭环境、经济来源、学历背景以及能力素养等方面存在差异,也就意味着每个人的职业目标定位是不同的,每个人都应当根据自己的实际情况选择正确的、合适的职业目标。职业目标定位太低,无法实现自己的人生价值;职业目标定位太高,无法获得自己理想的职业岗位,容易挫败积极性,所以选择适当的职业目标是至关重要的。

第三,可实践性。职业生涯规划的制订应当具有可操作性,衡量的标准也要切合实际,例如,在职业生涯发展规划制订的过程中,我们可以把职业目标拆分成数个小目标,将某一个任务细化为数个小任务,通过逐一攻破的方式获取最终的成功,在拆分、细化的过程中要保证每个小目标和小任务具有可实践操作性,不能不顾及外在因素的影响或者照搬他人的规划和路径。[1]

第四,可持续性。这里的可持续性原则要求制订职业生涯发展方案时要考虑到职业生涯发展规划的整个历程,[2]即从职业目标的定位到职业发展路线的选择再到职业生涯规划的实施行动都要保持前后的一致性。除此之外,个人职业发展目标也要和企业单位、国家政策等外在环境的目标协调一致,因为离开外在的环境,就没有个人的职业发展方向,甚至难以在企业、社会中立足。[3] 如一家法务公司想拓展海外业务,需要法务人员懂得一定的国际法,可是这位法务人员不懂国际法、不懂外语,也不愿意进行这方面的培训和规划,与整个企业的发展方向相悖。

---

①　孙文博:《大学生职业生涯规划》,北京交通大学出版社 2016 年版,第 99 页。
②　李法顺:《大学生职业生涯规划》,东南大学出版社 2006 年版,第 137 页。
③　吴隽:《大学生职业生涯规划与创业教育》,高等教育出版社 2014 年版,第 104 页。

第五,可评估性。职业生涯规划之所以要具有可评估性,是为了能够及时对职业生涯规划的内容进行修改和完善,通过设立一定的检验标准,来检查职业生涯规划是否需要修订,提高职业生涯规划的质量和可完成度。除了对职业生涯规划的内容进行内在评估以外,还要定期对外在环境的变化进行阶段性评估,让职业生涯规划与社会环境接轨,做到相互适应。

法科学生在制订职业生涯规划时,将职业目标与行动计划相匹配,可以将目标与计划拆分为数个小目标、小计划,即先制订一个总的职业目标、行动计划,再依次制订大学四年的总目标、行动计划,学年与学期目标、行动计划,使职业生涯规划符合上述六个原则,并付诸实际行动,方能实现目标,成为合格的法科人才。

(三)法科职业生涯规划应注意的问题

常言道"人生360行,行行都可出状元!",法科职业生涯规划亦是如此。法科职业生涯规划并不是简单地进行书面测评或者随意制订职业生涯规划方案,法科职业生涯规划在制订的过程中有很多问题是很容易被我们所忽视的。因此,我们应当着重关注以下几个问题,避免剑走偏锋,误入错误的职业方向。

首先,就是自我认识存在不客观性、片面性的问题。当代大学生的自我中心意识非常强烈,加之90后、00后多以独生子女为主,在家庭被奉为掌上明珠,因而很容易在思想上形成浓厚的"以自我为中心"的意识,往往对他人的批评持反对意见甚至抵制他人对自己的评价或建议,这里面包括父母、老师和其他同学等,这在一定程度上也导致大学生无法对自己进行全面客观的衡量,因为他们只注重自身的优点,避而不谈自身的劣势,或者明知道自身的缺点,也不愿意承认。基于此,大学生在制订职业生涯规划时,要善于倾听来自不同途径对自己进行的评价,并对自身做出客观、公正、正确的认知,为职业生涯规划的制订做好准备。

其次,就是职业目标定位过于理想化、不明确的问题。有远大的理想和抱负是非常不错的,但在制订职业生涯规划时要避免不切实际的泛理想化职业目标,比如D同学在毕业前未获得法律从业资格证,而他的职业生涯规划就是立志当一名人民法院的法官助理,这种职业目标是空想化、无法实现的,这也导致D同学制订的职业生涯规划无法实施。比如E同学的职业目标就是当一名法律从业人员,至于具体从事哪个职业方向并不确定,因此E同学制订的职业生涯规划就不具有可操作性,因为法官、检察官、律师、公司法务等属于不同的职业选择,故而职业生涯规划的实施措施就大不相同,这种模糊不清的职业目标是无法实现的。所以,在确定职业目标时,务必精确、准确、具体。

最后是职业生涯规划方案的实施阶段。职业生涯规划方案的实施是确保职业目标得以实现的重要保证,大学生的职业生涯规划方案实施的时间进度和内容划分完全由自己来决定,所以,该方案的实施很可能具有很大的主观任意性色彩。当然,也不排除大多数的大学生会严格按照程序和步骤实施职业生涯发展规划方案。只是大学生在制订职业生涯规划方案时要注意方案的可实践性,不要罗列一堆不可能完成的任务或大篇幅的陈述自己的理想,要结合社会实践不断地去补充、修改、完善职业生涯规划方案,使其具体可操作。

四、法科学生的职业能力展示

(一)撰写求职简历

求职简历是求职者的第一张脸,对法科毕业生尤为如此。一份卓绝的简历不仅能让求职者从众人中脱颖而出,顺利入职,也会使招聘单位对其高看一眼,给予更多更好的待遇和评价,因此,学会撰写一份优秀的简历就成为职场新人的必备能力。法科毕业生要进入律所、企业(公司)、公证处等单位从事法律职业,求职简历是展示其能力及与岗位匹配度的一张"名片"。

1.撰写个人简历的三个前提

在争夺人才的大战中,企业考虑的是如何在最短时间内获得更多更优质的人才,这是每一个趋利型企业必然的选择。求职者的目的是通过个人简历清晰地将自己的经历、经验、能力都能展现出来,以获得招聘者的青睐,进入下一个环节(如面试)。那么,作为求职者在个人简历中需要做的是如何在短时间内给招聘官留下最深刻的印象,从而获得这份工作。撰写个人简历首先要注意的三个前提是:

第一,简历不宜过长。如前文所述,企业(公司)等招聘单位追求的是效益最大化,故浏览一份简历所花费的时间是非常有限的。冗杂的简历只会让招聘单位认为求职者的概括能力以及写作能力不足,并不会因此觉得你的经验丰富,毕竟多数单位都是有面试环节的,甚至还会有二面、三面等,这些环节更能全面发现求职者的能力及与招聘岗位的匹配度。综上所述,一般来讲,法科毕业生简历的内容最好控制在一张 A4 纸幅面,这样既能控制版面内容,突出重点,排版也简洁、明快,给人一种视觉上的美感。

第二,简历三要素。如何在一张 A4 纸上展示求职者的人生经历? 这非常考验求职者撰写简历的能力。该有的要素一定要有,如姓名、求职方向(岗位)、联系方式,这些是必须写在前面的。[①] 当一个企业拿到一份简历时,他需要快速了解求职者是不是"对的人",以及进一步联系你的方式。姓名是必不可少的要素之一,在笔者接触到的法科毕业生求职简历中,没有署名的同学大有人在,他们往往是注重简历的其他内容的撰写,却忽略了这个最基本的,可以区分你和他人不同的最重要的要素;求职方向是求职者和招聘单位的暗号,以确认求职者是否为单位需要;联系方式则是进一步找到求职者的线索。对应到简历里就是姓名和求职方向,不说基本情况则对方不知你是否是与招聘岗位相匹配的人选。

第三,STAR 法则,STAR 法则可以为简历大大加分。STAR 法则由情境(situation)、任务(task)、行动(action)和结果(result)四项的英文首字母缩写而成,在简历中运用 STAR 法则,好处就是让招聘者清楚了解事情是在什么情况下发生,你是如何明确你的任务的,针对这样的情况分析,你采取的行动方案是什么,结果如何,在这样的场景下你学到的是什么,可以运用在以后工作的是什么。也就是将个人的亮点及与应聘岗位相匹配的能力与特质放在简历的前 1/3 处,让招聘者第一时间就能看到,这是让简历顺利通过筛选获得面试机会的关键。比如法科毕业生拟投律所律师助理,应当在简历的前 1/3 处列上姓名、电话、教育背景、是否过法考、实习经历、与职位相匹配的特质或奖项,这样可以在最短的时间吸引到招聘人员的注意力,以获得聘任机会。

2.撰写简历需注意的四个问题

首先,求职者在简历上一定要"投其所好",建议求职者针对不同类型的招聘单位准备不同的简历。例如针对律所招聘律师,获得法考职业资格证书是前提,在大律师事务所实习的经验、参加辩论赛的经历都会为求职者加分不少;针对企业法务,一些必要的证书(如法律职业资格证书)、企业经营模拟大赛的经验则显得更为重要,简历上就要把这些重要事项列到醒目的位置。

其次,是学历、学校名称、籍贯的问题。之前在提到简历内容时,这三个并

---

① 李法顺:《大学生职业生涯规划》,东南大学出版社 2006 年版,第 250 页。

非被认为是必备项目,原因是这三项内容很容易形成学历歧视和地域歧视。但这也不是绝对的,如果求职者是 985、211 的学生,或是国内专业排名顶尖的名校,写上学历和学校名称会增分不少。比如法科毕业生向一家律所投简历,名牌政法大学就为其增加了一道亮光,这就是学校金字招牌的魅力。关于籍贯,这要具体问题具体分析,一般而言,如果求职者在家乡求职,那么写上籍贯更容易使招聘人员感到亲切,毕竟有一种情怀在里面。且更重要的是他会更相信求职者的职业稳定性,对其市场环境、人际往来更加熟悉。

再次,是列举的奖励证书的选择。前文说过并非所有证书奖励都有必要写进求职者的简历,只有与职位匹配度最高、有代表性的奖项证书才能为简历增彩。作为法科生,最重要的资格证书就是法律职业资格考试的证书,这是法科生成为法律人的一块敲门砖,如没有,求职者获得法律职业岗位的机会就会大打折扣。紧接着是实习经历,如果应聘者应聘一份法务的工作,那么在企业公司的实习经历更为合适;如果求职者应聘一份律所的工作,那么在大律所或是法院、检察院的实习经历更吸引人。这也就是前文所述的人职匹配度问题。没有最好的职业,只有最合适的工作。除此之外,简历上还需要列举其他的证书及相关经历,这些也要根据与职业的匹配度来确定是否列上。想进入外企的求职者,外语等级证书必不可少;想进入国企的求职者,党员的身份让其更有信赖;想进入金融行业或接触经济案子的求职者,SAC、ACCA、CPA 证书可能更值得关注。总之,这部分内容的决定权在于企业单位对这个岗位的要求,求职者能做到的是按方给药,这样才能获得关注。

最后是简历的立场。撰写个人简历不免需要进行一定程度的美化,但切忌过度。过于夸大会给招聘单位留下一个不值得信任的不良印象,于求职而言百害而无一利。特别是处于信息获取极其发达的今天,调取、了解一个人的过去经历轻而易举,说谎只能自制罗网。但另一个方面,求职者也不必过于谦虚。简历就是向外推销自己的广告单,产品不好,顾客凭什么青睐?所以展现自己最好的一面是一份个人简历的应有之意。再说另外一个立场,即简历不仅仅是过去式,也是将来时。虽然简历更多的是过去式,但也要体现出将来时。求职简历要反映自己能做什么,做过什么,还要反映做得如何,具备哪些素质和能力,从而给用人单位一个醒目的印象。[1] 招聘单位真正需要了解的不是你的过去怎样,而是未来可以给企业单位带来什么,这样的目的驱使着求

---

① 李法顺:《大学生职业生涯规划》,东南大学出版社 2006 年版,第 250 页。

职者的简历必须表现出这一点,以争取这一岗位。

(二)获取就业信息

身处一个信息大爆炸的时代,这既是求职者的大幸,也是求职者的大不幸。虽然增加了工作机会,但同时也使求职者承担了求职风险。通过合理合法渠道获取信息。以及避开信息获取的雷区则是每一位法科生求职者的必备技能。

1.获取就业信息的渠道

(1)校园宣讲会、双选会。作为准备就业的法科毕业生,在职场上还是一个门外汉,那么对于招聘单位资质、市场行情可能不太了解,很容易上当受骗。校园的宣讲会、双选会则为毕业生提供了一个更安全的平台。作为参加宣讲会、双选会的招聘单位,它们都是经过学校就业部门审查资质之后才推荐给学生的,在安全性上是值得信赖的。另外在校园的双选会、宣讲会上,有些单位是由校友负责宣讲、招聘的,这种母校情怀是其他渠道所不具备的。

(2)就业指导中心发布的就业信息。这一渠道与上面提到的双选会、宣讲会渠道类似,但又有所不同。在高校就业指导中心的网站上,就业信息更多、时效性更强、交流更方便,毕业生们可以在线上交流比较,节省了大量的时间和精力,更有效率。而对企业单位来说,这种渠道既可以定向招聘各个学校专业的人才,又可以通过学校了解学生更多的信息,双向的信息流动,更利于求职双方的选择。

(3)学校及家乡所在地的省市人才交流中心的现场招聘会。各地市的人才交流市场是一个比较系统、成规模的求职渠道。它通过对本市大数据的收集分析,对这些信息进行分类加工处理,按照一定的标准对外发布,以备查询。[①] 这种渠道收集的信息广,且有一定的针对性,内容也十分丰富,不局限于一校,甚至有的城市和其他城市联网合作,所拥有的信息不局限于一城,这样一来,更合适、优质的岗位就通过这样的渠道到达求职者的身边,供其选择。

(4)校友、亲友等人脉资源。这是一种更具针对性的渠道,对于刚刚准备踏入职场的毕业生来说,前辈的经验和人脉是一笔不小的宝藏。校友们出于对母校的情怀,更愿意给求职的学弟学妹以必要而合适的帮助,提供需要的信息,给出合理的建议,向所在企业单位推荐,这些对于求职者来说是非常有效

---

① 蔡荣生、解廷民:《法律专业学生求职攻略》,法律出版社 2007 年版,第 44 页。

的。另外,亲友的辅助也同校友的辅助一样,都是求职者接触到优秀资源的途径。这种渠道一则是成功率更高,二则是所可能获得的职位与求职者自身更匹配、更合适。

(5)其他大型就业网站。随着技术的成熟,网上举办招聘会变得越来越简单。各种就业网站、App 也层出不穷,这些网站会提供信息量较大的就业信息。如智联招聘、58 同城等;教育部也联合中国高校毕业生就业服务信息网和中国企业人才网举办网上双选会,这些新渠道、新途径也是值得求职者关注的。

(6)用人单位自己的网站。一些用人单位在本单位的网站上上传一些招聘信息,这也是一种寻找就业机会的渠道。这种渠道的针对性很强,求职者一般是认准了这一单位或是这一职业,这对于企业单位来说,既是宣传自己的窗口,也是招徕人才的手段,毕竟人才永远不嫌多。求职者通过招聘信息,可以对比自己的条件,通过用人单位留下的联系方式,向自己心仪的岗位发出求职意向,获得就业机会。

2.获取就业信息的雷区

雷区一:自我评价值过高,眼高手低。作为一名恃才自傲的法科生,对工作条件有合理期待并非一件糟糕的事情,但对自己一定要有清晰的认识。由于没有经验、没有人脉,这样的现实就决定了新人未必会得到优厚的待遇,甚至可能会大大低于预期。而针对法科生而言,这一点又非常明显。一方面,法科生受到影视剧的影响,认为法律职业很厉害、很威风;另一方面,一般法科生在校侃侃而谈,功课非常优秀,但一出校门,往往会被现实一巴掌打醒。当第一次进入实务工作发现学校的理论知识用起来并不是那么顺手,代理案子也不仅需要口若悬河,更重要的是高高在上的荣誉感在打杂、复印文件等琐碎的工作中跌碎一地,这种挫败感使得拒绝就业和跳槽的人数增加,基础工作无人愿意去做,加剧了"热门进不去,冷门不想进"的现象。

雷区二:眷恋大城市的繁华,偏爱国企、外企、机关、事业单位等。首先,单纯从就业机会而言,大城市确实比中小城市要多一些,工作待遇也更好。据"北京高校毕业生就业意向"调查显示,在选择就业地域时,68.6％的人首选北京,排在第二位的是经济发达的大中城市,占 17.5％,而选择小城镇的比例仅为 1.56％。[①] 但凡事有利必有弊,在大城市就业机会多不假,但优秀的人才相

_____

① 蔡荣生、解廷民:《法律专业学生求职攻略》,法律出版社 2007 年版,第 196 页。

应也多,一般求职者与之竞争,未必可以得到理想的工作岗位;工作待遇好不假,但城市的消费水平也是值得考虑的,大城市的租房、生活成本与工资之间的经济账还需仔细计算。其次是偏爱机关、国企、外企的岗位。想进入这些企业单位并不是坏事,能进入并为之服务既是求职者个人价值的实现,也是服务了社会。但是岗位空缺毕竟有限,想进入的人才更多,那么单位只会优中选优,选择更适合岗位要求的优秀人才,那么这些岗位对于大多数求职者来说只是"水中月、镜中花",可望而不可即。对于以上两种倾向,求职者应放低姿态,正确评估自己的实力,"衡外情,度己力",做出合适的选择。

雷区三:对虚假就职信息的甄别不够敏感和警惕。上文提到的渠道很多,但其可靠性需要求职者自己把握。一般而言,可信赖度是从渠道一至三逐次递减的,即校园双选会、宣讲会的可信度最高,企业网站的可信度最低,当然这也不能以偏概全。求职者在选择任一渠道时,必要的敏感和警惕是必须的。一方面不盲目跟风攀比,脚踏实地,综合自己实力,审慎选择合适岗位;另一方面不被利益冲昏头脑,在高薪、休假、企业年金、升职等企业单位开出的福利待遇面前保持清醒,最好将之落实到劳动合同中,以免入职后用人单位变卦。再者就是涉及诸如就业保证金等钱财给付时更要谨慎,作为法科学生,《劳动法》《劳动合同法》《社会保障法》关于劳动者权益保障的内容务必牢记,以便及时运用。

(三)求职面试准备及技巧

求职者接到面试通知肯定是十分激动的,但收到面试通知仅仅是第一步,想要成功获得这份工作,需要认真对待面试。

1.面试前的准备

首先,求职者需对面试单位的信息全面了解。当然面试前求职者已经有了对面试企业单位最初的印象和初步的了解,那么进入面试阶段首先要做的是进一步了解这个企业单位。求职者需要运用各种手段渠道,全方位多角度地了解即将进入的企业单位的情况、应聘岗位的情况等。这样的了解一则是防止自己落入"皮包公司"的骗局,二则是再次准确了解这些岗位,确认自己是否真的适合这份工作,三是应对面试官关于"你为什么选择我们律所(公司)""你对所从事职位的了解是什么"等一系列问题。

其次,是材料的准备。面试前要做好充分的自荐材料准备工作,自荐材料包括简历、支撑材料、学历证书等,其他材料包括纸、笔、纸巾等,女生还需要准备口红、粉饼等补妆用品。在自荐材料中,简历无疑是最为重要的。首先,简历一定要多备几份,如果提前被告知了面试官人数,则一般多准备 1~2 份;若没有告知,则一般至少准备 3~5 份,以免出现面试当场简历不够的尴尬情形。此外,简历的打印纸张选择也很重要。一般建议简历尽量选择厚一点的纸张打印,这样一方面显得更正式厚重,另一方面也不易损坏,保存持久。支撑材料和学历材料要准备复印件,也要将原件随身携带,以便查验。其他材料的准备因人而异,不过需牢记:无论准备什么材料,其目的都是向面试官展示最好的自己。

再次,仪表礼仪和心态准备。良好的仪表礼仪将会为求职者的面试加分不少。仪表的最低要求,首先要做到的是仪容头发、服饰干净整洁,大方得体。不同社会地位、不同职业的人的穿着应该是不一样的。故在衣着方面,则需要针对面试的岗位而定。法科学生应聘的单位一般来讲比较正式,因此法学学生的言行、着装要与自己的社会角色相匹配。法学专业大多数求职者面对的岗位是律师或法官、检察官等,那么就需要穿着庄重大方的服饰,选择正装、职业套装不容易出错。如果选择企业面试,那么需要适当考虑企业文化的影响,例如进入动漫公司则可以适当穿得活泼一点,进入运动服装企业可以穿得略微休闲。在面试前不仅关注仪表礼仪,且要关注自我状态。既然进入面试,那么就需要对自己有信心,保持积极、主动的心态,增强自己的心理承受能力,适应面试所带来的心理压力。

2.面试中的注意事项

(1)面试礼仪。一场面试长则不过二、三十分钟,短则只有几分钟,在如此有限的时间里,面试官不可能完全了解每一个面试者的各个方面,而面试中求职者每一个细节的表现就成为面试官了解这个人的最好方式。在整个面试的过程中,求职者需要的是保持基本的礼貌礼节和不卑不亢的态度。进入面试首先向面试官问好,再进入接下来的步骤;在自我介绍及回答问题时应保持风度,态度诚恳,语言流畅,语调平和;最后在离开面试现场时起身向面试官致谢告别。

(2)提问和回答的技巧。面试不是单向的活动,而是一种双向的交流,故作为求职者也可以向面试官提出一些自己关心的问题,但怎么提问以及如何回答则是求职者需要持续学习和练习的。首先,问题需要和工作相关,表达出自己对于这个岗位的熟悉,发挥自己的强项。其次,提问需要直截了当,正如上文所提到的整个面试时间并不长,因此,如有重要问题需要了解,求职者最好直接提问,以免面试官云里雾里,不知所云,耽误更多求职者展示自我的机会。最后,提问要注意语气。提问虽需要直截了当,但并不意味着口气蛮横、过于直白,在提问时注意语气谦虚有礼,用语妥当,向面试官表达出真情实感。

(3)在回答问题方面。首先需要注意的一点是切忌不懂装懂,胡乱作答。作为学生而言,存在知识遗漏和经验不足是很正常的事情,但要谨记"知之为知之,不知为不知"的道理,即使没有给出满意的答案,也要表现出诚恳的态度。其次是回答问题最好分成若干要点,层次清晰,条理明确地作答,显得更有逻辑性,如法科学生要善于利用法言法语,这样才显得更为专业,别人听到谈话中有专业术语时,就会特别注意,会增加交谈的效果。

3.面试后的回应

面试过后会有四种结果:一是求职者成功上岸,成为职场新人;二是被通知进入下一轮的考核,继续接受考验;三是抱歉通知,直接被刷;四是沉寂数日,杳无音信。针对这四种情况,求职者需要做的反应也不相同。首先,如果是在一家单位已成功录用的求职者,那么需要做的是及时向之后表示拟录用或正在考虑的单位做出反馈,婉拒或接受这份工作。其次,如果是被通知进入下一轮面试,那么及时回复复试信息,继续准备,接受考核即可。再次是第三种情况,即不幸没有得到这份工作,在这种情况下也需要保持理性和基本礼貌,向招聘单位回复消息,对他们的工作表示感谢,对自己这次没有机会入职感到抱歉。这样的回复可表达对用人单位的尊重,让对方感觉到求职者的风度,就此甚至峰回路转也未可知。第四种是最复杂的情况,可能是用人单位用沉默的方式拒绝,也可能是出现其他情况,甚至用人单位在统计入职新员工时出现遗漏。在这种情况下,求职者需要做的是及时跟进,一则如果用人单位确定了招聘结果公布时间,那么在这个时间点之后可以去电或去函进行询问;二则如果没有确定的公布时间,一般情况下面试结束后一周左右的时间致电或邮件询问比较合适。

五、法科学生的职业选择和发展

职业选择和职业发展是法科大学生制订职业生涯规划的最终目的,简单来讲,就是通过职业生涯发展规划方案做出正确的职业选择,在未来的职业岗位上能够获得更好的发展空间。但职业生涯规划方案仅仅是一种辅助工具，体现的是制订主体的主观意志，所以职业选择和未来的职业发展空间最大的决定权仍然掌握在法科大学生的手中，这就在一定程度上要求法科大学生要找到适合自己的职业岗位、树立正确的职业观、避免职业误区等。

（一）适合自己最重要

自我认知的目的就是能让大学生全面、客观、真实地了解自己，然后做出适合自己未来发展的职业选择，但往往很多大学生无法通过自我探索与认知，了解并正视自己的不足和缺点，导致他们做出的职业目标具有冲动性、多变性和误导性。笔者在前文论述过"兴趣是最好的老师"，职业生涯发展规划要注重兴趣因素在其中所扮演的角色和所发挥的作用，但并不代表兴趣与职业选择直接画等号，例如 F 同学是某政法大学的毕业生，同时辅修会计专业，在制订职业生涯规划时考虑到法学就业难度系数高、就业方向窄、初入职场薪资达不到理想标准等因素，而放弃了与法律相关的职业目标，将自己喜爱的辅修专业会计作为职业目标并设定职业生涯发展规划。这个做法看似没有任何不妥，但 F 同学的职业选择是进入世界四大国际会计师事务所之一的毕马威会计师事务所，其并未考取 CPA 资格证书，就这样将凭着一腔热血进行了不切实际的职业选择，换来的当然只能是毕马威会计师事务所的拒绝录用，同时也耽误了自己的就业黄金期。因此，兴趣在职业生涯规划中应作为重要的参考因素进行考虑，但也不应当成为大学生职业选择的决定性因素，毕竟兴趣和现实之间存在一条鸿沟。那么，如何选择适合的职业目标呢？要将个人的职业愿景、自身素养与能力结合起来，评估自己能否胜任职业的岗位要求，即进行准确的自我评价和定位。[①]

正如前文中笔者所分析的那样，在全面、客观认知自己的基础上综合考虑兴趣、能力、性格、特质、家庭、政策等多方面的因素才能做出正确的职业选择。其次，就是要根据自身能力、素养和社会环境的改变及时进行调整，任何事物都不是一成不变的，职业选择也是如此。当今，传统的法律职业岗位趋于饱和，新兴的法律服务行业逐步完善化，且人才缺口比较严重，法科专业的大学生可以基于此将职业目标定位于新兴的法律行业及传统法律服务的涉外领

---

① 高桥、葛海燕：《大学生生涯与职业规划》，清华大学出版社 2007 年版，第 193 页。

域,如法律服务线上咨询师、审判辅助员、法考培训师以及涉外律师等。最后,就是要广泛地参与实践活动来体验不同的职业岗位,探寻该职业岗位是否确实适合自己未来的职业发展,法学本身就是一门实务性很强的专业,这样的实习不仅可以将理论和实践结合起来,更能甄别出哪些法律岗位更适合自己。

(二)树立正确的法科职业观

树立正确的法科职业观对大学生获得更好的职业岗位具有良好的指引作用,也有助于我们塑造正确的人生观、价值观和世界观。谈到法科职业观,就势必要和公平、正义、公正、服务、平等、秩序等词汇相联系,因为法科大学生毕业以后大部分人所从事的职业岗位都会与上述词汇有关。法学学生如何树立正确的职业观呢?首先,法科学生要平等对待每一个职业。所谓"三百六十行,行行出状元",但大多数人尤其是法学专业的学生更向往"学而优则仕",这与法律专业本身所具有的政治性特质相关。因此,大批法学专业学生会将职业目标定位成法官、检察官、公安或者其他部门的公务员,而相较而言,公司法律顾问、公证员、仲裁员、基层法律服务工作者等职业岗位不容易受法科学生的青睐。以公司法律顾问为例,我国目前大量的公司缺乏高水平的法律顾问职员,随着金融、投资风险的增大、合同协定审查的严格化,大中型企业基本都会在内部设立法务部门,进行法律风险的防控,但传统的思维方式往往导致很多法科学生将公司法律顾问作为最后职业目标考虑的对象,甚至宁愿选择其他领域就业也不从事公司法律顾问,因为认为公司法律顾问与公检法相比不仅社会地位比较低,对毕业生的能力素养要求也很宽松,进公司当法务人员就意味着自己在各方面要低人一等。这种法科职业观是不可取的,就业岗位没有好坏之分,只是分工不同而已,要树立平等的法科职业观。其次,法科学生要树立到基层等适合自己发展的地方就业的观念,摒弃只在北上广等发达城市和地区就业的观念。[①]虽然北上广、东南沿海城市发展机遇比较多,工作环境和薪资待遇比较好,但一窝蜂地涌入一线大城市,职位竞争的激烈程度可想而知,加之大城市的生活和工作压力非常大,抗压能力不强的人是无法生存下去的。法科学生在考虑到自身发展的同时,也要顾及中国法治化的进程并非仅仅是一线大城市的法治化,中西部地区和东北地区高端法律人才的缺失严重束缚了我国的法治化建设,法律专业的学生应当肩负起这一历史重任,走向

---

① 刘建华、张卫健:《大学生职业生涯规划与就业指导》,科学出版社 2018 年版,第 96 页。

中西部、走向大西北、走向基层,多一些奉献精神,多一些历史担当,为推动中国法治化进程贡献自己的一份力量。最后,法科毕业生要敢于创业,固守传统并非唯一的出路,正如国漫电影《哪吒》制作团队的导演饺子毕业于四川大学华西医学院,但他并未在毕业之际选择从事医学职业,而是选择自己喜爱的影视导演行业,并实现了今日国漫电影的崛起。所以,法科大学生应当有创新意识,积极探索,选择"法律+"的职业岗位。

(三)避免法科职业误区

法科大学生在进行职业选择和职业发展过程中,要学会甄别是非,提高自我辨别能力,避免陷入法科职业误区。一般而言,职业误区由自身因素和外部环境因素两个领域产生,就自身因素,表现在许多大学生好高骛远,高不成低不就,虽频繁地参加各种招聘会和宣讲会,就业岗位面试了一个又一个,却始终感觉找不到称心如意的工作,这背后主要的原因还是在于求职者实践能力存在欠缺,忽视了自身能力的有限性,一山望着一山高,不肯脚踏实地。除此之外,有的法科大学生往往无法正确理顺职业与金钱的关系,虽然说读书的其中一个目的是毕业后能够拥有一份高薪工作,但高薪并不是仅仅依靠读书就可以获得的。在法律行业,律师一般被认为是高薪金领工作,但律师的高薪待遇是多年能力、经验与人脉的积累、案源的持续以及高压的工作换来的,而不仅仅是一纸学历证书。

而在法律行业,律师一般被认为是高薪金领工作,但前期律师助理的薪资有时也仅 3000~5000 元。所以,法科大学生要明白律师行业的薪资是根据业绩逐步提升的,我们平常所看到的、听到的某某律师年薪上百万、上千万的例子很多,确实也对很多法科大学生具有很强的吸引力,但对于能力不强、吃苦精神不够的学生来说是否这份工作真的适合你,你是否也能干出一番业绩,这都有待进一步的商榷。除此之外,盲目扎堆、互相攀比的现象也非常突出。很多法科大学生缺乏主见及职业生涯目标,不结合个人实际及奋斗目标思考自己未来应从事哪种职业,看见别人去考公务员,他也报名去考;见他人去律所实习挂证,他也想实习挂证;见别人继续深造,他也想买专业书复习读研考博,这样的跟风盲从行为是非常错误的。有的大学生为了显示个人的优越性,没有突出的优势竞争力,同一份职业却要求必须比其他毕业生的薪资高,否则就拒绝单位的录用通知,然而,在供大于求的人才市场上,你放弃该单位,可能有一大堆求职者在等着拿它的录用通知。因此,大学生在择业时,要理性看待自己,在选择职业时,应当遵循"择己所爱,择己所长,择己所需,择己所利"的原则。[①] 另外还有其他问题,如外部环境因素诱发的职业误区,这些误区一般表现为"皮包公司""传销"等非法组织的拐骗行为。近年来,大学生误入传销组织的新闻事件频频出现,折射出了大学生缺乏鉴别能力。因此,与其他专业不同的是,作为一名知法、懂法的法科大学生应当清醒头脑,具备法律意识与自我保护意识,通过正当途径进行求职,切勿抱有一夜暴富的心理,天底下没有免费的午餐。当然国家政策的变化也很容易对大学生的职业选择和发展产生影响,尤其对创业的大学生而言,政策的变化随时影响着他们能否创业成功。

六、法科学生建立和适用社会关系网络的能力

(一)把握社交礼仪

社交礼仪是指人们在人际交往过程中所具备的基本素质、交际能力等。"从本质上讲人是一种社会性动物",故法科生在职场上首先要关注到的是社交网络的建立和社交礼仪的培养。因此,在校期间,法科学生应当有意识地培养社交礼仪,为将来走向职场做好准备。职场交往通常要把握以下几点社交礼仪:

第一,着装得体。得体的意思不是要追求"大牌""名牌",也不是浓妆艳抹。所谓的得体是指和社会期待相匹配,即与自己的社会角色相一致。每个人都应在社会中找到自己的角色定位,这种角色又有自己较为特定的言行、服装、举止等。[②] 例如法律工作者,严谨、正义、公正的角色要求注定法律人的着装不可过于轻佻,应当以成熟稳重为基调进行搭配。又如法科生,这是属于一个交叉角色,一则自带法律人属性,另外其本质还是一个学生,那么着装上既要显得沉稳,也要表现出年轻人的活力,但首要的前提是干净整洁。每个人都是独立而自由的,所以着装上不可能要求千篇一律,适合自己的着装要求结合本人的体型体态气质,而不是盲目跟风,选择"随大流"。

---

① 蔡荣生、解廷民:《法律专业学生求职攻略》,法律出版社 2007 年版,第 199 页。
② 许玫、张生妹:《大学生如何进行生涯规划》,复旦大学出版社 2006 年版,第 168 页。

第二,注意社交表情。俗话说"眼睛是心灵的窗户",与他人交流,眼神的作用不可忽略。通过眼睛的各种变化传递某种信息,人的喜怒哀乐都可能通过眼神表达出来,所以注重眼神交流是社交中需要注重的一点。另外一个体态语言则是微笑,微笑是国际礼仪之一,保持微笑是对交往对象的尊重,既可以使对方接收到温暖,也会使自己感受到愉悦,使自己成为交际场上受欢迎的人。法科学生在日常交际中应养成经常保持微笑的习惯,这样在求职面试或走入职场中才能做到以自然的微笑示人,获得交往对象的好感,有利于有效沟通。

第三,是留意语言表达。其中先要做到的是讲求基本的礼貌,用语一定要文明。作为法科生,得体的表达已成为一门必备技能,但法科生容易进入的误区是讲话夸夸其谈、咄咄逼人。法科生身处的辩论氛围使得他们与人交流时有一种紧迫感,这种感觉用于辩论比赛、法庭辩论、学术讨论尚且可以,但用于日常与人交流,则显得不太礼貌。首先,学会语调适中,谦和待人是进行语言交流的第一步。其次是说话讲逻辑性,善于归纳,语言尽量简练。由于法律人的职业特点要求讲话做事遵循一定的逻辑,这既是专业素质的体现,也是加快效率的一种方式。表达观点运用"第一……,第二……"[1],以体现法律人的层次性、逻辑性及清晰感。最后是法律人一般提供的都是专业服务,那么恰当地使用专业术语也是体现专业能力的最好方式。例如面对普通大众,在讲解法律问题的时候,先使用法言法语作答,随后进行解释,这一种方式会使得对方产生信赖感,更加肯定其专业能力。

(二)培养法科职业需要的人际交往技能

任何一种关系都需要经营,对于法科生来说,沟通和交流非常重要,职业所需的人际往来联系都需要认真对待和维护,因此,培养有效沟通、善于处理人际关系的能力对于法科生的职业生涯发展尤为重要。

1.表达沟通能力的培养

表达能力包括文字表达能力和语言表达能力,这是法科学生必须具备的基本能力。法科学生中大多数求职者的职业选择是公检法、律所或公司法务,这些岗位都需要"会说话的人"去担任。比如作为法官、检察官需要和当事人、代理律师进行交流;作为律师,不可能不开口和客户互动。而表达沟通能力培

---

① 　许玟、张生妹:《大学生如何进行生涯规划》,复旦大学出版社 2006 年版,第 169 页。

养的第一步是要敢于开口说,而这种技能的培养又应当持续贯穿于大学生活之中。在大学校园里,有各种机会进行这种训练,在上课时任课教师组织的各种讨论课,在课余时间学校、学院组织的辩论赛、演讲比赛以及模拟法庭活动等,这些都会使得法科生有机会培养这种能力。当然对于此项能力更高的要求不仅仅是"敢说话",更是要求要"会说话"。俗话说"一句话讲得人笑,一句话讲得人跳",法科生面对客户、当事人的说话方式需要注意,要尊重对方的思维方式、说话方式和语言习惯,对自己的交流方式作出恰当的改变,以适应对方的需要。这既是对对方的尊重,也减轻了交流沟通的负担,工作进行也会更加顺利。这种要求更高,所以要求法科生在平时就要注意这方面的学习积累。如首先要注重阅读,多读名著、专业经典,加强知识底蕴,"腹有诗书气自华",做到有话可说。其次要提高自己的普通话水平和语言表达能力,多阅读经典的演讲类书籍,观看一些演讲视频,学习讲话的节奏和用词,做到能流畅地与人沟通。最后,实践是检验真理的唯一标准,主动和不同的人多交流,才能不断地提高语言表达能力,做到有效沟通。

2.团队合作能力的培养

团队合作能力是指为达到既定目标,团队成员在工作中自愿合作、相互协作的能力。[1] 成为一名法律工作者,一定离不开团队合作。面对一个团队,会存在两大人际交往问题,一是对外交往,二是团队内部交流。

首先,是团队成员一致性的问题。当单独工作变成一群人的合作,那么对外的形象上应该做出改变,即对外发声的同一性。不能否认团队里的每一个人都是独立的个体,但是也应清楚,一旦成立一个团队,个人的人格一部分被团队吸收,形成团队的人格。故在人际交往中,如果是以一个团队的形象出现,那么首先需要明确自己在团队中的位置、权限,然后根据以上这些情况代表团队,对外交流。切不可超越自己被授权的权限,也不能滥用团队的人格。这既是对团队成员的尊重,也是对当事人(客户)的负责。

其次,是团队成员的合作问题。团队成员之间不可避免会发生意见不一致的情况,那么加强沟通才能更快更好地解决问题,不至于影响工作。当发现团队合作出现问题时需要检讨自己存在的问题,不可推卸责任。沟通时要真诚。队友是帮助你完成工作任务的伙伴,不是你的朋友、亲人,也不是你的客户,因此,当清晰这一定位后,与队友的交流才能把握好一定的分寸,在此基础

上的交流才能顺畅。及时调整角色和定位,这是人际交往能力的培养范畴。当然团队合作的起点在于团队的组建,这也是团队内人际交往的起点。能够同一群人合作,共同完成一项工作的能力也是需要培养的。在法科生的培养方案中,需注重团队精神培养,如组队调研作业,这是课堂上最常见的培养方式。当然还有辩论赛、模拟法庭甚至篮球赛等,法科生为了在今后的职业生涯中顺利开展团队人际交流,就需要在一次次合作中学会与人磨合,包括挑选自己的合作伙伴、解决团队分工问题、在线交流问题,以及最后成果展示问题。这些能力不是纸面功夫,而是需要实践的配合,说到底,人际交往是一种社会交往,需要社会去检验。

(三)拓展人际关系

事实上都知道人际关系的拓展十分重要,但对为什么会产生这些优势可能并非那么清晰。故一般而言,做好人际关系的拓展对法科学生有以下几点作用:

第一,拓展人际关系以获得更多人的帮助。现代社会不排除有个人英雄的出现,但大多数情况下,完成一项工作不能缺少他人的配合,俗话说"多个朋友多条路",和世界观、人生观、价值观三观一致的人做朋友,通过朋友的帮助,选择更合适的方式完成工作,可能会达到事半功倍的效果。当进行人际关系拓展后,随着人际网络的完善,这样的选择余地会更多,帮助会更大,工作完成也会更加出色。这如一个滚雪球的游戏,当人际关系开始拓展,那么会像雪球一样越滚越大,像蜘蛛网一样越来越密,力量自然会更强。同样,据说有一个有趣的结论,即"当你认识六个人时,你就拥有了全世界",这也是表明了人际关系拓展的魔力。

第二,拓展人际关系可在跨领域案件中互补互助。即使是亚里士多德这样的大师都会发生两个铁球不会同时落地的错误,那么普通人更不可能全知全能。另外随着社会分工的精细化,越来越多人变成了专才而非通才,这是社会发展的体现。法科生可能做到在法律领域独步天下,但也可能进入金融领域就"两眼抓瞎"。故在开拓一项工作时,要注意寻找不同领域专业的人才,同他们进行合作,而不是仅局限于法律人的小圈子里,甚至局限于民法、刑法、诉讼法的小圈子里,多和圈外人交流,形成另一条人际交往路线,通过相互学习可获得其他学科领域的知识与技能。例如在公司破产案件中,涉及方方面面的问题,非常复杂,一个纯法律人团队可能无法胜任这项工作,至少需要会计

法科学生职业化能力培养研究

师事务所工作人员的协助;在刑事侦查中,公安也需要专业的刑事检验人员的协助,这就是互补的作用。

第三,拓展人际关系以获取更多的信息。现代社会的节奏越来越快,各种信息交流速度加快,甚至一项工作的顺利完成很大程度上依赖于信息的顺畅,在这种情况下,谁掌握了信息谁就掌握了主动权。如在签订一份交易合同前,作为律师在做尽职调查时需要非常多的信息,如对方企业的工商登记信息、企业诚信状况信息、往来交易信息、产品质量信息等,甚至己方的各类信息也需要做了解。这些信息内容五花八门,凭借一己之力绝不可能完成。但这些信息对于签订合同又十分重要,在合作前,了解的对方信息越多,合同风险可能就越小,损失也就越小,这是律师尽职调查的工作目标。那么这一目标就要求信息的收集和交流,如果律师可以快速合法地得到这些信息,尽可能全面地去分析,则在这项任务中就是一种成功。包括法科毕业生在找工作、找案源的时候,信息获取显得十分重要,当拥有更多的途径进行查找,通过结交更多朋友帮助查找,这就掌握了信息优势,掌握了主动权。

第四,拓展人际关系可以获得更多的案源。正如上文所述,一名法科毕业生进入律师行业的第一个难关就是没有案源。当真正成为一名执业律师后,没有师傅提供案源,没有同事主动提供资料,那么开拓案源是小律师谋生的必经之路。刚进入这一领域,很少有机会接触标的额很大的案件,一般都是小打小闹的民事官司,而在这段时间就需要注意人际关系的拓展。当接手一个案子时,需要与自己的当事人保持联系;当一个案子结束时,也需要和当事人甚至对方律师、当事人友好作别,因为这些都可能是潜在的人际资源。在平常生活中,与人为善,尽可能参加社交活动,如校友会、同学会等,这些并不额外消耗太多精力,但可能无意中的小举动,就会带来新的收获。当然即使这些活动没有带来所期望的资源,也没必要感到沮丧,因为拥有三观一致、正能量的朋友是一笔宝贵的财富,他们可能成为背后的依靠,给予更多的温暖。

当然拓展人际关系的方式很多,传统的包括熟人介绍、校友资源等,而随着新社交网络的形成,网络社交成了不可忽略的重要组成部分。在传统社交方式下,人与人的沟通更加直接,一般是面对面的交流,彼此也存在实际的联系,可能关系更为紧密。但是囿于距离范围或其他原因,传统的人际拓展速度慢、范围狭小,似乎不容易走出"熟人圈""职业圈",不能起到拓展的真正作用。

而在新社交网络下,联系更加紧密,甚至专业性、针对性更强,例如现在出现的网上插画师,可以通过网络的方式为客户提供插画服务,这既是一种法律

268

上的合同关系,也可能发展成一种社交圈。如当插画师彼此通过网络感知到对方的存在,就很可能形成一个专业性很强的小圈子,认识、服务更多的人。像这种网络专业服务很多,法律、医疗、房产等都形成了自己的社交网络,而有些平台就将这些网络再次联合,形成类似便民平台的网络服务。当然更典型的新社交拓展是豆瓣、微信、微博等社交软件的普及,随着这些 App 的运用,人际关系的拓展显得更为容易。当然新事物的产生,有利则必有弊。因此,在拓展人际关系时需学会甄别有效信息。

在拓展人际关系时需要提升自己的资源整合能力和捕捉机遇的能力。并非所有的资源信息都是有效的,这需要法科生们自己去学会整合资源。当接收到一条条信息后,需要首先对信息资源来源进行核实,这正是上文所述的有效拓展人际关系中一项重要的能力。

最后是善于捕捉机遇。机会是留给有准备的人的,就像草原上的狮子总是默默地盯着羚羊,等待出击时机;知了潜伏十七年,只为鸣叫一夏。这些都是平时积累到关键时刻抓住机遇,成功翻身的典型。积累人脉,拓展人际网络也是如此。人与人之间的交流不应添加太多的利益纠葛,以诚之心待人才能收获真正的友谊,因此,当拓展人脉时,应当带有诚意、注重细节、注重小人物的作用,更应当等待合适的时机,这样才能逐步建立起稳固的人脉资源,助力事业成功。

因此,法科学生在校期间,在致力于专业知识学习之余,也应当真诚待人,注意社交礼仪细节,乐于与优秀的同学交流、交朋友;在专业实习实践中,向法律职业等职场中优秀的前辈、校友们学习并成为朋友;向努力工作、为国家建设事业而奋斗的社会优秀代表、亲友学习并成为朋友,当然其中做朋友最重要的前提是三观正、能量正的于社会有用的人士,从而奠定今后走上职场建立和适用稳定社会关系网络的基础,养成自己内在的职业生涯发展的能力,成为那个最好的自己,成为推动国家法治建设、推动法律职业化进程的德才兼备、高素质之法治人才。

跋

　　积土而为山,积水而为海。2021年刚刚过去,回首过去三年来,从开始关注"法科学生职业化能力"研究领域,到萌生写作念头,到共同组建写作团队,共同探讨、研究思路,到提笔、撰写、修改,几经易稿,历时近三载。

　　在本书编写过程中,得到了西南政法大学国际法学院院长、博士生导师张晓君教授,西南政法大学教务处副处长、博士生导师张春良教授,以及西南政法大学国际法学院裴普副教授的关心与大力支持,在此深表谢意!衷心感谢张晓君教授亲自为本书作序。同时,还要感谢厦门大学出版社编辑的热心指导与帮助,使本书终能付梓。最后,此书亦作为西南政法大学胡绵娓工作室及西南政法大学2021年度学生思想政治教育科研项目(项目编号2021-XZSZ24)的成果之一。感谢西南政法大学教务处、学生处与国际法学院领导的关心与支持,同时,诚挚感谢写作团队同人们的通力合作。

　　本书由胡绵娓同志统稿、修改、审稿、校对,各章分别由以下同志执笔:

绪　论　殷　维

第一章　胡绵娓　郝煜东

第二章　裴　普　吴小芹

第三章　夏丁敏

第四章　李煜婕

第五章　亢　婧

第六章　武子锋

第七章　党　红

第八章　杨　慧

　　由于编者水平有限,书中难免存在诸多不足或者疏漏之处,敬请各位专家、读者批评指正。

编　者
2022年1月于重庆